数字文化经济浪潮

金 巍——著

中国出版集团
中译出版社

图书在版编目（CIP）数据

数字文化经济浪潮 / 金巍著 . -- 北京：中译出版社 , 2022.8

ISBN 978-7-5001-7119-5

Ⅰ.①数… Ⅱ.①金… Ⅲ.①信息经济—研究 Ⅳ.① F49

中国版本图书馆 CIP 数据核字（2022）第 111718 号

数字文化经济浪潮
SHUZI WENHUA JINGJI LANGCHAO

著　　者：金　巍
策划编辑：于　宇　黄秋思
责任编辑：于　宇
文字编辑：黄秋思
营销编辑：杨　菲

出版发行：中译出版社
地　　址：北京市西城区新街口大街 28 号普天德胜科技园主楼 4 层
电　　话：（010）68002494（编辑部）
邮　　编：100088
电子邮箱：book@ctph.com.cn
网　　址：http://www.ctph.com.cn

印　　刷：北京中科印刷有限公司
经　　销：新华书店
规　　格：710 mm×1000 mm　1/16
印　　张：21.25
字　　数：218 千字
版　　次：2022 年 8 月第 1 版
印　　次：2022 年 8 月第 1 次印刷

ISBN 978-7-5001-7119-5　　　　定价：79.00 元

版权所有　侵权必究
中　译　出　版　社

—— 献给我亲爱的母亲 ——

自　序

站在数字世界的大门口

在此我将叙述我观察数字文化经济的过程、认识形成的脉络以及本书的由来。

一

1996年，从吉林大学毕业后到北京不久，在中关村风入松书店，我买了一本北京大学出版社出版的《未来之路》(*The Road Ahead*)。这本书的作者是后来家喻户晓的比尔·盖茨(Bill Gates)，第一章的标题是"一场革命开始了"。比尔·盖茨写道：这不是信息高速公路，而是一个"终极市场"。这本书至今还放在我的书架上，书页已经泛黄。

现在大家都知道比尔·盖茨说的革命意味着计算机革命。我们也知道这也并不是"终极市场"，数字世界展示的时空将更加深邃而悠远。

之前，在从长春来北京的路上，有一本科幻小说陪伴了我，书名为《末日之门》，由我国作家乔良所著。这本当时看起来充满科幻色彩的小说，其中很多关于互联网世界的猜想在数年后已经实现了。现在我还印象深刻的两个情节，一个是驻港部队中校李汉到欧洲执行任务时遇到赤军，恐怖组织的"骇客"利用计算机网络和电脑病毒控制了世界；另一个是我方用电脑控制的甲壳虫般大的成千上万的微型智能机器人爬上了敌方航空母舰。

1995年，互联网经济徐徐拉开大幕，微软发布了划时代的操作系统——Windows 95。同时，中国的互联网新势力正在中关村悄悄孕育，短短四五年后就形成了"互联网泡沫"。

还有两部科幻电影给我深刻印象。一部是1997年哥伦比亚影片公司出品的科幻电影《第五元素》(The Fifth Element)，布鲁斯·威利斯从百层高楼开车驶向低空航行交通网络；另一部是1999年首映的《黑客帝国》(The Matrix)。直到前一段时间扎克伯格（Zuckerberg）将Facebook更名为Meta，我的第一反应竟然是联想到了《黑客帝国》。据说《黑客帝国》的主要演员有一本必读书是电影上映很久以后才风靡于国内的凯文·凯利所著的《失控》(Out of Control)。

从《黑客帝国》上映到Facebook更名为Meta，时间匆匆已过22年。期间，全球经济发展发生了重大的变化，知识经济、信息经济、互联网经济交错登场，直到数字技术"出圈"，数字经济成为主角。有人说数字技术变革是第四次技术革命，是继蒸汽技术革命、电力技术革命以及计算机和信息技术革命的又一次科技革命，引起革命的是大数据、云计算、人工智能、区块链、5G/6G、物联网等组成的数字技术集群。也有人说这是第四次工业革命，我想这大概是从技术促进以制造业为中心的产业发展这个角度来认识的。

数字经济不是突然开始的，其几乎是与信息经济一同开始的，或者说数字经济起初的状态就隐含在现代信息技术启动的信息经济之中。1995年前后，美国有两位学者写了两部关于数字经济的著作，一是麻省理工学院教授尼葛洛庞帝（Negroponte）的《数字化生存》(Being Digital)，另一部是唐·泰普斯科特（Don Tapscott）的《数据时代的经济学》(The Digital Economy)[①]。由此可知，数字经济源起已经有三十几年了，最近十年其突然爆发的原因是出现了一系列具有颠覆性影响的数字技术迭代。大数据、云计算、人工智能和区块链等技术形成了新一代数字化技术集群，5G和物联网技术推动了信息基础设施的巨大进步，网络世界从交互但依然中心化的web2.0阶段向开放式去中心化的web3.0阶段转进，数字孪生、脑机结合等新的技术创新在虚拟世界开拓了更为广阔的新空间。

几十年来，人类一直走在通往数字世界的路上。就像网络游戏中的战士，人类一路狂奔，一路上不断数字化，不断开发应用，不断"加装备"。直到今天，站在了数字世界的门口。

数字世界正在呈现它的轮廓，但还蒙着一层厚厚的雾障。

---

① 本书的中文版由机械工业出版社于2016年出版。

二

在通往数字世界的路上，文化经济与数字经济的关系，首先是通过文化经济与信息经济、互联网经济的关系而体现的，经过不断融合和技术迭代才日益呈现出完整的数字文化经济形态。

我作为见证过互联网经济爆发的过来人，同时作为研究文化经济和文化金融的学者，对数字文化经济的兴起与发展自然会有一定的兴趣，所以也进行了一些观察。2014年以来，我在一些研讨会、论坛活动、讲授的培训课程和撰写的一些短文中，试着讨论了与数字文化经济相关的问题。

1. 文化科技创新及"三元动力结构"

我起初是从文化科技创新、文化产业创新驱动问题开始关注数字文化经济问题的，并提出了"三元动力结构"这个命题。

2014年是个值得纪念的年份，这一年是莫干山会议三十周年。我当时在《创新的力量——美丽中国建设路径探析》一书中有一篇阐述"文化科技创新"问题的文章，并将这篇文字重新整理丰富向莫干山会议提交了一篇论文，题为《创意经济中的文化产业新形态和产业创新的一种新思维》。我在文章中提出：创意、创新、创业分别构成了文化产业创新的经济特征、核心竞争力和人的要素，应建立一个"三创体系"（或称"三创ICE体系"）。同时在科技创新方面，我提出：文化与科技融合的大趋势要求文化企业尤其是新兴文化企业必须在技术上取得领先才能取得竞争优势，文化科技创新在未来一段时间内可能比内容创新更具竞争力。我国文化产业中最具竞争力的是科技含量高的企业，不仅受到资本的青睐，也会得到政策的更多倾斜。①

2012年起，我国经济进入"新常态"，创新驱动命题日益重要。我国出台了文化科技创新发展相关政策，例如2012年8月科技部、中宣部、财政部、文化部、广电总局、新闻出版总署六部委联合发布的《国家文化科技创新工程纲要》，可见关于文化产业发展的创新驱动问题被讨论得比较多。一个倾向是，创新驱动的议题常常只聚焦于技术创新，而忽视了其他方面的驱动力。所以，我在一些场合中提出，当下的文化产业不仅需要技术创新驱动，还需要"多元驱动"。文化产业的发展需要更多要素投入，尤其是资本投入，所以应是"多元驱动"而不仅仅是"创新驱动"，这是文化产业驱动力方面的特殊的叠加现象②。

"多元驱动"的论述不是为了否定科技创新，而是为了寻找一种创新驱动的均衡状态。2016年5月14日，我在文化经济观察公众号上发表了一篇短文，文章标题是《Cul-Tech：描绘文化产业未来图景》。在这篇文章中，我第一次阐述了我对文化、科技、

---

① 张洪生，金巍. 创新的力量——美丽中国建设路径探析［M］. 北京：北京时代华文书局，2014.
② 金巍. 文化产业如何融入经济大循环？［N］. 华夏时报，2015-12-09.

金融三者关系的认识：

> 给一个苹果级的企业做个三维透视，我们会发现这些企业中都有文化、科技、金融三种力量在涌动，而三者的关系是很多种关系的最大公约数。
>
> 一家企业可能是三者中以某一种力量为特征（或核心能力）的企业，但无论从哪个角度看，另外两种都是必不可少的动力和变量。从文化（或文化产业）这个基点上，科技和金融是最重要的动力源。

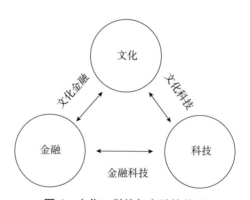

图 1 文化、科技与金融的关系

在图1中实际上有六组关系，分别对应六个概念：科技文化，文化科技；金融文化，文化金融；金融科技，科技金融。我在这篇短文中重点阐述的是"促进文化发展的科技"的这一组关系，即文化科技。内容的生成、传播和消费更加依赖技术，而互联网文化产业、数字文化产业是文化科技的直接体现。这篇短文后来被《中国文化报》刊载①。

在2016年8月举办的山东省文化产业资本创投峰会上，我首次在演讲中提出，现阶段文化产业创新动力结构是"三元动力结构"，即文化、金融和科技分别指向经济学意义的文化要素、资本要素和技术要素②。我笃定地相信这个判断，认为文化产业既不能忽视创新驱动，也不能忽视必要的资本供给。这三个要素对于我国现阶段文化产业来说非常关键，其实对大多数产业也是如此，乃至于对整体经济、区域经济来说也非常关键，所以此后我在很多场合会不厌其烦地阐述这个理论。

2016年12月，广州市社会科学院主办跨界、创新与融合：广州文化产业未来发展的机遇与途径高峰论坛，我受邀在这次论坛上做主旨演讲，再次阐述了"三元动力结构"理论。这篇演讲后来被整理为《文化、科技与金融：三元动力结构下文化产业的融合与创新》一文，收录于我2021年5月出版的《文化金融：通往文化世界的资本力量》一书中。

我对"三元动力结构"的基本解释是：文化产业发展目前处于三元动力结构阶段，文化、科技和金融作为产业发展的三个主要动力正在发挥着重要作用，需要文化创新即内容创新，需要科技创新即文化科技创新，也需要金融创新即文化金融创新③。除

---

① 金巍.Cul-Tech：描绘文化产业未来图景[N].中国文化报，2016-06-11.
② 演讲内容后以《文化金融发展的趋势与前沿》为题刊载于梅花与牡丹文化创意基金会公众号。
③ 范思立.三大动力驱动新文化经济[N].中国经济时报，2017-01-23.

此之外,我还扩展了"三元动力"作用的范畴,主要包括两个方面:一是与文化发展不平衡不充分的关系,我提出我国文化产业发展的要素动能发挥不充分,文化、科技与金融"三元动力"仍需强化①;二是"三元动力结构"与区域经济发展之间的关系,我认为未来十年内,文化、科技、金融这三个动力性的、要素性的产业,是任何一个重大的战略区域都必须重视起来的。我们要从区域经济发展新动力的视角,把握战略机遇,以"三元动力结构"为抓手推动区域经济发展②。

我认为当代全球国家之间的竞争,也不外乎这三个方面。我在演讲和培训时,经常会以代表美国国际竞争力的三个标志性地理名称阐述什么是"三元动力":好莱坞、硅谷和华尔街。这通常会引起共鸣,因为如果大家还能再举出其他名称,基本也跳不出这三个名称代表的范畴,也就是文化、科技和金融。我认为当代产业的竞争、经济的竞争乃至和平时期的国家竞争,最重要的就是文化、科技和金融这三个方面。

中国社会科学院中国文化研究中心副主任张晓明研究员很赞同我的"三元动力结构"理论,并在他解释文化经济政策态势的

---

① 金巍. 从文化发展层面看发展的不平衡不充分[J/OL]. 社科院专刊,(2017-11-10)[2022-07-15]. http://cass.cssn.cn/zhuanti/xiyingshijiuda/ 201711/t20171110_3738 615.html.

② 金巍. 中国文化金融50人论坛秘书长金巍:未来推动区域经济发展须以文化、科技、金融为抓手[EB/OL]. 每经网,(2019-09-23)[2022-07-15]. http://www.nbd.com.cn/articles/ 2019-09-23/1373647.html.

文章中或一些演讲中也使用了这个概念。他一直鼓励我进一步深化这个理论，提炼其机理和机制，形成一套完整的思想。

2. 新文化经济及其数字化创新特征

在研究文化产业和文化金融的过程中我观察到，受政策、技术等因素的影响，我国文化经济的形态正在发生重大变化。我认为这种变化具有颠覆性，并提出了一个新概念——新文化经济[①]。

2016年10月，我在发表于《中国民商》杂志上的一篇文章中论述了具有融合性特征的一种新的文化经济实践，即文化创意与相关产业融合领域的产业实践。我认为这种实践揭示了文化和经济的一种深层关系，也是文化产业研究和经济的文化动力研究的交叉点[②]。

2017年初，我在中国文化金融50人论坛（CCF50）新年峰会上正式提出"新文化经济时代已经到来"这个论断。我将与科技创新相关的新兴文化产业形态纳入新文化经济范畴，明确提出新文化经济时代有三个特征：创新性、融合性与要素性。在创新性方面，我专门阐述了新文化经济形态中科技的作用以及数字创意产业的意义，我认为文化产业在强调文化科技和数字技术方面的

---

① 这个概念并不确定是由笔者首次提出，但笔者在首次使用时未参考其他人的成果，后来也未发现此前有以此为主题的论文或著作。在行业研究和学术界，与此类似的有"文化新经济"等概念。
② 金巍. 巧借"文化创意"实现转型升级[J]. 中国民商, 2016.

特征越来越明显①。新文化经济具有数字化创新特征。

认识数字化创新是认识新文化经济的重要路径。2020年7月，我写了一篇标题为《在新经济金融服务体系视角下进一步发展文化金融》的文章，阐述了新文化经济与新经济的关系。在新经济视角下，基于技术对文化经济的影响和其他非技术因素对文化经济的影响，可以从技术和非技术两种路线认识新文化经济。后工业时代的文化产业，具有与新经济天然的紧密关系，这种关系集中体现在以文化产业为核心的文化经济正在演变为一种"新文化经济"。我们可以从技术和非技术两种路线来理解文化产业与新经济的密切关系，并认识新文化经济②。

在2021年9月出版的《文化金融学》一书中，我对新文化经济做了更清晰的表述，明确将数字文化经济、创意经济和版权经济定义为新文化经济的三种主要形态。随着知识经济和法治经济的发展，版权产业成为文化经济发展中的一个重要形态；文化产业与其他相关产业的融合度越来越高，创意产业和创意阶层崛起；数字技术促进文化产业发展，数字创意产业与数字文化产业兴起，数字文化经济正引发资本对文化生产、运营、消费及资产的重新认识③。

---

① 金巍. 新文化经济时代已经到来[EB/OL]. 金融界，(2017-01-06)[2022-07-15]. http://finance.jrj.com.cn/2017/01/16083821970543.shtml.

② 金巍. 在新经济金融服务体系视角下进一步发展文化金融[EB/OL].（2020-07-22）[2022-07-15]. https://mp.weixin.qq.com/s/22iiiGUHGMqgoGPiocK8Yw.

③ 金巍，杨涛. 文化金融学[M]. 北京：北京师范大学出版社，2021.

3. 数字经济背景下的文化数据资产

由于我的研究侧重于文化金融，所以在关注数字经济的同时，我也研究数字经济背景下的文化数据资产问题。关于文化数据资产，我已在不同场合阐述过自己的观点。

首先，我阐述了如何从数据要素和文化产业的关系认识文化数据资产价值。2020年4月，国务院发布《关于构建更加完善的要素市场化配置体制机制的意见》，其中最大的亮点是将数据纳入了生产要素。围绕要素市场和文化产业之间的关系，我写了一篇文章，提出文化数据成为重要的文化生产要素已经是大势所趋，在要素市场化配置体制机制下，以文化数据为核心竞争力的文化企业将迎来"创世纪时代"，因此构建文化数据评估评价体系和文化数据产权制度以及在统一规范的数据管理制度下构建文化数据资产安全和保护机制都是当务之急[①]。

接着，我对文化数据资产的基础性价值、政策机遇及相关建议做了比较详细的阐述。2020年7月，立言首都金融论坛第5期举办，我在主旨发言中比较系统地阐述了我对文化金融视角下文化数据资产的认识，提出"在数字经济背景下，文化数据资产将成为最重要的资产类型，文化数据资产管理体系是新的重要基础设施"。我建议结合国务院提出的"加快培育统一的技术和数据市

---

① 金巍.要素市场化配置，文化产业应关注的三个方面[EB/OL].深圳文化产权交易所公众号,（2020-04-14）[2022-07-15］. https://mp.weixin.qq.com/s/O_U8f3tL3mgsBtCVBT-D7w.

场"的任务，结合中央宣传部的提出的"国家文化大数据体系建设"工程，有条件的地区可组织资源"抢滩登陆"，着手文化数据资产治理，探索建设文化数据资产管理体系，建立公共文化数据资产、企业文化数据资产相应的治理规则和行业管理规范，探索建立包括文化数据资产确权、评估、流转、交易等业务的机制和平台。之后，我梳理了对于文化数据资产的思考，并在中国经济网发表了一篇文章。在这篇文章中，我将文化数据资产定义为"文化数据资产是具有资产权属、经济价值和文化属性的可计量文化数据"。①

然后，我在2020海丝之路（中国·宁波）文化旅游博览会举办文化金融合作高峰论坛上结合"十四五"时期我国文化金融发展趋势阐述了文化数据资产问题②；在2020上海对话高峰论坛上，结合艺术金融的新发展趋势再次阐述了文化数据资产问题，并提出算法和算力就是竞争力，文化艺术行业的数字化不可避免。实物艺术资产将加快数字化，并会在数字世界中不断演化；而数字化艺术生产将产生大量的数据资产。

2020年11月23日，我在广州市社会科学院主办的跨越与创新：数字化转型推动文化产业高质量发展论坛系列学术会议上发表了主

---

① 金巍.文化数据资产将成为未来最重要的文化资产之一［EB/OL］.中国经济网，（2020-08-27）［2022-07-15］. http://www.ce.cn/culture/gd/202008/27/t20200827_35614022.shtml.

② 金巍."十四五"时期我国文化金融将走向繁荣［EB/OL］.光明网，（2020-09-25）［2022-07-15］. https://politics.gmw.cn/2020-09/25/content_34221845.htm.

题为"金融视角下我国文化产业数字化转型与文化数据资产问题"的演讲，提出要"尽早布局文化数据资产治理工作"[①]。

4. 关于数字文化经济的认识

近几年，我对文化金融的研究多结合了数字文化经济的相关背景，其中的逻辑很简单：文化金融服务的对象变了，而最大的变化就是文化经济的数字化趋势。

文化经济的数字化在产业界的主要体现是数字创意产业和数字文化产业。2018年7月，我在接受《经济》杂志采访时，对数字创意产业和文化产业的关系提出了我的观点：数字创意产业是一种融合性产业，与文化产业之间的交集较大，其交集部分是2017年原文化部在《关于推动数字文化产业创新发展的指导意见》中提出的"数字文化产业"[②]。接着，我进一步提出：文化产业科技创新和数字文化产业崛起，是文化产业现代化的基本路线，也是新经济的重要组成部分[③]。

由于与文化经济数字化进程相关的产业形态较多，我认为有

---

① 金巍.尽早布局文化数据资产治理工作［EB/OL］.广州日报客户端，（2020-11-23）［2022-07-15］.https://www.gzdaily.cn/site2/pad/content/2020-11-23/content_142 9037.html.

② 黄芳芳.后发优势，引领消费［N］.经济月刊，2018（14）.

③ 金巍.在新经济金融服务体系视角下进一步发展文化金融.深圳文化产权交易所公众号，（2020-07-22）［2022-07-15］.https://mp.weixin.qq.com/s/22iiiGUHGMqgoGPiocK8Yw.

必要使用"数字文化经济"这一概念。2019年12月,我在《证券日报》的一篇题为《区块链技术正在重构互联网文化产业及数字文化经济——专访国家金融与发展实验室文化金融研究中心副主任金巍》的专访中谈到区块链与文化领域的关系,首次在媒体上公开使用了"数字文化经济"这个概念,提出区块链将构建新的知识经济和创意社会,改变文化治理方式,重构文化产业与数字文化经济[①]。

2020年5月,我为中央文化和旅游管理干部学院举办的文化和旅游融合发展专题线上培训项目授课,课程题目为《数字文化经济与文旅消费新趋势》。在课程中,我首先解释了为什么要谈数字文化经济:基于消费趋势的认识,数字文化经济表现了影响文化消费的技术因素,对文化经济发展具有颠覆性,一些数字技术创新在文化领域甚至实现了"供给创造需求"。我认为"数字经济改变了文化产业运行的一般逻辑,数字文化经济将成为文化经济的主要形态"。读者可能认为这个结论有些唐突,首先我认为"制度驱动"的版权经济以及"文化创意驱动"的创意经济在新文化经济中的地位不能被忽视;同时,如果我们认识到版权经济与创意经济在数字技术驱动下也正在呈现新形态,这个结论就好理解了。

之后,我在不同场合阐述了关于数字文化经济的几个认识。

一是关于数字经济背景下我国提出的文化产业数字化战略。

---

① 周尚仔.区块链技术正在重构互联网文化产业及数字文化经济——专访国家金融与发展实验室文化金融研究中心副主任金巍[N].证券日报,2019-12-13.

2020年12月，在2020陕西文化产业高质量发展合作峰会上，我当时演讲的主题是"文化产业数字化战略与文化数据资产"，这个主题结合了中共中央在"十四五"规划和2035年远景目标建议中提出的"文化产业数字化战略"。我在演讲中提出，从数字经济、数字文化产业到文化产业数字化战略，关于如何实施"文化产业数字化战略"需要更多的思考。我提出了文化产业数字化战略的三个战略维度，即国际竞争维度、经济发展维度和社会发展维度。

二是关于数字经济统计和数字文化经济的关系。2021年6月，国家统计局发布了《数字经济及其核心产业统计分类（2021）》，数字经济有了统计框架，其中有很多与文化经济相关的中小类。我认为《数字经济及其核心产业统计分类（2021）》对认识数字文化经济有帮助，因为数字文化经济是数字经济的一个组成部分，在数字经济范畴中与文化产业或泛文化产业相关的部分，可以称为"数字文化经济"①。

三是数字文化经济的几个观察视角。2021年10月，我在成都数字文创产业发展论坛上做了主题为《数字文化经济浪潮与文化金融变革》的演讲，这是我第一次使用"数字文化经济浪潮"这个表述。之所以用"浪潮"，是因为我想说明，相比于历史上任何一次文化经济变革，这一次变革都是冲击力更大、影响力更全面的一次。在演讲中我提出数字文化经济观察的几个视角：从数

---

① 金巍. "数字经济统计分类2021"中与文化产业相关的有哪些？[EB/OL]. 巍观经济学公众号，（2021-6-4）[2022-07-15］. https://mp.weixin.qq.com/s/qnjkWtCQocJX6DHyiCkNpA.

15

字文化经济源流和国家数字经济战略看业态演变和政策演变；从技术变量与经济形态转型看文化经济变革趋势；从数据要素和文化资产，尤其是文化数据资产来看市场逻辑；从科技伦理及规范发展看数字文化经济的未来之路[①]。后来这个演讲被整理为一篇文章发表在自媒体上，标题为《数字文化经济浪潮已经到来》[②]。当然，"数字文化经济浪潮已经到来"的论述，与2017年我提出的"新文化经济时代已经到来"的论述是一脉相承的，不过这次我更聚焦数字技术驱动下的新文化经济。

2022年1月16日，习近平总书记在《求是》杂志发表题为《不断做强做优做大我国数字经济》的重要文章，在前所未有的战略高度上对发展我国数字经济提出了基本思想和发展措施，这预示着我国数字经济正在进入全新的战略发展周期。结合这篇文章的精神，我应《金融时报》之约写了一篇署名文章《推动数字文化经济进入新发展阶段》，提出数字文化经济是数字经济与文化经济的融合，是数字经济的一个重要组成部分，同时如何进一步发展数字文化经济，推动相关产业进入新的发展阶段，也是当前需要积极布局和谋划的[③]。

---

① 金巍.国家金融与发展实验室文化金融研究中心副主任金巍：数字经济将重构新时代文化金融［EB/OL］.四川新闻网，（2021-10-15）［2022-07-15］.http://scnews.newssc.org/system/20211015/001214423.html.

② 金巍.数字文化经济浪潮已经到来［EB/OL］.深圳文化产权交易所公众号，（2021-10-15）［2022-07-15］.https://mp.weixin.qq.com/s/KL5lYZ8-I63DFttbMG28Jw.

③ 金巍.推动数字文化经济进入新发展阶段［N］.金融时报，2022-01-21.

写作这篇文章期间正值我撰写本书，所以这篇文章是本书一些观点的提炼。这也是我第一次使用"数字文化经济"这个概念公开发表署名文章。

三

本书的内容多数来自论坛或研讨会的演讲，是我对文化经济和数字文化经济的零散的观察。这些谈不上是深入的研究，只是借此机会做一点梳理，以便能够进行进一步的思考。

我在编写《文化金融：通过文化世界的资本力量》一书时，与中译出版社社长乔卫兵先生有一个约定：要着手撰写一部主题为"新文化经济"的书。他认为这个方向虽然可能比较小众，但很有意义。正在这时，新冠肺炎疫情爆发了。不幸之中有一幸是，数字经济在这一年得到了空前的重视。为了顺应这个大趋势，我提出本书聚焦在数字文化经济这个点上，乔社长也认为这个主题更好。这给了我对数字文化经济问题进行一次系统思考和梳理的机会。

2021年至今的两年多来，对数字经济的研究迅速升温。中共中央政治局专门组织了关于数字经济的集体学习[①]。近些年，我们经常可以在报纸或论坛看到各种对于"元年"的论断，比如2013

---

① 中共中央政治局于2021年10月18日下午就推动我国数字经济健康发展进行第三十四次集体学习，中共中央总书记习近平主持了学习。

年是我国大数据应用元年，2016年是我国区块链应用元年，2018年是全球人工智能应用元年，2019年被称为我国5G商用元年，2021年被称为元宇宙元年和NFT元年，等等。在数字经济大发展的背景下，文化经济向何处去，文化产业向何处去，也成为了热议的话题。

在构思本书时，关于数字文化经济我列出了一些问题，这些问题多是我一直以来寻求答案的，也可能是很多人都希望深入了解的。这些问题的提出也伴随着思考，有些思考先反映在了一些演讲和文章当中。比如《数字文化经济浪潮已经到来》这篇短文的框架，实际上就是在构思这本书的时候形成的。

我列出的问题包括：

① 如果数字文化经济是一种经济活动，而不是某种特定的产业，那么数字文化经济和数字经济是什么关系？和文化经济是什么关系？数字文化经济涉及哪些产业？数字文化经济有什么特点？

② 政策研究在任何一个文化经济学者的研究中都至关重要。关于数字文化经济，需要理清数字经济相关政策，更要理清文化政策及文化经济政策中的相关内容。在研究中要着重的问题包括：政策构成如何？政策方向如何？

③ 数字经济是技术创新驱动的新经济，但这次技术创新很特别。第一次工业革命以来，技术一直都是经济发展的重要驱动力之一，技术创新经济学论证了这一点。但数字经济可能不仅

是将技术纳入内生变量那么简单。这一次的技术革命有什么不同？有什么特征？数字技术与文化经济有什么关系？

④ 数字技术可能会给生产和生活带来超乎想象的变化。数字文化经济关乎文化消费和精神消费，所以需要特别观察其形态变化及影响。从经济学角度分析，从意义到形态，从供给到需求端，从生产到消费，从贸易到投资，数字文化经济有什么不一样？

⑤ 数字经济的重要特征之一是数据要素成为了关键生产要素。如果理清楚经济逻辑，同时理顺市场逻辑，那么从数据要素到数据资产，再到文化数据资产，就顺理成章。但是还需要思考的问题是，文化数据资产有什么特点？如何实现文化数据资产的价值？如何进行文化数据资产的管理和治理？

⑥ 新技术常常会引起人们的担忧，核技术清晰地展示了新技术的两面性。数字技术正在展示其强大的力量，但也已经出现了一些负面效应。数字文化经济治理有哪些内容？如何治理？由此延伸下去，技术决定性作用的背后是什么？未来世界会是什么模样？

这些问题拓展后成为了这本书的框架。本书共六章，基本遵循了我以上的思路。我在本书中从五个主要方面对数字文化经济发展问题步步展开，提供思考视角并做分析。

在构思这本书时，我原本计划实地访谈 50 位专家。我列了一份长长的名单，名单上的专家来自学术界、文化企业、金融机构和政府部门等各个领域。我是在本书即将完成的时候开始启动访谈工作的，因为这样可以提炼出更符合本书结构的问题，但实地访谈刚开始就中断了。我的母亲于 2021 年 12 月 14 日不幸因病辞世，我一时间痛彻心扉，此后的很长一段时间无心工作，也无法继续实地访谈。后来，我通过线上形式向名单中约 20 位专家有针对性地咨询并求教了一些关键问题，访谈就匆匆结束了。虽然遗憾，但这些专家对数字文化经济的独到观点，也为本书增添了许多充满智慧的亮色。本书中凡是未明确标注引用出处的专家观点，均为访谈时由专家直接提供的。

这些专家包括：中国人民大学文化创意产业研究所所长金元浦，中国社会科学院中国文化研究中心研究员章建刚，对外经济贸易大学教授吴承忠，中央财经大学金融学院教授韩复龄，吉林大学经济学院教授赵儒煜，清华大学文化创意发展研究院副院长张铮，中国人民大学创意产业技术研究院副院长宋洋洋，宝新金融首席经济学家郑磊，北京市社会科学院传媒研究所所长郭万超，中央财经大学文化经济研究院副院长戴俊骋，北京邮电大学教授赵海英，北京邮电大学教授陈洪，福建省海峡区块链研究院执行院长高林挥，腾讯社会研究中心高级研究员李士林，中国文化产业投资基金副总裁于淼，完美世界股份有限公司副总裁伊迪，鼎盛文化产业投资公司总裁梅洪，鲸世科技创始人、CEO 杨利堃，等等。在此特别感谢他们能够不吝珠玉，让我受益匪浅。

感谢几位前辈和挚友在百忙之中为本书写了推荐语，他们的鼓励将成为我继续前进的动力。感谢国家金融与发展实验室理事长、中国社会科学院学部委员李扬老师，中央宣传部文化体制改革和发展办公室原副主任高书生老师，吉林大学"匡亚明学者"卓越教授、广州商学院校长李晓老师，中国社会科学院中国文化研究中心副主任张晓明老师，清华大学文化创意发展研究院院长胡钰老师和中国社科院国家金融与发展实验室副主任杨涛老师。

感谢中译出版社社长乔卫兵先生、责任编辑于宇老师及黄秋思老师的大力支持，他们不仅在专业上给书的撰写提出中肯的意见，在我因故无法按时完成进度的时候，也给了我最大程度的理解。我的北京立言金融与发展研究院的齐孟华、赵梁皓等同事们，在本书的编辑过程中亦给予了极大的帮助，一并在此感谢。

作为一个学经济学出身的研究者，我认为数字文化经济命题中最难的还是对"数字"这部分的理解。不仅对数字技术的描述可能出错，其他方面的漏洞、不足也一定在所难免，恳请同仁及读者谅解并指正。

这个冬天，延续着2020年初的寒冷，但正如北京正在举办的第24届冬奥会，坚持美好生活理想的人们仍会给世界带来色彩、温暖、热情和希望。

2022年或许将是历史大变局中的关键一年。

向勇敢迈向新时代的人们致敬。

金 巍

2022年2月19日

于北京通州·大运河畔

目 录

自　序　站在数字世界的大门口　1

第 1 章
导言：从数字经济、文化经济到数字文化经济

1.1　数字经济的轨迹　003
　　　从信息经济与互联网经济开始　003
　　　数字经济的崛起　006
　　　数字经济的独特性及新范式　010

1.2　文化经济再认识　015
　　　文化经济的两个研究路径及当代特征　015
　　　中国文化经济语境下的几个基本关系　020

1.3　我国数字文化经济的源流与汇流　025
　　　风起云涌的网络文化产业　025
　　　双向汇流的数字内容产业　027
　　　国家战略性新兴产业中的数字创意产业　032
　　　全面拥抱数字时代的数字文化产业　037

        数字经济国家战略下的汇流 041

1.4　什么是数字文化经济 045

        经济统计中的数字文化经济 045

        数字文化经济的含义、特征与构成 049

        数字文化经济的框架性问题及发展要义 052

        数字文化经济浪潮：四大趋势 055

第2章
政策：我国促进数字文化经济的国家行动

2.1　我国数字经济发展的政策驱动 065

        国家信息化发展战略与"互联网＋"行动 065

        新冠肺炎疫情引发的数字化加速 069

        面向未来的数字经济战略规划与促进立法 074

2.2　数字文化经济政策 081

        文化发展规划中的数字文化经济 082

        文化科技政策中的数字文化经济 088

        数字文化产业专门政策 092

        国家文化数字化战略与文化产业数字化战略 096

第3章
变量：文化经济发展中的数字技术演进

3.1　文化领域数字技术变量面面观 103

        不断进化的数字技术集群 103

目 录

   与文化经济紧密相关的数字技术　108
   文化领域数字技术标准　113
   文化新基建　117

 3.2　数字文化技术 ABCD　120
   大数据与文化大数据　120
   云计算与文化云　124
   区块链如何改变文化经济　127
   人工智能：从"新打工人"到新基建　135

 3.3　5G、物联网、虚拟现实及元宇宙　140
   5G 与物联网：通向高速泛在的数字网络　140
   虚拟现实技术：文化消费新场景与虚拟偶像　147
   文化元宇宙：未来网络世界新叙事　151

第 4 章
形态：向数字世界迁徙的文化经济

 4.1　重新认识几个经济学问题　161
   成本与边际收益递增　161
   鲍莫尔病与"内卷"　163
   规模经济与范围经济　166
   帕累托改进与"熊彼特动力"　168

 4.2　数字文化经济的创作与生产　171
   数字化创作与数字产品　171
   文化企业管理数字化　174

供应链数字化及文化产业数联网　176

4.3　数字时代的文化消费与产消者　180

便利性、体验性与数字空间消费　180

消费场景的提升、拓展与融合　182

产消者经济　185

文化消费圈层与消费壁垒　189

4.4　文化贸易数字化　192

WTO之后的文化贸易及数字化　192

"双循环"新发展格局下的文化贸易数字化方案　196

4.5　数字文化经济中的资本力量　203

数字文化新业态成投资热点　203

资本是否有逻辑　206

第5章
要素：数据及文化数据资产

5.1　从数据要素到数据资产　213

数据要素与数据要素市场化配置　213

文化经济领域生产要素与数据要素问题　219

文化数据资源与文化数据资产　221

文化企业数据资产管理　225

文化数字资产与NFT的是与非　228

5.2 文化数据资产的治理　235

　　数据产权、价值评估与交易体系　235

　　国家文化大数据体系　241

5.3 以数据资产为中心的文化金融服务　247

　　文化数据资产对资产结构的重构　247

　　数据资产质押信贷与文化数据信托　249

　　文化金融基础设施新结构　252

第6章
治理与科技伦理：未来向何处去

6.1 数字文化经济治理　257

　　政府主导与多元共治　257

　　数字文化经济治理的几个重点领域　260

　　推动数字向善　263

6.2 技术是否主导未来　265

　　技术是否决定文化命运　265

　　数字世界的娱乐消费　268

　　数字世界的"工业化"　270

　　数字化折叠与平行的世界　272

6.3 未来主人翁："10后"与"D世代"　275

附　录　1995年以来我国数字文化经济相关大事记　279

参考文献　299

第 1 章

导言：从数字经济、文化经济到数字文化经济

科技与艺术的融合

数字与文化的交汇

多源汇流的数字文化经济浪潮

正奔向新经济的汪洋大海

20世纪末,现代信息技术引发的经济数字化趋势引起了学界的关注,美国等西方发达国家也开始推动数字经济发展。同时,信息和数字技术在文化经济发展中的应用,形成了文化经济变革的新趋势。我国文化经济在发展历程中,经历了从信息经济到互联网经济,再到数字经济的转变,文化经济不断受到技术的冲击,重塑并与技术相融合,最终形成了数字文化经济这一独特的经济形态。我们需要在认识数字经济、文化经济的基本命题的基础上,认识数字文化经济发展的几个重要源流以及其是如何汇流于数字文化经济浪潮之中的。

1.1 数字经济的轨迹

从信息经济与互联网经济开始

在数字经济发展的前期,信息经济和互联网经济是新经济的代名词。信息经济、互联网经济以技术变革为中心,与数字经济的关系极为密切。

信息在现代经济发展中的要素作用日益明显,如何搜集、整理和运营信息,是信息经济的主要课题。传感器技术、通信技术和计算机技术被认为是信息技术的三大支柱,推动了通信和移动通信、广播电视、计算机网络等领域的飞速进步。信息技术的普及和应用使信息利用更加便捷,信息搜寻成本更加低廉,极大地推动了信息经济的发展,使得现代信息产业蓬勃发展。1990年,麦吉尔大学诞生了第一款现代搜索引擎Archie。搜索引擎通过信息技术满足了人们更便捷地获得更多生产生活信息的需要,是信息经济的典型模式。如今,谷歌是世界上最著名的搜索引擎,而百度在我国国内搜索引擎市场占据绝对领先地位。

由于计算机网络技术通用化程度更高，构建的互联网体系与生产生活应用的关系更为密切，互联网经济（或称网络经济）成为了人们熟悉的信息经济形态。计算机网络技术，也称互联网技术，是通信技术与计算机技术的结合，包括数据和信息的存储技术、处理技术、传输技术、应用技术等，这些技术支撑了互联网硬件、软件及各种应用终端。1989年，英国科学家蒂姆·伯纳斯·李（Tim Berners-Lee）撰写下了第一个基于互联网的超文本系统提案《关于信息管理的建议》，这个将各个电脑上的信息进行联通的方案，正是万维网的起源[①]。

互联网技术构建了新的社会生产方式和生活方式，深刻改变着全球范围内的社会经济发展及人们的文化生活。除了搜索引擎，电子商务、即时通讯、网络文娱等也是互联网经济兴起时期的主要形态。亚马逊、阿里巴巴、京东是当今电子商务的代表；即时通讯软件和平台如微信、QQ、腾讯RTX、钉钉、信鸽等，广泛应用于生活和经济领域。网络文娱包括网络游戏、网络视频、网络文学、网络音乐等形式，满足了人们日益增长的文化娱乐消费需求。

移动互联网技术推动互联网经济达到了一个发展高峰。移动互联网技术连接了移动终端和互联网，基于无线网络技术，结合移动终端设备、相关软件和应用平台的开发，使人们可以通过手

---

① 蒂姆·伯纳斯·李因发明万维网和第一个浏览器，并研发出使万维网得以扩展的基本协议和算法而获得2016年度图灵奖。

第1章 导言：从数字经济、文化经济到数字文化经济

机这样的一块小屏为获得全方位服务，这是互联网时代的重大技术革命。

互联网技术建立了一种不同于纯粹物理环境的经济和商业环境，推动了一种新型经济形态的诞生。由于互联网是现代信息网络最主要的组成部分，互联网经济也被称为"网络经济"。根据信息经济学家乌家培的定义，狭义的网络经济指互联网经济，而广义的网络经济指信息经济。

互联网经济的深入发展，体现在互联网技术与现代制造业、农业、能源、环保等传统产业的融合越来越紧密，体现在互联网技术应用从商品流通、服务消费领域逐步扩展到生产领域。我国提出了"互联网+"行动，这一行动涉及创业创新、协同制造、现代农业、智慧能源、普惠金融、高效物流、电子商务、便捷交通、绿色生态和人工智能等共10个领域，说明互联网经济发展已经进入了全新的阶段。随着我国网民数量的急速增加和互联网基础设施的快速建设，未来经济的任何领域都将与互联网有关[①]。

---

① 根据中国互联网协会组织在第二十届中国互联网大会上发布的《中国互联网发展报告（2021）》，截至2020年底，中国网民规模为9.89亿人，互联网普及率达到70.4%，特别是移动互联网用户总数超过16亿，5G网络用户数超过1.6亿，约占全球5G总用户数的89%；基础电信企业移动网络设施，特别是5G网络建设步伐加快，2020年新增移动通信基站90万个，总数达931万个；工业互联网产业规模达到9 164.8亿元。

数字经济的崛起

数字技术在我国曾被称为数码技术。数字技术与计算机技术相生相伴，极大促进了互联网经济的发展，使互联网经济在发展过程中逐步呈现出了数字经济形态。

信息技术在工业经济向现代信息经济转型的过程中起到了关键作用。数字技术在信息技术的迭代升级过程中扮演了最重要的角色，数字经济正是从技术经济范式上对信息经济的转换和升华。

麻省理工学院教授尼葛洛庞帝早在1995年就在《数字化生存》一书中描述了一个数字化世界。他在开篇写道："要了解'数字化'生存的价值和影响，最好的办法就是思考'比特'和'原子'的差异。一个产业竞争者思考自己在数字化世界中的前途时，其实要看他们的产品和服务能不能转化为数字形式。"①

说起数字经济，人们一定会追溯到唐·泰普斯科特的《数据时代的经济学》一书。1995年，泰普斯科特出版了其一系列数字经济著作中的第一部——《数据时代的经济学》②，书中提出了"数字经济"概念和"网络智能"概念，描述了很多直到二十多年后

---

① ［美］尼葛洛庞帝.数字化生存［M］.胡泳，范海燕，译.海口：海南出版社，1996.

② 《数据时代的经济学》之后，唐·泰普斯科特还出版了一系列有关数字经济的著作，包括《数字化成长》《数字经济蓝图》《数字资本》《维基经济学》《数字化成长3.0》等。

的今天才实现的形态。在这本书的1995版序言中,他写道:"网络智能时代是一个充满希望的时代,不仅有技术的网络化,更重要的是技术使用者的网络化。"泰普斯科特在书中列出了"以硅片、计算机和网络为特征的"新经济的十二个主题,其中之一是"数字化",并认为"新经济是数字化经济"。而其他主题与数字化基本上也都是直接相关的,关键词包括:知识、虚拟化、一体化/网络互联、去中间化、创新、产消合一,等等。泰普斯科特的描述,在今天看来仍然不过时。

20世纪90年代以来,世界主要经济体和国家对数字经济都非常重视,决策者们在推动信息经济的过程中对数字技术应用给予了特别关注。1998年,美国商务部发布了《浮现中的数字经济》报告;2000年美国商务部又发布了《数字经济2000》报告。据英国技术战略委员会"创新英国"发布的《英国2015—2018数字经济战略》,从2007年开始,英国开始支持、促进并共同对数字经济中的创新出资,包括2009年后制定的一个特定数字计划。澳大利亚从2011年开始推动数字化转型,加大数字科技创新研发,积极参与数字经济国际合作。欧盟于2010年推出欧洲数字化议程;2021年3月9日欧盟正式发布《2030数字罗盘:欧洲数字十年之路》(*2030 Digital Compass:The European Way for the Digital Decade*)计划,提出了到2030年实现数字主权的数字化转型愿景。

我国从信息经济和互联网经济的发端就重视数字技术的发展,2012年召开中国共产党第十八次全国代表大会以来,逐步将其数字经济上升为国家战略。2015年"十三五"规划时期，提出了实施网络强国战略和国家大数据战略；2017年3月，"数字经济"正式写入国务院政府工作报告；2020年10月，中国共产党第十九届五中全会上提出，发展数字经济，推进数字产业化和产业数字化，推动数字经济和实体经济深度融合，打造具有国际竞争力的数字产业集群。根据相关数据显示，2020年我国数字经济总量跃居世界第二，成为引领全球数字经济创新的重要策源地；我国数字经济核心产业增加值占GDP比重达到7.8%[1]。2021年3月，《中华人民共和国国民经济和社会发展第十四个五年规划和2035年远景目标纲要》正式公布，这是国家数字经济战略实施进入新阶段的重要标志，此后以数字经济为主题的专项规划纷纷出台。2022年1月，国务院印发了《"十四五"数字经济发展规划》。

数字经济已经成为经济全球化发展中的重要内容。亚太经济合作组织（APEC）2001年10月在上海举行的第九次领导人非正式会议发布《数字APEC战略》；2002年APEC第十次领导人非正式会议举行，领导人声明中通过了《关于执行APEC贸易和数字经济政策声明》。2016年6月23日，经济合作与发展组织（OECD）数字经济部长级会议发布《数字经济部长宣言》，来自41个国家及欧盟的部长和高级代表承诺，将共同维护一个开放的互联网，填补数字鸿沟，推动数字技能发展，并做出更多努力以

---

[1] 国家互联网信息办公室.数字中国发展报告（2020年）[R/OL].中国政府网，（2021-07-03）[2022-07-15]. http://www.gov.cn/xinwen/2021-07-03/content_5622668.htm.

第1章 导言：从数字经济、文化经济到数字文化经济

抓住数字经济的机遇。

其他具有标志意义的事件包括：2016年9月在杭州召开的二十国集团（G20）峰会首次将"数字经济"列为G20创新增长蓝图中的一项重要议题，并发布了《二十国集团数字经济发展与合作倡议》[①]。2019年，在日本大阪召开的G20峰会上，数字经济再次成为世界关注点，峰会表决通过一份《关于贸易和数字经济的G20部长声明》，指出新的数字技术将持续带来无限的经济发展机遇。该声明认同数字化为促进包容和可持续经济增长提供了机遇，数字化还促进了社会和文化的进步与发展，推动了创新，并使个人和企业，包括微型、中小微型企业（MESEs），从新兴技术和数据中受益。

2020年6月，新西兰、新加坡和智利三国发起签署《数字经济伙伴关系协定》（*DEPA*），引起了国际社会的广泛关注。这一协定旨在形成开放、非歧视性和全球化的互联网环境，促进数据自由流动和电子商务，保护个人数据和在线消费者权益等，并致力于实现更大数字经济包容性与参与度。中国政府认为这一有别于现有贸易和投资协定的国际合作协定是全球第一个关于数字经济的重要规则安排，为全球数字经济制度安排提供了模板，并已于2022年申请加入《数字经济伙伴关系协定》。

数字世界不仅有合作，也有竞争。全球范围的数字竞争，既

---

① 二十国集团数字经济发展与合作倡议［EB/OL］. 2016年G20峰会官方网站.（2019-09-20）［2022-07-15］. http://www.g20chn.org/hywj/dncgwj/201609/t20160920_3474.html.

是大型企业集团之间的数字竞争，更是国家与国家之间的数字竞争。其中，中、美、欧之间的博弈，将是数字竞争的主要战场。数字竞争是对未来战略地位的争夺，竞争形式常表现为一国监管与数字化垄断等现象之间的关系。美国和欧洲对中国的5G技术一直采取压制措施。欧洲针对美国互联网巨头在欧洲的业务也展开了调查。

2021年11月23日，欧洲议会内部市场和消费者保护委员会以绝对多数的投票，通过了《数字市场法》(DMA)建议案，这项法案的明确目标是限制国际互联网巨头的不正当竞争行为。2022年1月20日，欧盟委员会表决通过了《数字服务法》，有专家认为这个法案会对为欧盟用户服务的提供第三方数字化服务的中间平台产生影响，比如我国已经出海的希音（Shein）、抖音（国际版为TikTok）等产品也都会受到影响。很多国家和地区都在通过立法等形式进行数字经济治理，表面上意在打破互联网企业垄断，但这些措施的背后都是数字竞争的逻辑使然。

数字经济的独特性及新范式

二十多年来，除了信息经济、互联网经济，还有很多与数字经济相关的概念出现在行业研究、学术研讨或政策表述中，如共享经济、数据经济、平台经济、智能经济等等，这一定程度上也说明了数字经济发展的丰富性和多元性。

与数字技术相关的多种经济形态正在数字经济领域汇聚。中欧国际工商学院朱晓明教授认为，把数字经济视作经济学领域的一个宏观研究框架，则表现为一个大框架加数据经济等10个小框架的"1+10"研究框架，"1"为数字经济，"10"分别为：数据经济（Data Economy）、服务经济（Service Economy）、平台经济（Platform Economy）、物联经济（Internet of Things Economy）、分享经济（Sharing Economy）、产消者经济（Prosumer Economy）、长尾经济（Long-tail Economy）、普惠经济（Inclusive Economy）、协同经济（Collaborative Economy）和智能经济（Smart Economy）[①]。

与数字经济相关的经济形态如此繁杂，如何概要地阐述什么是数字经济？数字经济有何新范式？

这里可以结合杭州G20峰会发布的《二十国集团数字经济发展与合作倡议》、中国信息通信研究院发布的《中国数字经济发展白皮书》、国家统计局公布的《数字经济及其核心产业统计分类（2021）》、2022年1月国务院印发的《"十四五"数字经济发展规划》等文本的定义来做简要分析（见表1-1）。

表1-1　几个关于数字经济的定义

发布者	文本	数字经济定义
杭州G20峰会	《二十国集团数字经济发展与合作倡议》	数字经济是指以使用数字化的知识和信息作为关键生产要素、以现代信息网络作为重要载体、以信息通信技术的有效使用作为效率提升和经济结构优化的重要推动力的一系列经济活动。

---

① 朱晓明.走向数字经济[M].上海：上海交通大学出版社，2018.

续表

发布者	文本	数字经济定义
中国信息通信研究院	《中国数字经济发展白皮书》	数字经济是以数字化的知识与信息为关键生产要素，以数字技术为核心驱动力，以现代信息网络为主要载体，通过数字技术与实体经济深度融合，不断提高经济社会的数字化、网络化、智能化水平，加速重构经济发展与治理模式的新经济形态。
国家统计局	《数字经济及其核心产业统计分类（2021）》	数字经济是指以数据资源作为关键生产要素、以现代信息网络作为重要载体、以信息通信技术的有效使用作为效率提升和经济结构优化的重要推动力的一系列经济活动。
国务院	《"十四五"数字经济发展规划》	数字经济是继农业经济、工业经济之后的主要经济形态，是以数据资源为关键要素，以现代信息网络为主要载体，以信息通信技术融合应用、全要素数字化转型为重要推动力，促进公平与效率更加统一的新经济形态。

从以上四个文本对数字经济的定义中，我们可以拆解出三个要点：

- 要点1：作为生产要素的"数字化知识和信息"或"数据资源"。这里延续了知识经济和信息经济特征，但强调了"数字化"是其不同之处，这是数字经济的核心；
- 要点2：作为载体的"现代信息网络载体"。四个定义在这里是完全一致的。现代信息网络是网络经济、互联网经济和数字经济的共同基础，但数字经济时代的现代信息网络的构建方式和内容已经大不相同。
- 要点3：作为推动力的"信息通信技术"（ICT）。这部分也可扩展为"数字技术"。技术创新和经济发展之间的关系是技术创新经济学的主要研究范畴,技术驱动力的表述说明了数字经济与历次技术革命的相承接的关系。

从以上的三个要点可以看出,"数字化的知识和信息"或"数据要素"作为关键生产要素,是数字经济最具独特性的部分。在2019年《中共中央关于坚持和完善中国特色社会主义制度、推进国家治理体系和治理能力现代化若干重大问题的决定》将数据资源作为生产要素之后,数据要素的地位基本确立了下来。《"十四五"数字经济发展规划》的特别之处在于特别强调了"全要素数字化转型"作为推动力,同时对数据要素做了专门强调"数据要素是数字经济深化发展的核心引擎。数据对提高生产效率的乘数作用不断凸显,成为最具时代特征的生产要素。数据的爆发增长、海量集聚蕴藏着巨大的价值,为智能化发展带来了新的机遇。协同推进技术、模式、业态和制度创新,切实用好数据要素,将为经济社会数字化发展带来强劲动力。"

在数字经济背景下,有些学者认为很多经济学基本理论受到了挑战,传统经济学理论体系可能被重构。一些关键问题在被重新讨论,比如供求规律、边际收益、规模经济、企业目标,等等。其中最为重要的是,数字经济下的生产要素有了变化,数据要素作为关键生产要素的作用被纳入经济学分析框架,成为生产函数的自变量。经济增长模型也需要将数据要素作为经济增长要素纳入分析框架,即在 $Y=f(L, K, N, E, \cdots)$ 中加入数据要素和数字技术的贡献值。在新的研究范式下,数字经济的核算理论及方法也有较大变化,需要解决如何量化数据要素这个关键性问题。

数字经济也带来了技术经济范式的转换。克里斯·弗里曼(Chris Freeman)和弗朗西斯科·卢桑(Francisco Lusan)在《光阴似箭:从工业革命到信息革命》一书中使用"技术经济范式"来描述一定类型的技术进步通过经济系统影响产业发展和企业行为的过程,即在技术进步的背景下,生产方式及其所对应的附属技术和系统都会发生相应的变化,进而扩散到其他领域,引发经济增长方式与制度变迁,重塑社会形态。

中央财经大学金融学院教授韩复龄认为,数字经济会形成更加复杂的社会技术系统,这是技术经济范式转换的结果。他分析认为,数字经济与社会要素的互动效率提升进一步构成全新的社会技术系统模式,从而把影响渗透到社会各个领域。从构成上讲,社会技术系统不仅仅包含技术要素,还包括人口、制度、市场、政府、供应网络等社会要素。各种异质的技术要素和社会要素相互关联和作用,推动技术的产生、应用和扩散,从而实现社会职能。从社会技术系统的角度,数字经济是由大量的社会技术子系统通过覆盖社会各个领域的价值网络层层联接构成的复杂社会技术系统,其中包括智能制造、智慧农业、智慧物流、智慧城市、智能媒体等子系统,这些复杂的社会技术系统可以被认为是技术经济范式转换的结果。

从技术经济范式转换和社会技术系统重构的角度定义和认识数字经济,能够帮助各类组织克服传统思维惯性和路径依赖的束缚,进而从更本质、更科学的角度推进数字经济。

1.2
文化经济再认识

文化经济的两个研究路径及当代特征

文化经济研究中主要有两种不同的演进路径,一是研究文化与经济发展关系问题,二是研究与文化产品和文化生产有关的经济问题。有学者分别将这两种文化经济研究称为广义的文化经济学和狭义的文化经济学[①]。

首先分析第一个路径。这个路径的文化经济研究,学者们可以追溯到亚当·斯密(Adam Smith)和马克斯·韦伯(Max Weber)。这个路径的研究,实际上与制度经济学很接近,讨论文化要素或动力是如何影响经济发展的。例如,我国改革开放以来,经济发展取得了举世瞩目的成就,很重要的一个因素是我们向西方发达国家学习了在市场经济机制体制构建、企业管理、法治建设等方面的成功经验。但很多经济学家经过研究认为,除了向西

---

① 梁碧波.文化经济学:两种不同的演进路径[J].学术交流,2010(6).

方学习现代经济发展经验，我国独特的政治体制优势以及东方文化因素在经济发展中也起到了不可替代的作用。

第二个路径的研究是以文化产品和文化生产为基础的经济学研究。这个路径的第一层含义是文化产品和文化生产具有经济属性，所以具有经济研究的合理性；第二层含义是要用经济学方法研究文化产品和文化供给问题。在文化产品的经济学研究中，聚焦特定的文化艺术产品的创作和消费领域，常称为艺术经济、文化艺术经济等。文化经济学早期就会研究艺术创作中的经济学问题，这些研究以戏剧艺术创作、美术创作、音乐、文学创作等艺术创作为中心，主要关注成本问题，关注如何以资助形式支持艺术的供给。当代的文化生产经济研究则主要基于文化产业这一工业化时代的文化生产形式，是经济学视角的文化产业研究，可以称为"文化产业经济"。

部分经济学家和文化经济学者在这个两个路径上都进行了研究，甚至会在同一项研究中将这两种路径杂糅在一起。笔者这里主要着眼于后一种路径，即以经济学方法研究文化产品和文化生产的文化经济学，关注的是被称为"文化经济化"的文化经济活动。这一路径的文化经济是一种扩展了的文化经济，甚至和第一种路径有一定的交集。这是以文化产业为内核的、扩展了的文化经济，也可以说是以艺术经济和文化产业经济为核心的，且包含其他文化生产形态的文化经济。扩展开来的部分主要是由创意经济、版权经济和数字文化经济兴起引起的范畴的变化。文化经济在新时期有了新的内涵，形成了新文化经济形态。这正是我们对文化经济进行再认识的前提。

综上所述,以艺术创作为中心的艺术经济、以文化产业中心的文化产业经济、以创意产业为中心的创意经济、以版权产业为中心的版权经济、以数字文化产业为中心的数字文化经济等经济形态都是文化经济形态之一,各有不同的侧重点,而数字文化经济作为新文化经济的典型类型,正在为文化经济发展打开一扇新的大门。

关于新文化经济形态的特征,笔者曾有过一个总结,认为新文化经济有三个重要的特征:融合性、创新性和要素性[①]。新文化经济的特征也可以理解为我国文化经济的当代特征。

融合性是指基于泛文化产业和创意经济的崛起而呈现的特征,这个特征越来越明显,给予我们的启示是当代的文化经济早已超出以往的艺术经济范畴,也并非仅仅局限于文化产业,而是存在于多种产业形态中。泛文化产业是超越统计意义的以文化要素为重要驱动力的产业范畴,这个产业范畴中,很多业态不是内容生产但胜似内容生产,不是以文化生产为主却是文化传播的重要渠道。在创意经济崛起的时代,文化驱动的产业融合性非常明显:大众对有浓郁文化特色的休闲农庄、以文化为主题的旅游景区、充满文化 IP 的体育产业都不陌生了;同时,以文化赋能的装备制造和消费品生产,以文化人居为导向的文化城市建设,都彰显了文化经济融合性的特征。

---

① 金巍.新文化经济实践的三个特征[J].文化产业导刊,2017(1).

关于要素性的表述，实际上是在融合性基础上引申出来的。但产业中的融合发展和经济学意义上的要素驱动终究是两个层面的问题，两者对文化经济来说都很重要。而文化作为要素和动力在非文化领域的产业中正在凸显，要素性呈现的新文化经济实践，使两个文化经济研究视角有了非常明显的交叉点。也就是说，新文化经济时代的文化产业——文化经济研究，由于文化动力在非传统文化产业领域的作用常常需要被讨论，所以文化和经济发展的关系问题也会被自然地代入进来。

创新性是指在新文化经济时代，产业发展更加重视科技创新，尤其是重视数字技术创新。这种创新正在将以往其他各类文化经济形态拉进数字经济的轨道。艺术经济、文化产业经济、创意经济、版权经济等形态之间原本就有着极高的关联性，而在数字经济背景下，几种文化经济形态正同时加速数字化进程，数字化已经成为它们共同的主题。因而，新文化经济的创新性的一个很重要的体现是多形态同步数字化，产生最大程度的数字化交集，由此形成数字文化经济新形态。

艺术经济和文化产业经济一直是文化经济的主要领域。艺术经济与数字经济的结合主要体现在艺术的数字化创作与生产、艺术产品的线上传播与消费（艺术电商）等。文化产业经济与数字经济的结合，早期主要是线下内容与互联网技术的结合，然后在互联网平台上进行传播和消费，由此网络文化产业兴起。在互联网平台上，出现了长尾经济效应，让小众的、个性化的唱片和艺术品也具有独特的市场，在数字化生产线上直接生产数字内容逐步成为新趋势。当下文化产业经济的数字化进程,主要表现在文化产业的数字化,形态上以数字文化产业为主。

创意经济也是一种新经济,创意经济正在与数字经济加速融合。文化产业和创意产业原本就有紧密的关系,两者是从两个视角对以文化为核心的产业形态的认识,前者延续传统,后者强调创新。也有学者认为这是两个不同阶段的概念,创意产业反映了新经济的特征,创意产业是文化产业发展到新阶段的产物[①]。在数字经济背景下,创意作为要素的特征将更为明显,因为数字技术将为各类创意提供确权、保护、流转、管理和治理等方面的强大支撑。在数字技术条件下,创意产业的源头,即文化艺术创作,将更为广泛地应用于创意设计服务。中国人民大学文化创意研究所所长金元浦教授认为,我国创意经济形成了梯形三级结构的新发展格局,即新头部引领的新航母发展模态、创意企业大发展的独角兽模态和千百万创客的"满天星斗"模态。其中新航母发展模态的标志性特征是创意经济与数字时代的大数据、人工智能、云服务、区块链、移动网、物联网等融合为一体。

英国文化经济学者露丝·陶斯(Ruth Towse)试图用版权经济架构重建文化经济学,因为版权与文化经济的关系已成为文化经济发展路线上的最重要命题之一。版权经济与文化经济的汇流趋势在数字经济背景下将更为明显。版权产权和版权经济融入数字世界,首先是数字技术为艺术创作、文化产业生产提供更可靠

---

① 金元浦.论创意经济[J].福建文坛,2014(2).

的版权保护技术体系；同时，数字技术还将优化版权在转化过程中的收益机制。例如，只要将一部文学作品上传至具有区块链底层技术的网络，就可以在区块链技术下得到更可信的确权，同时在转化中通过智能合约等机制保障版权收益。

中国文化经济语境下的几个基本关系

在我国文化经济发展中，我们发现一些基本关系决定了文化经济的性质、定位和使命，也决定了数字文化经济的未来发展方向。这些基本关系包括：文化经济与实体经济的关系，文化经济与供给侧结构性改革的关系，文化经济发展与社会主要矛盾的关系，等等。

第一，文化经济与实体经济的关系。近年来，关于实体经济和虚拟经济的问题引起了各界的高度关注，也影响了产业发展的导向。笔者曾写文章讨论过文化产业和实体经济的关系问题①。

在政策决策和学术研究中，经常有人将文化产业归于虚拟经济，这使得很多障碍无法逾越，比如在"金融支持实体经济"命题下，文化经济如何定位？

这个问题，可以从三个角度认识。第一个角度是，要明确我们经常讨论的实体经济和虚拟经济问题是源于货币经济的一个经济学命题。实体经济是货币经济以外的进行实际生产过程的经济

---

① 金巍.文化产业当然属于实体经济[J].中国民商，2016（7）.

形态。从这个渊源上看,文化产业和虚拟经济没有关系,因而文化经济和虚拟经济也没有关系。第二个角度是,文化产业不属于虚拟经济,因而属于实体经济范畴。不能因为文化产业生产的是精神产品就认为其不属于实体经济。从马克思主义经济学的观点看,物质生产和精神生产都是社会生产活动,都是实体经济范畴。第三个角度是,要承认并直面文化经济中的虚拟经济成分。这是因为部分文化产品具备一定的金融资产属性(如艺术品),因而是文化经济中的虚拟经济成分。另外,由于文化资产、无形资产(尤其是商誉)的价值评估的特殊性,可能带来资本市场的泡沫化,这也是文化经济发展中的虚拟经济成分。

综上所述,笔者认为文化经济是实体经济的一部分,不属于虚拟经济。

第二,文化经济与供给侧结构性改革的关系。供给侧结构性改革是我国近年来非常重要的一个经济命题,文化经济领域也需要讨论这个命题。供给侧结构性改革是我国宏观经济调整的重要战略举措,主要内容是在经济结构上进行的"三去一降一补"(去产能、去库存、去杠杆、降成本和补短板)。关于如何实现经济结构上的这种调整,有的学者认为政府直接干预的效率不高,需要通过市场手段达到资源配置的目的。

在文化经济领域内研究供给侧结构性改革问题也是有意义的,因为不论是以文化产业为中心的传统文化经济,还是以产业融合性、技术创新性为特征的新文化经济,关注供给侧问题仍是非常必要的。但是,表浅地思考文化经济的供给侧结构性改革问题无助于解决根本问题。

文化经济的主体是文化产业，文化产业的主体是内容产业，我们可以从内容产业看供给侧结构性改革的问题。内容产业中供给决定需求的萨伊定律现象似乎更为明显，因此如何进行产品供给似乎也更为重要。二十多年来，出于促进文化产业发展的需要，政府在对意识形态痕迹明显的产品进行严格监管的同时，对其他文化产品的供给事实上是比较宽松的，对文化产品供给的宽松事实上就是对文化消费的宽松。由此形成的消费形态，反过来又对文化产业供给侧的产品供给构成了约束[①]。

但是，仅仅依靠行政手段或市场监管无法实现更好的产品供给。直接聚焦内容产品供给本身是不会有根本效果的。产品供给的背后是要素供给，要素供给的背后是制度供给，这是供给侧的三层递进结构，我们需要深入到问题的根本[②]。从内容产业看文化经济的供给侧结构性改革，需要聚焦要素供给和制度供给问题。

无论是美国供给学派还是后来的供给管理理论，其核心都是通过财政政策调整供给，尤其是税收。美国供给学派减税的主张对当前的文化产业依然有意义，因为文化产业的确存在负担过重使得供给乏力的现实困境。从降低生产成本这个角度，我国的新供给经济学提出了结构性减税和减少行政干预的"双减"政策主张，这一主张应同样适用于文化产业。但是，税负更多体现为企业的财务

---

① 金巍.文化产业供给侧结构性改革，应聚焦什么[N].华夏时报，2016-01-23.
② 金巍.文化产业供给侧结构性改革，应聚焦什么[N].华夏时报，2016-01-23.

压力,在当前文化企业的各种困境中并不是最主要的,从产业整体上还无法证明目前的税负水平对劳动供给、资本形成和生产率产生根本影响,简单减税或全面减税无法达到促进有效供给的目的。同时,从政府角度而言,区别对待的减税政策需要谨慎采用。减税只是降成本的一条路径,但不是供给侧结构性改革的核心[①]。

因而,不仅是内容产业,从非内容相关的文化产业以及与文化创意相关的融合性产业等视角上,产品供给和减税都不是供给侧结构性改革的根本所在。在产品供给的背后,需要通过改革和创新提高要素供给的质量和效率,这些要素包括技术要素、管理要素、人才要素、资本要素,等等,更包括产业体系中的制度要素。

第三,文化经济与新时代我国社会主要矛盾的关系。中国共产党第十九次全国代表大会报告中提出,中国特色社会主义进入新时代,新时代我国社会主要矛盾已经转化为人民日益增长的美好生活需要和不平衡不充分的发展之间的矛盾。这一判断为我国在新时期加快发展文化经济提供了重要的理论依据。

什么是美好生活需要?哪些属于美好生活的需要?改革开放以来,我国一直以"人民日益增长的物质文化需要与落后的社会生产力之间的矛盾"作为社会主要矛盾,而美好生活需要和原有的"物质文化需要"有何区别?

社会主要矛盾变化的判断与"科学发展观"以及"五位一体"

---

① 金巍.文化产业供给侧结构性改革的重点和核心[J].北京文化创意,2016(1).

总体布局是一脉相承的,是对我国社会发展和不断变化的人民需要的呼应。从"五位一体"总体布局这个视角,满足人民美好生活需要,不仅要满足物质文化需要,而且要从政治、社会、经济、文化、生态文明等多个角度实现人民的愿望。所以,美好生活应该更加复杂、更加立体,更加注重幸福感、获得感。

在新时代社会主要矛盾中,"不平衡不充分的发展"是社会主要矛盾的另一个方面,而文化建设恰恰是不平衡不充分的一部分。所以,从文化建设谈"不平衡不充分的发展",首先要在宏观的、总体的视野上看文化建设的角色,看文化建设在解决社会主要矛盾中的作用①。

习近平总书记提出:"满足人民日益增长的美好生活需要,文化是重要因素。"②发展文化经济是文化建设的重要途径,应在解决社会主要矛盾中起到应有的作用。通过发展文化经济满足人民日益增长的美好生活需要,是文化经济工作的新时代使命。

---

① 金巍. 社会主要矛盾变化的判断是加快发展文化产业的重要依据[N]. 经济日报,2017-11-07.
② 中共中央总书记、国家主席、中央军委主席习近平9月22日下午在京主持召开教育文化卫生体育领域专家代表座谈会并发表重要讲话,这是习近平总书记在座谈会上的讲话。

1.3
我国数字文化经济的源流与汇流

认识我国数字文化经济的兴起和发展,首先需要认识几个源流。我国数字文化经济兴起和发展的历程中,先后呈现了数字文化经济的多种产业形态,其中主要有四种形态:网络文化产业、数字内容产业、数字创意产业和数字文化产业。这四种形态可被作为观察我国数字文化经济演化过程的主要源流。

风起云涌的网络文化产业

1998 年,搜狐、腾讯、新浪三家公司同年创办,这是我国新经济时代传媒与互联网技术结合并向大众信息消费市场进军的开始。早期的文化产业数字化是信息化和互联网化,互联网与文化产业的融合即为网络文化产业。

早期网络文化产业最典型的业态是遍地开花的网吧和迅速崛起的网络游戏。盛大、网易主打网络游戏,一度发展得风起云涌;后来者完美世界、腾讯游戏成为世界游戏市场的佼佼者。网络文学给文学创作带来一派新气象，榕树下、起点中文网、晋江文学等成为一代网络文学作家的阵地。网络音乐成为重要的大众文化消费形式，很多人都还记得那些从网络上爆红的网络歌曲，如《老鼠爱大米》，后期抖音等平台的出现，又将网络歌曲推向一个新高潮。爱奇艺、优酷、腾讯等流媒体平台重构了电影市场，网络大电影正在与院线电影争霸天下。新媒体、流媒体深刻改造着信息传播模式，传统媒体在新媒体冲击下纷纷转型。

我国早期的文化产业政策一般将互联网与文化产业的结合作为重点支持的一种业态类型。2006年发布的《国家"十一五"时期文化建设规划》提出：积极发展网络文化产业，鼓励扶持民族原创的、健康向上的网络文化产品的创作和研发，拓展民族网络文化发展空间。之后的文化产业政策中，政府部门仍将"网络文化"作为其中的重要内容，如《国务院关于推进文化创意和设计服务与相关产业融合发展的若干意见》提出：强化与规范新兴网络文化业态，创新新兴网络文化服务模式，繁荣文学、艺术、影视、音乐创作与传播。

在行业研究中，范畴相同或相近的概念还有互联网文化产业、网络文娱产业、互联网文娱产业等，如北京大学文化产业研究院副院长陈少峰教授主持编写的《中国互联网文化产业报告（2015年）》和第一财经商业数据中心发布的《2016年互联网文化娱乐产业洞察》中的论述。《2016年互联网文化娱乐产业洞察》提出，互联网文化娱乐产业已逐渐形成"内容 – 渠道 – 变现"三个层次的完整商业生态闭环。还有一些行业研究使用"互联网＋泛文娱产业"概念。"泛娱乐"是 2011 年腾讯提出的一个概念,是基于互联网时代并以知识产权(IP)为核心的生态,这个概念对之后的互联网企业的战略布局产生了很大影响。在我国学者的研究中,也有人认为国际上的"数字内容产业""数字娱乐产业"和我国的网络文化产业是同一范畴[1]。

中国互联网时代肇始时,文化产业就开始汇流于新技术的进步。网络为人们提供了全新的文化消费空间,满足了人们的精神需要,以网络游戏、网络音乐和网络视频为代表的网络文化产业也成为互联网经济最重要的形态之一。网络文化产业至今仍是重要的产业形态,同时正逐步融入到新的数字经济语境当中,融入到数字文化产业当中。

双向汇流的数字内容产业

数字内容产业可以理解为数字内容的产业化,也可以解读为数字化的内容产业,是数字文化经济的重要源流之一。

在欧盟 1996 年发布的"信息社会 2000 计划"中,数字内容产业被定义为:制造、开发、包装和销售信息产品及其服务的产业。这个定义中的"信息产品和服务",不但包含数字产品和网络产品等基于数字格式的产品形式,而且包含在信息社会中产生的

---

[1] 龙莉,蔡尚伟,严昭柱.中国互联网文化产业政策研究[M].成都:四川大学出版社,2016.

以传播信息为目的的服务型产品，如新闻广告和软件[①]。我国学者对日本等国家的数字内容产业做了较多的研究。

"数字内容产业"一词最先出现在了我国的信息产业相关政策中，这一概念是在信息经济背景下提出的，因而有信息产业的属性。2006年3月14日，第十届全国人民代表大会第四次会议批准通过的《中华人民共和国国民经济和社会发展第十一个五年规划纲要》中，"数字内容产业"是在"积极发展信息服务业"一节中被提出："鼓励教育、文化、出版、广播影视等领域的数字内容产业发展，丰富中文数字内容资源，发展动漫产业"，可见这时的数字内容产业属于信息服务业，是数字产业化路径。2006年《信息产业科技发展"十一五"规划和2020年中长期发展规划纲要》中也有很多"数字内容"相关内容，如"数字内容与应用开发技术"作为网络和通信技术的重点技术之一，"数字媒体与内容管理软件"作为软件技术的重点技术之一。信息产业视角的"数字内容"与文化产业有很大一部分有交集，但也有一部分与文化产业无关。

信息技术对文化经济的影响在20世纪90年代就已经显现出来，我国政府在发展信息经济的同时也关注到了这个领域。2000年10月《中共中央关于制定国民经济和社会发展第十个五年计划的建议》就提出要"推动信息产业与有关文化产业结合"。信息产业和文化产业的关系很早就受到我国学者的关注。中国社科院张晓明研究员在较早时期开始研究文化产业发展与信息产业

---

① 崔保国. 数字文化产业的未来 [M]. 北京：清华大学出版社，2016.

的关系问题。2001年，他在《中国文化报》发表过一篇极有前瞻性的文章，认为信息产业与文化产业是现代社会的两个"互为表里的超级产业"，信息产业与文化产业的全面的互渗关系，来源于数字技术革命①。我国数字文化经济的发展，因信息产业和文化产业的汇流而变得更具技术色彩。

当时，信息产业和文化产业的关系不仅表现在现代信息产业的"文化化"方面，同时也表现在文化行业尤其是内容产业如何利用信息技术寻求新的突破，所以文化产业界也使用了数字内容产业这个概念。数字内容产业也是文化主管部门鼓励的文化产业类型之一，但是他们的视角与信息产业的视角有一定的差别。例如，2006年发布的《国家"十一五"时期文化建设规划》提出要"积极发展以数字化生产、网络化传播为主要特征的数字内容产业"，将"数字内容产业和动漫产业"作为重点发展的九大重点文化产业之一②。

2009年，我国发布《文化产业振兴规划》，将数字内容产业作为优化文化产业结构的重要内容，提出要发展九大重点文化产业，不仅将数字内容产业作为其中之一③，同时提出发展以数字技

---

① 张晓明.网络时代大势：文化产业与信息产业汇流[N]，中国文化报，2001-02-14.
② 九大重点文化产业为：影视制作业、出版业、发行业、印刷复制业、广告业、演艺业、文化会展业、数字内容和动漫等产业。
③ 九大重点文化产业为：文化创意、影视制作、出版发行、印刷复制、广告、演艺娱乐、文化会展、数字内容和动漫等产业。

术应用为主要特征的"新兴文化业态"。由于数字内容产业在《文化产业振兴规划》中的定位,《国民经济和社会发展第十二个五年规划纲要》在信息服务部分保有数字内容服务的同时,将"数字内容产业"列入"加快发展文化产业"部分当中,提出要"推进文化产业结构调整,大力发展文化创意、影视制作、出版发行、印刷复制、演艺娱乐、数字内容和动漫等重点文化产业",与《文化产业振兴规划》保持一致。这与"十一五"规划中表述的"数字内容产业"有一定差别。

文化产业界以内容产业数字化作为数字内容产业的主要组成部分,由此在文化产业研究中,数字内容产业常常被当作文化产业的子集。但在政策执行和产业实践当中,一些政策往往会兼顾信息产业和文化产业两个方面,需要跨部门管理。例如,2008年上海市成立上海市数字内容产业促进中心,其后发布的《2008—2009上海数字内容产业白皮书》,将数字内容产业定义为:数字内容产业,是指依托信息基础设施和各类信息产品行销渠道,向用户提供数字化图像、字符、影像、语音等产品与服务的新兴产业类型。该报告将数字内容产业分为八大类型:网络游戏、数字动漫、数字出版、数字学习、移动内容、数字视听(数字影音)、其他网络服务和内容软件。其中,数字学习不属于一般意义上的文化产业,需要经济管理部门共同管理。从中国音像与数字出版协会团体标准化技术委员会批准的《数字内容资源分类规范》中也可以看到,数字内容主题分类大部分与文化经济领域密切相关,但仍有相当一部分是关系较小的,如"行政区域""医疗卫生""法律法规"等。

2014年2月,由国务院发布的《国务院关于推进文化创意和设计服务与相关产业融合发展的若干意见》要求推动文化创意和设计服务与装备制造业、消费品工业、建筑业、信息业、旅游业、农业和体育产业等重点领域融合发展,其中用专门一节论述"加快数字内容产业发展",实际上就是强调文化与信息业的融合。这个文件的主导部门是国家发改委,关于"数字内容产业"的部分兼顾了以往关于数字内容产业发展的各个侧面。这个文件与后来提出的"数字创意产业"也有一脉相承的关系。2016年11月,国务院印发《"十三五"国家战略性新兴产业发展规划》,将"数字创意产业"列入国家战略性新兴产业,提出要实施数字内容创新发展工程。在国家统计局印发的《文化及相关产业分类(2018)》当中,与数字内容相关的是"数字内容服务",属于内容创作生产的一类,包括动漫、游戏数字内容服务、互联网游戏服务、多媒体、游戏动漫、数字出版软件开发、增值电信文化服务以及其他文化数字内容服务,其中很大部分是已经包含在软件、电信等其他行业统计口径当中了。

政策文件表述的变化,是文化经济多元多层次多路径发展实践的集中体现,政策对趋势作出了适时的回应。笔者认为,我国的数字内容产业,起源于信息产业,后来逐步演变为包含了数字内容产业化和内容产业数字化两个方面的内容,是数字文化经济的重要源流之一。

数字文化经济浪潮中,"数字内容"和"数字内容产业"两个词将持续高频出现,因为这代表了数字文化经济的核心价值,即文化内容在数字经济时代应有的价值。

国家战略性新兴产业中的数字创意产业

数字创意产业与创意产业有密切的"血缘关系",要了解数字创意产业,首先要了解起源于英国的创意产业[①]。1998年,英国提出的《创意产业路径文件》中将创意产业定义为:源自个人创意、技巧及才华,通过知识产权的开发和运用,具有创造财富和就业潜力的行业。

一些学者认为创意是一种经济增长要素,并以此界定创意产业。例如,厉无畏认为广义上创意产业以创意为核心增长要素、缺少创意就无法生存的称为创意产业,创意产业具有与传统产业完全不同的发展逻辑,包括产业驱动的软性资本(知识、文化、人力资本等),资源的反复使用,环状价值链,组织扁平化,顾客价值导向,边际效益递增,等等[②]。创意产业和创意经济的兴起是新经济发展在文化生产领域的映射。中国人民大学文化创意研究所所长金元浦教授认为创意产业反映了新经济的特征,是文化产

---

① 1998年英国提出发展"创意产业"的概念,包括广告、建筑、艺术和文物交易、工艺品、设计、时装设计、电影、互动休闲软件、音乐、表演艺术、出版、软件、电视广播等13个行业。此后关于创意产业和创意经济的定义有了很多版本。1997年,英国成立了创意产业特别工作小组(Creative Industry Task Force)。

② 厉无畏,王慧敏.创意产业新论[M].北京:东方出版中心,2008.

业发展到新阶段的产物，是相对传统的文化产业发展创新的更高形态，也是文化产业内部调整升级和产业管理突破原有边界的必然结果①。

我国在发展文化产业的同时，也学习和借鉴了以英国为代表的创意产业发展经验，一些政策部门用"文化创意产业"这个概念将两者关联起来，本质上是想在两者之间取得平衡。因而很长一段时间，"文化产业"和"文化创意产业"概念是并行并用的，后来的官方政策语境中开始不再使用"文化创意产业"这个概念②。

与最早提出创意产业概念的英国不同，我国的创意经济和创意产业发展有鲜明的中国特色。在我国，虽然文化和创意无处不在，但文化创意和设计服务是文化产业当中的子行业③。正是这个子行业，带动了文化创意融合性产业的发展，也就是具有中国特

---

① 金元浦.论创意经济[J].福建文坛，2014（2）.
② 2018年4月，国家统计局发布了《文化及相关产业分类（2018）》。为推动文化产业统计工作规范化制度化，2018年5月初，国家统计局和中宣部联合印发了《关于加强和规范文化产业统计工作的通知》（以下简称《通知》）。《通知》要求，"少数地区存在文化产业概念表述不严谨、统计范围不规范等问题，个别地区甚至出现以扩大统计口径来提高文化产业增加值占比的现象。近年来出现文化创意产业、数字文化产业、数字产业等新概念，从不同角度来表述文化产业或文化产业某种业态。从国家文化产业统计角度，各地区要坚持以文化属性定位定向，继续统一使用文化产业概念，不宜简单以新概念代替文化产业概念、自行扩大统计口径。"
③ 在国家统计局《文化及相关产业分类（2018）》中，文化创意和设计服务一类改为"创意设计服务"。

色创意产业的发展[①]。

在我国的政策语境下,文化产业中的"文化创意和设计服务业"是创意经济的核心部分,并成为后来数字创意产业作为战略性新兴产业提出时的基本落脚点之一。2016年12月,数字创意产业被纳入《"十三五"国家战略性新兴产业发展规划》(以下简称《规划》)中。《规划》提出:数字技术与文化创意、设计服务深度融合,数字创意产业逐渐成为促进优质产品和服务有效供给的智力密集型产业,创意经济作为一种新的发展模式正在兴起。《规划》关于数字创意产业的基本落脚点便是"数字技术+文化创意及创新设计"。

《规划》强调数字技术创新及其产业化,鼓励深度应用相关领域最新创新成果,创新适应消费趋势的技术和装备,加强大数据、物联网、人工智能等技术在数字文化创意创作生产领域的应用,这是数字创意产业的一个重要内容。同时,《规划》也强调文化资源数字化转化和开发,依托数字技术创新数字内容产品,提升创新设计产业数字化水平。在此基础上,《规划》强调了产业融合,要推动数字文化创意和创新设计在各领域的应用,培育更多新产品、新服务以及多向交互融合的新业态,形成创意经济无边界渗透格局。

《规划》在技术装备、数字内容创新、创新设计产业和产业融合四个方面提出了发展数字创意产业的设想,并提出实施数字文化创意技术装备创新提升工程、数字内容创新发展工程和创新设

---

① 金巍,杨涛.文化金融学[M].北京:北京师范大学出版社,2021.

计发展工程三大工程。其中数字内容创新发展工程的内容是：依托先进数字技术，推动实施文化创意产品扶持计划和"互联网+"中华文明行动计划，支持推广一批数字文化遗产精品，打造一批优秀数字文化创意产品，建设数字文化资源平台，实现文化创意资源的智能检索、开发利用和推广普及，拓展传播渠道，引导形成产业链。

数字创意产业提出之际，关于其含义和范畴有很多解读，有的专家以《文化及相关产业分类（2012）》中的文化信息传输服务业为基础进行解读，有的专家认为数字创意产业就是网络文化产业。也有的解读基本与数字文化产业的含义相近。

2017年，国家发改委发布了《战略性新兴产业重点产品和服务指导目录（2016版）》，其中提出数字创意产业包含三大部分，即数字文化创意、设计服务、数字创意与相关产业融合应用服务。2018年，国家统计局公布的《战略性新兴产业分类（2018）》将战略性新兴产业分为九大领域，数字创意产业位列其中之一，至此数字创意产业有了产业统计标准。这个统计分类中，数字创意产业包括四大部分：数字创意技术设备制造、数字文化创意活动、设计服务、数字创意与融合服务（见表1-2）。

表1-2 战略性新兴产业分类（2018）中的数字创意产业

代码	战略性新兴产业分类名称	国民经济行业代码（2017）	国民经济行业名称
8	数字创意产业		
8.1	数字创意技术设备制造		
8.1.0	数字创意技术设备制造	3471*	电影机械制造

续表

代码	战略性新兴产业分类名称	国民经济行业代码（2017）	国民经济行业名称
		3931*	广播电视节目制作及发射设备制造
		3932*	广播电视接收设备制造
		3934*	专业音响设备制造
		3939*	应用电视设备及其他广播电视设备制造
		3951*	电视机制造
		3952*	音响设备制造
		3969*	其他智能消费设备制造
8.2	数字文化创意活动		
8.2.1	数字文化创意软件开发	6513*	应用软件开发
8.2.2	数字文化创意内容制作服务	6572	动漫、游戏数字内容服务
		6579*	其他数字内容服务
8.2.3	新型媒体服务	6429*	互联网其他信息服务
		6579*	其他数字内容服务
		8626	数字出版
8.2.4	数字文化创意广播电视服务	6321*	有线广播电视传输服务
		6322*	无线广播电视传输服务
8.2.5	其他数字文化创意活动	6319*	其他电信服务
		6422*	互联网游戏服务
		6571*	地理遥感信息服务
		6579*	其他数字内容服务
		7519*	其他技术推广服务
		8710*	广播
		8720*	电视
		8730*	影视节目制作
		8740*	广播电视集成播控
		8760*	电影放映
		8770*	录音制作
		8810*	文艺创作与表演
8.3	设计服务		
8.3.0	数字设计服务	7484*	工程设计活动

续表

代码	战略性新兴产业分类名称	国民经济行业代码（2017）	国民经济行业名称
		7485*	规划设计管理
		7491*	工业设计服务
		7492*	专业设计服务
8.4	数字创意与融合服务		
8.4.0	数字创意与融合服务	7251	互联网广告服务
		7259*	其他广告服务
		7281*	科技会展服务
		7282*	旅游会展服务
		7283*	体育会展服务
		7284*	文化会展服务
		7291*	旅行社及相关服务
		8625*	电子出版物出版
		8831*	图书馆
		8850*	博物馆

综上所述，数字创意产业是以"数字技术＋文化创意及创新设计"为基础、以技术应用产业化和文化创意数字化为基本路线、以产业融合发展为基本导向的创意经济形态，是数字文化经济发展的重要源流之一。

全面拥抱数字时代的数字文化产业

数字文化产业与早期的网络文化产业有很深的渊源。从网络音乐到数字音乐，从网络阅读到数字阅读，从网络娱乐到数字娱乐，这些新兴业态名称的变化实际上揭示了技术和业态内涵的演化进程。

在政策层面上,关于数字文化产业,可以从2012年的文化数字化建设工程开始说起。2012年中共中央办公厅、国务院办公厅印发的《国家"十二五"时期文化改革发展规划纲要》就提出:实施文化数字化建设工程,改造提升传统文化产业,培育发展新兴文化产业。文化数字化建设工程的重要内容是文化资源数字化、文化生产数字化、文化传播数字化。由此可见,以数字化提升传统文化产业,同时培育发展新兴文化产业,实际上就是培育数字文化产业,是文化产业数字化的路线,比内容产业数字化的范围更广。

随着网络文化产业的推进,我国的一些机构和学者开始认识到其数字技术驱动特征,将"数字文化产业"作为一个概念提出并进行了研究。但受条件所限,早期的数字文化产业研究与网络文化产业研究并无太大的区别。随着大数据、云计算、人工智能、区块链、5G等技术的应用从基础层面对文化产业形成影响,产业变革有了一定的颠覆性,这时数字文化产业就不是网络文化产业的简单翻版了。

数字文化产业作为一个产业概念正式进入政府部门的规划中,是在2016年后我国发力数字经济以及战略性新兴产业的背景下开始的。文化产业主管部门将数字文化产业作为数字经济的一种产业形态来推动。

2017年4月,原文化部发布《关于推动数字文化产业创新发展的指导意见》(以下简称《意见》)将数字文化产业定位为"文化产业发展的重点领域和数字经济的重要组成部分"。《意见》首次从官方角度对数字文化产业的含义做出了解释：数字文化产业以文化创意内容为核心，依托数字技术进行创作、生产、传播和服务，呈现技术更迭快、生产数字化、传播网络化、消费个性化等特点，有利于培育新供给、促进新消费。

《意见》同时提出了引导我国数字文化产业发展的四个方向，即优化数字文化产业供给结构，促进优秀文化资源数字化，推进数字文化产业与相关产业融合发展，扩大和引导数字文化消费需求。《意见》提出了数字文化产业发展的重点领域，包括动漫产业、游戏产业、网络文化产业（网络文学、网剧）、数字装备、数字艺术展示、虚拟现实等。与以往的数字文化经济相关形态相比，数字文化产业不仅重视场景和业态层面的经济活动，同时更注重技术的基础性作用，注重建立产业变革中的技术竞争优势。

2020年，在新冠肺炎疫情爆发等因素构成的复杂形势下，数字经济发展开始承担更重要的角色，文化和旅游部于2020年11月发布了《关于推动数字文化产业高质量发展的意见》（以下简称《意见》），从高质量发展的战略高度再次对数字文化产业进行了政策设计。《意见》特别将"数据驱动、科技支撑"作为基本原则之一；重视技术的基础作用，将技术创新和数据资源利用作为夯实数字文化产业发展基础的重要内容。《意见》在提出培育数字文化产业新型业态（文化资源数字化、产业融合、平台经济、云演艺、云展览、沉浸式、数字文化装备、新兴消费等）的同时，重视数字文化产业生态构建，特别提出要推动产业链创新与应用，加快数字文化产业链建设。

文化主管部门推动的数字文化产业与战略性新兴产业背景有很大关系，但与经济主管部门推动的数字创意产业仍有所不同，前者更侧重于文化产业的数字化，是文化产业的一部分。因此，数字文化产业可以看作为文化产业与数字创意产业的交集，数字创意产业的一部分内容并不属于数字文化产业。但也有研究者认为数字文化产业和数字创意产业区别不大。例如，国务院发展研究中心东方文化与城市发展研究所、中国社会科学院中国文化研究中心、腾讯社会研究中心在2019年8月联合发布的《中国数字文化产业发展趋势研究报告》，认为"将数字文化产业和数字创意产业视作同一范畴并不会带来过多的混淆"。这份报告显示，2017年我国的数字文化产业增加值约为1.03万亿人民币到1.19万亿元人民币，总产值约为2.85万亿到3.26万亿元人民币。但这个数据是根据文化及相关产业的数字化率推算的，而不是根据数字创意产业统计标准核算的。

随着技术影响和产业融合的深入，数字文化产业在演进中逐步涵盖了更多的内容。文化和旅游部2020年之后发布的《关于推动数字文化产业高质量发展的意见》《"十四五"文化产业发展规划》和《"十四五"文化和旅游发展规划》都重视新型文化业态，包括网络视听、线上演播、数字创意、数字艺术、数字娱乐、沉浸式体验等新型文化业态。同时，前两个文件都提出发展数字文化产业要"顺应数字产业化和产业数字化发展趋势"，说明文化主管部门已经关注到了同样重要的数字产业化路径。《"十四五"文化产业发展规划》强调了数字技术的"深度应用"，包括5G、大数据、云计算、人工智能、超高清、物联网、虚拟现实、增强现实等技术。《"十四五"文化和旅游发展规划》强调了技术在推动文化产业结构优化升级中的作用，要求推动新一代信息技术在文化创作、生产、传播、消费等各环节的应用，推进"上云用数赋智"，加强创新链和产业链对接。

由此可见，数字文化产业是在数字经济国家战略背景下经过不断丰富的产业形态。它基于整体文化产业和数字经济的多维度关系，既包括内容部分，也有数字文化装备等非内容部分，是全面拥抱数字时代的产业形态，是最具数字时代特征的数字文化经济形态，也是数字文化经济的主体部分。

数字经济国家战略下的汇流

网络文化产业、数字内容产业、数字创意产业、数字文化产业等概念，在政策语境下和行业研究中有特定的含义，都体现了数字经济与文化经济之间的一种新型关系。与数字文化经济有密切关系的产业形态概念，还有数字文创产业、数字娱乐产业[1]、数

---

[1] 早期如赛迪顾问发布的《中国数字娱乐产业投资机会研究报告 2005》、李思屈所著《数字娱乐产业》（2006）以及《中国数字娱乐产业发展战略研究》（2007）等，近期如 2020 年北京电影学院与社会科学文献出版社联合发布的《数字娱乐产业蓝皮书：中国游戏产业发展报告（2020）》以及《数字娱乐产业蓝皮书：中国虚拟现实产业发展报告（2020）》等。在《"十四五"文化和旅游发展规划》中，"数字娱乐"是数字文化产业的一部分，与数字创意、网络视听、线上演播、数字艺术展示、沉浸式体验等并列为文化产业新业态。

字文娱产业①等。产业界使用数字文创产业这个概念较多,但并没有相对固定的范畴界定,有的是指文化创意产业概念基础上衍生的数字化范畴,有的则是指数字文化产业和数字创意产业的合称,还有的指数字文化产业。

文化经济和数字经济的融合形成了数字文化经济浪潮,以上这些产业形态都是数字文化经济的源流,认识数字文化经济需要认识这些源流。如果站在更高的经济层面观察各类产业形态,则需要突破一些原有的认识局限。

2012年后,我国政府非常重视数字经济发展,数字经济逐步成为国家战略,尤其是2020年后,数字经济的战略地位被提高到了前所未有的高度。习近平总书记指出,发展数字经济意义重大,是把握新一轮科技革命和产业变革新机遇的战略选择。面向未来,我们要站在统筹中华民族伟大复兴战略全局和世界百年未有之大变局的高度,统筹国内国际两个大局、发展安全两件大事,充分发挥海量数据和丰富应用场景优势,促进数字技术和实体经济深度融合,赋能传统产业转型升级,催生新产业新业态新模式,不断做强、做优、做大我国数字经济②。

"十四五"规划和2035年远景目标中已经提出了文化产业数

---

① 如2019年由艾媒咨询发布的《2019数字文娱产业发展报告》,这个报告中所指数字文娱产业包括游戏、电竞、直播等业态。又如易观发布的《中国数字文化娱乐产业年度综合分析2021》,将数字文娱产业细分为移动阅读、影视、音乐、音频、动漫、娱乐直播和游戏。
② 习近平. 不断做强做优做大我国数字经济[N],求是,2022(2).

字化战略，与数字经济国家战略紧密呼应，这为我国数字文化经济发展提供了良好的战略机遇。而 2022 年由中共中央办公厅、国务院办公厅印发的《关于推进实施国家文化数字化战略的意见》提出了以公共文化服务数字化和文化产业数字化双核内容的国家文化数字化战略，这进一步推动了数字文化经济的发展。

在数字经济国家战略以及国家文化数字化战略背景下，网络文化产业、数字内容产业、数字创意产业、数字文化产业等这些原本各有侧重的产业形态，有了一个共同的战略指引，因此汇流在数字经济语境下也就顺理成章了。而从经济活动层面上看，这些业态也呈现了汇流态势，边界趋近模糊，方向日益趋同，推动进入数字文化经济发展的新阶段。

因此，我们可以将至今为止的数字文化经济发展分为三个阶段：

第一阶段是 2012 年之前，称为数字文化经济的初始阶段，以信息化战略为背景，以网络文化产业和数字内容产业为典型，以网络消费、应用创新和互联网平台为特征。

第二阶段是 2012—2019 年，以"互联网+"行动及网络强国战略为背景，以数字创意产业、数字文化产业为代表，以业态融合创新、技术转化和产业数字化为特征。

第三阶段是 2020 年至今，数字文化经济进入了新发展阶段：以数字经济国家战略为背景，以高质量发展的数字文化产业为主干、多种产业形态汇流为产业特点，以数据的生产要素化、全产业数字化转型升级、全形态数字化迁徙为特征。

在数字经济国家战略下，文化经济的发展进入新的轨道，汇流了各种产业形态的数字文化经济成为数字经济的重要组成部分，在国民经济发展和国家文化软实力建设中的地位将更加重要。

1.4
什么是数字文化经济

经济统计中的数字文化经济

在数字文化经济中,网络文化产业、数字内容产业、数字创意产业、数字文化产业等产业形态各有侧重,除了数字创意产业,多数都没有官方的产业统计标准。如何具体理解数字文化经济?在数字经济国家战略背景下,我国已经出台数字经济的相关统计标准,我们可以首先从国家统计局发布的《数字经济及其核心产业统计分类(2021)》(以下简称《数字经济分类》)中寻找答案。

《数字经济分类》在定义上基本采用了2016年杭州G20峰会发布的《二十国集团数字经济发展与合作倡议》的表述:数字经济是指以数据资源作为关键生产要素、以现代信息网络作为重要载体、以信息通信技术的有效使用作为效率提升和经济结构优化的重要推动力的一系列经济活动。

在数字经济范畴当中,与文化产业或泛文化产业相关的部分可以称为"数字文化经济"。那么《数字经济分类》中有多少数字文化经济的成分呢?

在《数字经济分类》中,数字经济产业范围分为五大类,即01数字产品制造业、02数字产品服务业、03数字技术应用业、04数字要素驱动业、05数字化效率提升业等。其中01-04大类为数字经济核心产业,是指为产业数字化发展提供数字技术、产品、服务、基础设施和解决方案,以及完全依赖于数字技术、数据要素的各类经济活动。在大类之下,又分为中类和小类,共有32个中类与156个小类。

以下为《数字经济分类》中与数字文化经济有关的主要类别:

表1-3 《数字经济及其核心产业统计分类(2021)》中与数字文化经济相关的部分

中类	小类
· 第一大类01数字产品制造业中的中类:数字媒体设备制造(0103); · 第三大类03数字技术应用业中的中类:电信、广播电视和卫星传输服务(0302)。 · 第四大类04数字要素驱动业中的中类:数字内容与媒体(0404)	· 第一大类中的小类:与娱乐相关的智能无人飞行器制造、服务消费机器人制造;电子游戏游艺设备制造、文化用信息化学品制造等。 · 第二大类中小类:广播影视设备批发;音像制品、电子和数字出版物零售;音像制品出租。 · 第三大类中的小类:行业软件开发;互联网游戏服务、互联网资讯服务,其他互联网相关服务,主要指网上音乐、网上视频、网上表演(直播)、网络动漫、网络艺术品等信息服务的活动。还有动漫、游戏及其他数字内容服务。 · 第四大类中的小类:与文化相关的互联网生产服务平台、互联网生活服务平台、互联网科技创新平台;文化数据资源与产权交易。 · 第五大类中的小类:"智慧教育";以及"其他数字化效率提升业"的"互联网文体娱乐业"。

我们也可以从新经济和"三新"经济统计中看到新文化经济的成分,尤其是数字文化经济的成分。2016年"两会"期间,新经济一词被正式写入国务院政府工作报告,"当前我国发展正处于这样一个关键时期,必须培育壮大新动能,加快发展新经济。要推动新技术、新产业、新业态加快成长"。随后,我国又提出"三新"经济概念,是新产业、新业态、新商业模式生产活动的集合。近年来我国"三新"经济增加值也逐年增长,2020年在GDP中的比重已经达到17%以上[①]。

根据《新产业新业态新商业模式统计分类(2018)》和《新产业新业态新商业模式增加值核算方法》,在"三新"经济体系里面有很多内容都与文化经济密切相关,尤其是其中的数字文化经济成分也较大。主要包含在先进制造业、互联网与现代信息技术服务、现代生产性服务活动、现代技术服务与创新创业服务、新型生活性服务活动等大类中(见表1-4)。

表1-4 《新产业新业态新商业模式统计分类(2018)》中与数字文化经济相关的部分

大类	中类	小类
02 先进制造业		020109 数字创意技术设备制造

---

① 经核算,2017年全国"三新"经济增加值为129 578亿元,相当于GDP的比重为15.7%;2018年全国"三新"经济增加值为145 369亿元,相当于GDP的比重为16.1%,比上年提高0.3个百分点;2019年我国"三新"经济增加值为161 927亿元,相当于国内生产总值的比重为16.3%,比2018年提高0.2个百分点;2020年中国"三新"经济增加值为169 254亿元,相当于GDP的比重为17.08%,比2018年提高0.7个百分点。

续表

大类	中类	小类
05 互联网与现代信息技术服务	0501 现代信息传输服务	050102 下一代广播电视网运营服务
	0502 互联网平台（互联网+）	050201 互联网生产服务平台
		050202 互联网生活服务平台
		050203 互联网科技创新平台
	0503 互联网信息及其他服务	050302 网络游戏服务
		050303 互联网电子竞技服务
		050304 网络音乐服务
		050305 网络视频和直播服务
	0504 软件开发生产	050404 数字内容加工软件
	0505 数字内容设计与制作服务	050501 数字内容设计服务
		050503 数字动漫制作服务
		050504 数字游戏制作服务
06 现代技术服务与创新创业服务	0602 其他现代技术服务	060602 创意设计服务
		060404 个性化产品设计与定制服务
07 现代生产性服务活动	0705 现代商务服务	070501 互联网广告
08 新型生活性服务活动	0805 互联网教育	080500 互联网教育
	0810 文化娱乐服务	081001 数字广播影视及视听内容服务
		081002 数字化娱乐服务
		081003 数字新媒体服务
		081004 数字广播影视及视听节目服务
		081005 网络出版服务
		081006 数字创意与融合服务
		081007 数字博物馆

第 1 章 导言：从数字经济、文化经济到数字文化经济

可以看到，《数字经济分类》及"三新经济"统计分类虽然未必能够涵盖数字文化经济的所有内容，但至少形成了新的视角，即经济统计的视角。尤其是《数字经济分类》提供了从数字经济中直接分离数字文化经济统计的可能，这部分经济活动的统计应比较符合数字文化经济发展的实际情况。数字文化经济是数字经济的子领域，是数字经济中与文化生产及文化产业相关的那一部分，是数字经济的一部分，是数字技术进步与经济发展关系的一个缩影。从这个角度认识数字文化经济活动，有助于数字文化经济的政策制定和产业规划。

数字文化经济的含义、特征与构成

从信息技术、互联网技术到数字技术，引出了数字经济这个命题。在数字经济背景下，技术创新驱动的作用在文化经济领域也有明显呈现，这种变革就是数字文化经济。数字文化经济形态是一种新的文化经济形态，那么什么是数字文化经济？如何解释这一概念的构成？

我国一些学者和机构对数字文化经济也进行了研究。腾讯研究院联合清华大学文化创意发展研究院发布了一份题为《迈向数字文化经济时代》的报告，对文化与科技融合发展的经济形态做了分析。这份报告认为，数字文化经济是在数字文化产业基础上的理念创新，是数字经济的有机组成部分，也是文化经济的有机组成部分。数字文化经济的核心特征是文化的要素化生产、创意

的工业化转化、消费的沉浸式重塑和文化的价值化引领。

如果参考杭州 G20 峰会发布的《二十国集团数字经济发展与合作倡议》《"十四五"数字经济发展规划》以及《数字经济及其核心产业统计分类（2021）》中关于数字经济的定义，我们可以这样理解数字文化经济的含义：

数字文化经济是以文化数据为关键生产要素，以数字网络与数字平台作为文化内容的生产、传播与消费的载体，以数字技术为文化经济发展推动力的一系列经济活动。

从上我们可以提炼出数字文化经济的三个主要特征：

第一，数字文化经济以文化数据为关键生产要素，但不排除一般数据在文化生产活动的要素性作用。

第二，数字文化经济以数字网络和数字平台作为载体，或者说以数字空间为载体，这部分是数字文化经济的新型基础设施。数字网络不同于互联网，是进化了的新一代网络系统。

第三，数字文化经济以数字技术为驱动力，这部分既延续了技术经济的特征，同时应对传统技术经济范式有所转换。

中国信息通信研究院关于数字经济内容的框架，对如何理解数字文化经济的构成有极大的参考价值。根据中国信息通信研究院 2021 年 4 月发布的《中国数字经济发展白皮书》，数字经济包含数字产业化、产业数字化、数字化治理和数据价值化四个部分，而数字产业化和产业数字化是主要的数字经济演化形态（如图 1-1）。

从《中共中央关于制定国民经济和社会发展第十四个五年规划和二〇三五年远景目标的建议》《中华人民共和国国民经济和社

第1章 导言：从数字经济、文化经济到数字文化经济

会发展第十四个五年规划和2035年远景目标纲要》及《"十四五"数字经济发展规划》等战略文件中也可以看到，发展数字经济的主要路径是推进数字产业化和产业数字化。在数字文化经济领域，数字产业化和产业数字化也是两条主要的演化路径。

图1-1 数字经济内容框架

资料来源：中国信息通信研究院《中国数字经济发展白皮书》

数字产业化以技术为基点、从技术到产业的发展路径。信息技术和互联网技术的发展，孕育了新的商业模式和生产方式，鼓励技术结合文化产业形成新兴的产业业态，形成了数字产业化。这个路径中，往往科技领域具有更多的主导权。早期由信息产业主管部门鼓励的数字内容产业，以及基于"数字技术+文化创意及创新设计"的数字创意产业，很大程度上体现了数字文化经济的数字产业化的路径。

文化产业数字化以文化产业为基点，以鼓励在文化产业中积

极应用数字技术为基本路线。2017年《关于推动数字文化产业创新发展的指导意见》将数字文化产业阐述为：数字文化产业以文化创意内容为核心，依托数字技术进行创作、生产、传播和服务，呈现技术更迭快、生产数字化、传播网络化、消费个性化等特点，有利于培育新供给、促进新消费。从这个定义上看，文化主管部门推动的数字文化产业主要是文化产业数字化。

这两个路径共同构成了数字文化经济的基本内容。就这两个方面比较而言，文化产业数字化又是更重要的部分，构成了文化产业与数字经济的主要关系。我国提出文化产业数字化战略，也正是着眼于数字技术与文化产业之间的这个主要关系。

在产业数字化和数字产业化的基础上，也需要考虑文化数据价值化和文化数字化治理这两个部分。数据要素成为生产要素，在微观领域就需要将数据价值化，实际上也就是资产化。文化数据是文化生产的要素，文化数据资产化，需要文化数据采集、确权、定价、交易和流转体系的构建。文化数字化治理问题的基本含义是数字技术在文化治理中的应用，文化治理狭义上是指文化产业治理，广义上指文化经济治理。这里有一些是纯粹的公共服务，还有一些能纳入经济统计，应属于数字文化经济。

数字文化经济的框架性问题及发展要义

在对数字文化经济有基本认识的基础上，我们需要讨论发展数字文化经济的框架性问题。

很多学者结合数字经济背景讨论了文化产业发展问题,如中央财经大学魏鹏举教授在一篇题为《数字经济与中国文化产业高质量发展的辨析》的文章中分析了数字经济与文化产业高质量发展的关系。中国科学院张树武研究员发表文章认为,发展数字文化经济要主动融入数字经济发展体系,构建数字文化经济生态体系。要将优秀文化资源转化为具有网络经济价值的资产;要积极构建数字文化经济生态体系,形成数字文化经济健康发展的市场秩序。

如何发展数字文化经济,既是一个文化问题,也是一个经济问题,目前我国学界就此做整体研究的学者还比较少。虽然这个问题牵涉的问题复杂而多样,但以下几个内容应构成数字文化经济的主要方面,能够作为一个基本框架(如图1-2)。

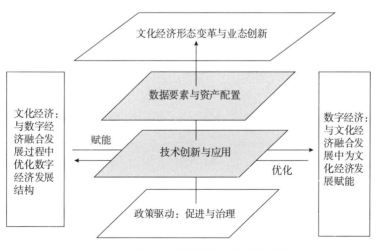

图1-2 数字文化经济发展框架性问题

- 政策面：产业促进政策与文化经济治理等；
- 技术面：技术创新与技术应用等；
- 形态面：经济形态变革和业态创新等；
- 要素面：数据要素和数据资产化问题等。

讨论数字文化经济发展问题，可以在这个框架下展开。关于数字文化经济发展新阶段的布局和谋划，笔者在发表于《金融时报》的一篇文章中提出了五点要义，也是基于这个框架[①]：

- 抓住数字经济发展战略机遇，推动数字文化经济政策供给和战略规划；
- 构建文化经济发展的数字化基础设施，提升产业发展基础水平；
- 培育壮大文化经济数字化新形态与新业态，开创文化产品供给和文化消费新局面；
- 发挥数据要素的关键作用，构建文化数据资产管理体系；
- 完善数字文化经济治理，形成数字文化经济健康发展新格局。

---

① 金巍.推动数字文化经济进入新发展阶段［N］.金融时报，2022-01-21.

第1章 导言：从数字经济、文化经济到数字文化经济

数字文化经济浪潮：四大趋势

结合上述数字文化经济发展的框架性问题，我们可以观察数字文化经济发展的大趋势，也是数字文化经济浪潮的重要表现。

趋势一：数字文化经济政策日渐密集，强力推动数字文化经济变革

政策供给是新经济发展的重要驱动力之一，尤其是对我国这样的发展中国家来说更是如此。近年来，在数字经济国家战略背景下，与数字文化经济发展相关的政策出台的层级和密度都有非常明显的变化，数字文化经济的发展正在加速。

网络文化产业、数字内容产业、数字创意产业、数字文化产业等多种产业形态的梯次多层面发展，共同构成了我国数字文化经济的演变历程。十几年前相关部门就开始通过实施文化数字化建设工程和发展文化科技政策来推动文化产业数字化。近年来，数字文化产业专门政策的出台和国家推出的文化产业数字化战略更是加速了文化产业数字化进程。

2020年之后，数字文化经济相关政策出台的密度明显加大。中共中央在《中共中央关于制定国民经济和社会发展第十四个五年规划和二〇三五年远景目标的建议》中提出了文化产业数字化战略，这一战略的提出表明发展数字文化产业已经被提到国家

战略层面。中共中央办公厅、国务院办公厅印发的《关于推进实施国家文化数字化战略的意见》是我国数字文化发展的里程碑，成为数字文化经济发展强有力的政策支撑。当前，我国出台的数字文化产业专门政策包括原文化部发布的《关于推动数字文化产业创新发展的指导意见》和文化和旅游部发布的《关于推动数字文化产业高质量发展的意见》等。在文化产业主管部门和各级地方政府的文化发展规划中，对文化产业数字化和数字产业化方面都有较多的涉及，如文化和旅游主管部门和各级政府推出的《"十四五"文化产业发展规划》《"十四五"文化旅游发展规划》等。这些政策都极大推动了数字文化经济的发展。

一系列政策文本和执行机制已经初步构成了我国的数字文化经济政策体系。近两年来，政策凡涉及文化产业，必涉及文化数字化问题，这是现阶段我国文化经济政策的重要特征，也是我国正在进入数字文化经济时代的重要表现。当然，政策面不仅要关注产业促进方面的推动力，还要关注文化经济治理能力。我国在这方面取得了很好的平衡，出台了一系列治理政策并采取了相应的行动，这对数字经济的健康发展起到了良好的支持作用。

趋势二：集群式数字技术广泛应用并进入文化企业生产和居民文化消费领域

数字文化经济的崛起依靠的是强大的数字技术集群，技术集群式创新并在文化生产领域实现通用化成为大趋势。大数据、人工智能、云计算、区块链、XR、数字孪生、物联网、5G/6G 等技术，既是数字经济发展的底层技术，也是数字文化经济的底层技术。应用层有数字创意软件、AI 数字设计软件等数字工具及软件技术，以及沉浸式演艺、文化资源数字化处理、互动影视、数字艺术显示、区块链版权服务、数字出版技术等场景及生态应用的集成。除此之外，还有数字拍摄设备、数字演艺设备、数字化展示设备、可穿戴消费终端设备等数字硬件。

在数字技术基础上形成的文化经济数字化、智能化、网络化的平台是平台经济的中枢。数字化的文化内容或由数字技术生成的数字内容通过这些平台直达文化消费需求端。于是，大众消费网络文学、游戏、动漫、数字影视、网络音乐、数字摄影作品，甚至大众还可以消费数字技术生产的书画作品。数字文化经济形态下，文化企业大部分的文化生产设备和传播媒介都是依托数字技术，采用嵌入式芯片并与物联网联通。以文化企业和机构为中心，文化产品通过数字化传播平台与文化消费群体相连接。

近年来，我国数字经济领域技术迭代迅速，创新研发密度大大增加，技术爆发态势明显。虽然大多数文化企业还不能很熟练地使用大数据、云计算技术、区块链技术以及相关平台，但 2020 年之后，数字技术的通用化正在加速，居民文化消费的数字化程度大大提高。根据国家网信办于 2021 年发布的《数字中国发展报告（2020）》数据显示，高品质视听内容供给能力大幅增强，全国已有高清频道 750 个、4K 超高清频道 6 个，互动视频、沉浸式视频、VR 视频、云游戏等高新视频新业态加速孵化落地，高新视频创新链、产业链不断完善。有线电视网络 IP 化、云化升级改造全面推进,"云、网、端"(云计算、移动互联网、智能终端)资源要素逐步整合协同。截至 2020 年 11 月,全国有线电视用户达到 2.3 亿户,数字电视用户 1.98 亿户,双向网络覆盖用户 1.7 亿户。5G 广播电视技术试验取得积极进展,卫星直播服务向高清化、融合化迈进。

我国服务业数字经济渗透率远高于农业和工业领域[①],由于文化经济和服务业的高关联度,这项指标应高于服务业的平均值。数字技术驱动文化经济发展更重要的表现是强大的基础设施支撑,而我国在基础设施建设领域已经取得了巨大的成就,如光纤网络、4G/5G 等基础设施[②]。这些基础设施的建设是数字技术能够服务生产、消费领域的重要保障。

趋势三:文化经济多形态加速数字化进程,数字文化业态在文化经济结构中居主导地位

在数字经济背景下,艺术经济、文化产业经济、创意经济、

---

① 根据中国信息通信研究院公布的数据,2020 年我国三次产业数字化加速,农业、工业和服务业的数字经济渗透率分别为 8.9%、21.0% 和 40.7%。
② 据国家网信办发布的《数字中国发展报告(2020 年)》显示,我国已经建成全球规模最大的光纤网络和 4G 网络,固定宽带家庭普及率由 2015 年底的 52.6% 提升到 2020 年底的 96%,移动宽带用户普及率由 2015 年底的 57.4% 提升到 2020 年底的 108%。这些基础设施的建设,是数字技术能够服务生产、消费领域的重要保障。

第1章 导言：从数字经济、文化经济到数字文化经济

版权经济等各种文化经济形态正同时加速数字化进程，形成最大的数字化交集，这是数字文化经济非常明显的表现。

数字技术对文化经济的影响最直接的体现是文化经济形态的变化。文化经济正在向数字世界进行大规模迁徙，数字化不仅是工具的升级，更是生产生活场景的更替，文化经济活动的传统形态将让位于数字化形态。

传统的经济形态（工业经济形态）的转变，包括生产方式、产业结构、产业生态、商业模式、企业交易行为和契约行为等的转变。但是这种变化属于哪一种程度的变化呢？有人说这种变化是颠覆性的，但颠覆性又是指什么呢？这可能是经济学研究中常常涉及的"转型"或"转轨"。而有些学者认为数字经济不是转轨而是一种"变轨"[①]。

数字文化经济是数字技术驱动的文化经济，数字技术驱动不是简单的对工具的优化，而是文化产业生态的转换。所以，是否已经进入数字时代，要看数字化是否已经深入文化生产、文化消费、文化贸易等各个领域，要看数字化业态的渗透程度如何，数字文化业态在文化经济结构中是否占主导地位。

近年来，我国文化经济领域的数字化新业态蓬勃发展，网络游戏、网络影视蓬勃发展，网络直播和短视频异军突起，文化新

---

① 周子衡在《变轨：数字经济及其货币演进》中提出，转轨是在一个既有的环境和条件下发生的一些变化。而现在因为整个的环境、背景和基础都变了，所以是变轨而不是转轨。

消费场景频频创新①。二十多来，由于互联网和新媒体的不断扩张，文化产业和文化经济的发展早已进入不断数字化的轨道，对文化经济影响最大的不是我们熟知的传统文化企业，而是百度、阿里巴巴、腾讯、抖音、完美世界这样的互联网企业。目前我国文化产业投融资的主要领域是数字文化相关企业和项目，占文化产业融资总规模的60%以上。百度、阿里巴巴、腾讯三大互联网企业被称为BAT，它们不仅实际从事影视、游戏等文化产业的项目运营，而且以投资者身份投资了很多文化企业和项目，是文化产业资本市场的重要力量。

在数字经济不断深入发展的情况下，互联网巨头也正在分野，大部分互联网企业都在加快布局数字领域。BAT将保持其在文化经济领域的竞争优势，但新的巨型数字文化企业也将出现。

趋势四：文化数据资源正在成为文化生产关键要素，成为经济活动中可确权、可评估、可交易的资产

数字经济的一个重要特征是数据要素与劳动力、土地、资本一样成为了生产要素。在《中共中央关于坚持和完善中国特色社

---

① 根据中国互联网络信息中心（CNNIC）发布的《第47次中国互联网络发展状况统计报告》显示，截至2020年底，我国网络音乐用户达6.58亿，网络游戏用户达5.18亿。我国网络视频（含短视频）用户规模达9.27亿，其中短视频用户达8.73亿；网络直播用户达6.17亿，其中游戏直播的用户规模为1.91亿，真人秀直播2.39亿，演唱会直播1.90亿。

主义制度、推进国家治理体系和治理能力现代化若干重大问题的决定》中，数据作为生产要素的定位首次在重大政策文件中被确定下来。2020年4月，中共中央、国务院印发《关于构建更加完善的要素市场化配置体制机制的意见》（以下简称《意见》），提出要"加快培育数据要素市场"，数据作为生产要素在政策文件中被广泛使用。

数据资源在文化生产领域同样具有要素作用，尤其是文化数据资源。文化数据资源要素化，在具体的经济活动和产业层面体现为价值化和资产化。文化资源价值化和资产化水平的高低，决定了文化经济数字化程度的高低。首先，要关注文化企业的资产结构重构的情况，以及文化数据资产作为新的文化资产形态在资产结构中所占的比例。其次，要关注文化数据资产相关基础设施建设情况。金融机构和资本市场已经关注到了文化企业生产方式的变化和文化资产结构的变化，以文化数据资产为中心的金融服务体系正在构建，形成以文化数据资产评估评价体系为中心的基础设施。在这个领域，数据资源与数字资产的结合应是未来数据要素价值的重要方向。

我国文化产业市场机制建设历程有一个明显的特点，即文化产品市场化先行而文化要素市场化相对滞后。目前，我国大数据和数据资产评估、交易体系建设已经取得了初步成果，为文化数据资产管理体系构建提供了一定的支撑，同时在国家大数据体系建设工程等的推动下，文化数据资源利用和资产化正在向良性的方向发展。随着基础设施领域的不断完善，文化数据要素市场将为文化经济发展提供强大的驱动力。

第 2 章

政策：我国促进数字文化经济的国家行动

有形与无形

配置与制衡

在充满不确定性的博弈空间

不负年华 唯有行动

认识我国的数字文化经济，要分析和观察公共政策在其中的作用，经济发展的很多脉络就在陆续出台的相关政策当中。我国对数字经济的发展给予了许多政策支持。数字文化经济是数字经济的重要组成部分，这一领域也有较多的相关政策，从数字经济规划中的文化经济政策到文化发展规划和文化科技政策，从数字文化产业专门政策到作为国家战略的文化产业数字化战略，已经形成一套体系，对文化发展与产业振兴都起到了极大的推动作用。

2.1 我国数字经济发展的政策驱动

国家信息化发展战略与"互联网+"行动

我国从20世纪90年代开始推动信息化。1997年4月,一个面向21世纪的重要会议——全国信息化工作会议——在深圳召开,这次会议讨论了许多影响后来我国信息化进程的议题。

2000年召开的中国共产党第十五届五中全会通过了《中共中央关于制定国民经济和社会发展第十个五年计划的建议》,将"加快国民经济和社会信息化"提升到了国家战略的高度。中国共产党第十六次全国代表大会进一步提出了以信息化带动工业化、以工业化促进信息化、走新型工业化道路的战略部署;中国共产党十六届五中全会再一次强调,推进国民经济和社会信息化,加快转变经济增长方式[①]。

---

① 引自2006年中共中央办公厅、国务院办公厅印发《2006—2020年国家信息化发展战略》。

2006年，国家信息化战略正式提出。这一年，中共中央办公厅、国务院办公厅印发《2006—2020年国家信息化发展战略》（以下简称《战略》）提出：20世纪90年代以来，信息技术不断创新，信息产业持续发展，信息网络广泛普及，信息化成为全球经济社会发展的显著特征，并逐步向一场全方位的社会变革演进。到2020年，我国信息化发展的战略目标是综合信息基础设施基本普及，信息技术自主创新能力显著增强，信息产业结构全面优化，国家信息安全保障水平大幅提高，国民经济和社会信息化取得明显成效，新型工业化发展模式初步确立，国家信息化发展的制度环境和政策体系基本完善，国民信息技术应用能力显著提高，为迈向信息社会奠定坚实基础。

2008年国际金融危机之后，各国转向新一轮技术竞争，我国传统的产业发展模式受到巨大挑战，我国政府开始组织研究重大前沿科技发展趋势，重点推动战略性新兴产业发展。国务院下发《国务院关于加快培育和发展战略性新兴产业的决定》，其中将"新一代信息技术"列为国家战略性新兴产业之一。2016年11月，国务院印发《"十三五"国家战略性新兴产业发展规划》（以下简称《规划》），其中新一代信息技术是八大战略性新兴产业之首。《规划》提出：实施网络强国战略，加快建设"数字中国"，推动物联网、云计算和人工智能等技术向各行业全面融合渗透，构建万物互联、融合创新、智能协同、安全可控的新一代信息技术产业体系。到2020年，力争在新一代信息技术产业薄弱环节实现系统性突破，总产值规模超过12万亿元。

第 2 章 政策：我国促进数字文化经济的国家行动

2016 年 7 月，中共中央办公厅、国务院办公厅印发《国家信息化发展战略纲要》（以下简称《纲要》），要求将信息化贯穿我国现代化进程始终，加快释放信息化发展的巨大潜能，以信息化驱动现代化，加快建设网络强国。这一纲要是根据新形势对《2006—2020 年国家信息化发展战略》的调整和完善，是规范和指导未来 10 年乃至 21 世纪中叶的国家信息化发展纲领性文件，提出了网络强国"三步走"的战略目标①。

信息化通过现代信息技术实现高效经济活动的过程是信息经济的主要内容，也是数字经济发展的重要内容。国家信息化发展战略是我国信息经济发展的重要战略支撑，也是我国数字经济发展历程中的战略主线。

"互联网+"行动是我国数字化进程中影响深远的又一次国家行动。2015 年，国务院发布《国务院关于积极推进"互联网+"行动的指导意见》提出：到 2025 年，网络化、智能化、服务化、协同化的"互联网+"产业生态体系基本完善，"互联网+"新经济形态初步形成，"互联网+"成为经济社会创新发展的重要驱动力量。"互联网+"行动将创业创新、协同制造、现代农业、智慧

---

① 《2006—2020 年国家信息化发展战略》提出：到 2020 年，核心关键技术部分领域达到国际先进水平，信息产业国际竞争力大幅提升，信息化成为驱动现代化建设的先导力量；到 2025 年，建成国际领先的移动通信网络，根本改变核心关键技术受制于人的局面，实现技术先进、产业发达、应用领先、网络安全坚不可摧的战略目标，涌现一批具有强大国际竞争力的大型跨国网信企业；到本世纪中叶，信息化全面支撑富强民主文明和谐的社会主义现代化国家建设，网络强国地位日益巩固，在引领全球信息化发展方面有更大作为。

能源、普惠金融、高效物流、电子商务、便捷交通、绿色生态及人工智能等领域纳入融合发展版图当中，说明互联网技术正日益成为各个产业的发展动力，互联网经济发展进入了全新阶段，同时因为大数据、云计算、人工智能等新技术的发展，互联网经济呈现更加明显的数字经济特征。

在信息化经济战略和互联网经济发展战略推进中，"数字经济"逐步浮出水面，成为关键词。2017年3月，"数字经济"被写入国务院政府工作报告，此后每年"数字经济"和"数字中国"都是政府工作报告的重要内容。2018年，国家发改委为加强"互联网+"、人工智能等前沿技术领域创新，加快推动数字经济发展，组织实施了2018年"互联网+"、人工智能创新发展和数字经济试点重大工程，最终确定支持56个项目，同时启动了国家数字经济创新发展试验区创建工作[①]。2017年后，数字经济议题已经与信息经济、互联网经济一样，逐步成为政府决策部门主要的经济议题。

2020年，数字经济实际上已经成为我国的重要战略。习近平总书记在《求是》杂志上发表重要文章，提出党的十八大以来，党中央高度重视发展数字经济，将其上升为国家战略[②]。各地方政府在数字经济方面也开始发力，集中出台了很多专门政策、规划

---

① 2019年11月，国家发展改革委、中央网信办印发《国家数字经济创新发展试验区实施方案》，在河北省（雄安新区）、浙江省、福建省、广东省、重庆市、四川省等启动国家数字经济创新发展试验区创建工作。
② 习近平.不断做强做优做大我国数字经济[N].求是，2022（2）.

及相关方案：如 2017 年贵州省出台《数字经济发展规划（2017年—2020年）》，2018年浙江省出台了《浙江省数字化转型标准化建设方案（2018—2020年）》，山东省制定了《数字山东发展规划（2018—2022年）》，安徽省出台《支持数字经济发展若干政策》，广东发布了《广东省数字经济发展规划（2018—2025）》，等等。

新冠肺炎疫情引发的数字化加速

2020年新冠肺炎疫情爆发改变了许多事物的发展方向，数字经济也在这一年开始有了一个跳跃式的发展。

许多产业受到了前所未有的冲击，文化和旅游业首当其冲。政府出台了一系列应对措施；同时作为对疫情的现实的应对和对长期形势的判断，2020年我国政府提出两个关键词——"双循环"和"数字化"。

2020年5月14日召开的中央政治局常委会会议，分析国内外新冠肺炎疫情防控形势，研究部署抓好常态化疫情防控措施落地见效，研究提升产业链供应链稳定性和竞争力。会议提出，要深化供给侧结构性改革，充分发挥我国超大规模市场优势和内需潜力，构建国内国际双循环相互促进的新发展格局。

数字化加速是与多年来我国数字经济发展战略一脉相承的，不同之处在于国际国内大环境的变化促使数字经济发展更快，需更注重发展满足内需和促进消费的新兴业态，同时更注重塑造国内经济循环畅通的基础设施，"新基建"成为热词。

2020年3月，工信部发布《工业和信息化部办公厅关于推动工业互联网加快发展的通知，提出加快工业互联网发展"二十条"；2020年3月，工信部办公厅印发《中小企业数字化赋能专项行动方案》；2020年4月，国家发改委、中央网信办联合印发《关于推进"上云用数赋智"行动 培育新经济发展实施方案》。"上云用数赋智"是指云服务支持、大数据运用和智能化改造。面向中小微企业，大力推行数字化转型。短期内助力企业快速脱困，降低运营成本，缓解订单及供应链压力，同时培育强大国内市场，对冲可能出现的出口下降；中长期进一步发挥数字经济牵引作用，打通数字化转型链条，激发企业数字化转型内生动力，激发新的消费和投资需求，支撑经济高质量发展[①]。

2020年5月13日，国家发改委官网正式发布《数字化转型伙伴行动倡议》，联合145家单位共同启动"数字化转型伙伴行动（2020）"。这次行动针对中小微企业数字化转型"不会转、不能转、不敢转"问题，首批推出500余项服务举措，从信息对接、开放资源、能力扶持、软硬件支持、供应链支撑、咨询服务、专业培训到平台基地建设、整体解决方案、针对性金融支持、生态搭建等全方位提供支持与服务。

2020年5月，"数字经济"被写入《2020年国务院政府工作报告》（以下简称《报告》）中，《报告》提出：发展工业互联网，

---

① 国家发展改革委创新和高技术发展司有关负责同志就《关于推进"上云用数赋智"行动培育新经济发展实施方案》答记者问［EB/OL］.（2020-04-14）［2022-07-15］. https://www.ndrc.gov.cn/xxgk/jd/jd/202004/t20200414_1225673_ext.html.

推进智能制造；电商网购、在线服务等新业态在"抗疫"中发挥了重要作用，要继续出台支持政策，全面推进"互联网+"，打造数字经济新优势。

2020年5月，国家发展改革委发布《关于2019年国民经济和社会发展计划执行情况与2020年国民经济和社会发展计划草案的报告》(以下简称《报告》)。《报告》中的"专栏6"专门提出了发展数字经济的八大举措：

- 建立健全政策体系：编制《数字经济创新引领发展规划》；研究构建数字经济协同治理政策。
- 实体经济数字化融合：加快传统产业数字化转型，布局一批国家数字化转型促进中心，鼓励发展数字化转型共性支撑平台和行业"数据大脑"，推进前沿信息技术集成创新和融合应用。
- 持续壮大数字产业：以数字核心突破为出发点，推进自主创新产品应用；鼓励平台经济、共享经济、"互联网+"等新模式新业态发展。
- 促进数据要素流通：实施数据要素市场培育行动，探索数据流通规则，深入推进政务数据共享开放，开展公共数据资源开发利用试点，建立政府和社会活动的大数据采集形成和共享融通机制。
- 推进数字政府建设：深化政务信息系统集约建设和整合共享；深入推进全国一体化政务服务平台和国家数据共享交

换平台建设。

- 持续深化国际合作：深化数字丝绸之路，"丝路电商"建设合作，在智慧城市、电子商务、数据跨境等方面推动国际对话和务实合作。
- 统筹推进试点示范：推进国家数字经济创新发展试验区建设；组织开展国家大数据综合试验区成效评估，加强检验复制推广。
- 发展新型基础设施：制定加快新型基础设施建设和发展的意见，实施全国一体化大数据中心建设重大工程，布局10个左右区域级数据中心集群和智能计算中心；推进身份认证和电子证照、电子发票等应用基础设施建设。

2020年7月15日，国家发改委等13个部门公布《关于支持新业态新模式健康发展、激活消费市场带动扩大就业的意见》，提出支持15种新业态新模式发展：在线教育、互联网医疗、线上办公、数字化治理、产业平台化发展、传统企业数字化转型、"虚拟"产业园和产业集群、"无人经济"、培育新个体经济支持自主就业、发展微经济鼓励"副业创新"、探索多点执业、共享生活、共享生产、生产资料共享及数据要素流通；这些被称为"数字经济15大新业态"[①]。

---

① "数字经济15大新业态"来了［EB/OL］.中国政府网.（2020-07-15）［2022-07-15］. http://www.gov.cn/fuwu/2020-07/15/content_5527090.htm.

第 2 章 政策：我国促进数字文化经济的国家行动

2020 年集中出台了多项数字经济发展规划。各地方政府本已经为"十四五"期间发展数字经济做好了政策准备，由于新冠肺炎疫情爆发，各级政府加快了出台数字经济相关发展规划的脚步。省级政府出台的相关规划主要有：《湖南省数字经济发展规划（2020—2025）》《北京市促进数字经济创新发展行动纲要（2020—2022）》《河北省数字经济发展规划（2020—2025）》《江西省数字经济发展三年行动计划（2020—2022）》《2020 年河南省数字经济工作方案》等。深圳、青岛、南昌、南京等城市也出台相关规划：《深圳市数字经济产业创新发展实施方案（2021—2023 年）》《数字青岛 2020 年行动方案》《南昌市数字经济发展三年行动计划（2020—2022）》《南京市数字经济发展三年行动计划（2020—2022）》等。

在市场选择和政策推动的双重作用下，2020 年的数字化进程明显加快。这一轮的数字化换挡加速，不只是一种临时性的替代方案，很多新模式新形态将成为具有常态性的生产生活方式。线上教育、线上会议、线上医疗、网络直播带货、网络购物等很多非接触生产和消费场景的应用在疫情期间被充分利用起来，这些建立在现代互联网技术和数字技术基础上的应用成为抗击疫情、保持生产生活运转的良好手段。文化产业在新冠肺炎疫情期间受到的冲击很大，但网络短视频、网络电影、网络文学创作、线上演出、线上展览等文化生产、传播和消费形态得到逆势发展的机会。阅文集团 2020 年 5 月发布的一份 2020 年第一季度内容生态数据显示，阅文集团第一季度平台新增作家数量高达 33 万，环比增长 129%，其中湖北作家新增数量近万人，新增作品总量超 1.3 万部，环比增长 170%。不仅阅文集团，很多数字文化企业的数据都显示了逆势增长的局面，新冠肺炎疫情正在加速人们的数字化迁徙进程。根据国家统计局发布的数据，2020 年我国"互联网+文化"新业态保持快速增长，比 2019 年增长了 22.1%。①

国际局势的变化和新冠肺炎疫情爆发造成不确定性增强的情况，对我国经济发展既是严峻的挑战，也可能是重大机遇，应对好可能会使其成为自 2001 年以来又一次实现飞跃和超越的重大历史机遇。习近平总书记在 2020 年 4 月 10 日召开的中央财经委员会第七次会议上发表题为《国家中长期经济社会发展若干重大问题》的重要讲话指出："我们要乘势而上，加快数字经济、数字社会、数字政府建设，推动各领域数字化优化升级，积极参与数字货币、数字税等国际规则制定，塑造新的竞争优势。"

面向未来的数字经济战略规划与促进立法

2020 年 10 月 29 日，中国共产党第十九届中央委员会第五

---

① 国家统计局在 2021 年初发布公报称，从文化及相关产业细分行业看，2020 年我国文化新业态特征较为明显的 16 个行业小类实现营业收入 31 425 亿元，比 2019 年增长 22.1%，增速比第一季度、上半年和前三季度分别加快 6.6、3.9 和 0.2 个百分点；占规模以上文化及相关产业企业营业收入的比重为 31.9%，比上年提高 9.0 个百分点。其中，互联网其他信息服务、其他文化数字内容服务、互联网广告服务、娱乐用智能无人飞行器制造、可穿戴智能文化设备制造等 5 个行业小类的营业收入增速均超过 20%。

第 2 章 政策：我国促进数字文化经济的国家行动

全体会议通过《中共中央关于制定国民经济和社会发展第十四个五年规划和二〇三五年远景目标的建议》，提出发展数字经济，推进数字产业化和产业数字化，推动数字经济和实体经济深度融合，打造具有国际竞争力的数字产业集群。数字经济发展已全面进入国家战略层面。

2021年3月，《中华人民共和国国民经济和社会发展第十四个五年规划和2035年远景目标纲要》（以下简称《纲要》）正式公布，数字化和数字经济当中占有非常重要的分量。《纲要》提出要"打造数字经济新优势"，具体内容包括：

- 充分发挥海量数据和丰富应用场景优势，促进数字技术与实体经济深度融合，赋能传统产业转型升级，催生新产业新业态新模式，壮大经济发展新引擎。
- 加强关键数字技术创新应用。聚焦高端芯片、操作系统、人工智能关键算法、传感器等关键领域，加快推进基础理论、基础算法、装备材料等研发突破与迭代应用。加强通用处理器、云计算系统和软件核心技术一体化研发。加快布局量子计算、量子通信、神经芯片、DNA 存储等前沿技术，加强信息科学与生命科学、材料等基础学科的交叉创新，支持数字技术开源社区等创新联合体发展，完善开源知识产权和法律体系，鼓励企业开放软件源代码、硬件设计和应用服务。
- 加快推动数字产业化。培育壮大人工智能、大数据、区块链、云计算、网络安全等新兴数字产业，提升通信设备、核心电子元器件、关键软件等的产业水平。构建基于5G的应用场景和产业生态，在智能交通、智慧物流、智慧能源、智慧医疗等重点领域开展试点示范。鼓励企业开放搜索、电商、社交等数据，发展第三方大数据服务产业。促进共享经济、平台经济健康发展。

- 推进产业数字化转型。实施"上云用数赋智"行动，推动数据赋能全产业链协同转型。在重点行业和区域建设若干国际水准的工业互联网平台和数字化转型促进中心，深化研发设计、生产制造、经营管理、市场服务等环节的数字化应用，培育发展个性定制、柔性制造等新模式，加快产业园区数字化改造。深入推进服务业数字化转型，培育众包设计、智慧物流、新零售等新增长点。加快发展智慧农业，推进农业生产经营和管理服务数字化改造。

2022年1月，国务院印发《"十四五"数字经济发展规划》（以下简称《规划》），这是第一部国家级数字经济发展专门规划。《规划》提出，到2025年，数字经济迈向全面扩展期，数字经济核心产业增加值占GDP比重达到10%，数字化创新引领发展能力大幅提升，智能化水平明显增强，数字技术与实体经济融合取得显著成效，数字经济治理体系更加完善，我国数字经济竞争力和影响力稳步提升，主要指标见表2-1。

表 2-1　"十四五"数字经济发展主要指标

指标	2020 年	2025 年	属性
数字经济核心产业增加值占 GDP 比重（%）	7.8	10	预期性
IPv6 活跃用户数（亿户）	4.6	8	预期性
千兆宽带用户数（万户）	640	6 000	预期性
软件和信息技术服务业规模（万亿元）	8.16	14	预期性
工业互联网平台应用普及率（%）	14.7	45	预期性
全国网上零售额（万亿元）	11.76	17	预期性
电子商务交易规模（万亿元）	37.21	46	预期性
在线政务服务实名用户规模（亿）	4	8	预期性

资料来源：《"十四五"数字经济发展规划》

同时，中央政府出台了《网络强国战略实施纲要》和《数字经济发展战略纲要》，从国家层面部署推动数字经济发展[1]。根据国家"十四五"规划及数字经济国家战略的要求，2021 年我国各省（市、自治区）在其国民经济和社会发展"十四五"规划中都将发展数字经济作为重要任务，同时也陆续出台相应的"十四五"期间数字经济发展专门规划，如《湖北省数字经济发展"十四五"规划》《江苏省"十四五"数字经济发展规划》《浙江省数字经济发展"十四五"规划》《贵州省"十四五"数字经济发展规划》《甘肃省"十四五"数字经济创新发展规划》《宁夏回族自治区数字经济发展"十四五"规划》《四川省"十四五"数字经济发展规划》《重庆市数字经济"十四五"发展规划（2021—2025 年）》等等。

---

[1] 习近平. 不断做强做优做大我国数字经济[J]. 求是，2022（2）.

与数字经济直接相关的规划文件还有《山东省"十四五"数字强省建设规划》《海南省高新技术产业"十四五"发展规划》《山西省"十四五"未来产业发展规划》等等。

发展数字经济是应对困局的"良方",也是获得长期竞争优势的钥匙,所以除了出台相应的公共政策,如何通过立法保障和促进数字经济的发展,成为了决策者们的重要工作。浙江省、广东省等地已经开始着手通过立法促进数字经济发展,并出台了以条例为主要形式的相应法律法规文件(见表2-2)。

表2-2 各省市出台数字经济促进立法主要文件

立法文件名	公布与施行	特点
《浙江省数字经济促进条例》	2020年12月24日由浙江省人大常委会表决通过,2021年3月1日起施行	全国第一部以促进数字经济发展为主题的地方性法规,提出"数字基础设施"及相关措施
《广东省数字经济促进条例》	2020年11月3日广东省工信厅发布《广东省数字经济促进条例(征求意见稿)》;2021年8月3日由广东省第十三届人民代表大会常务委员会第三十三次会议通过,于2021年9月1日起施行	突出制造业数字化转型,做好数据资源开发利用保护和技术创新,加强粤港澳大湾区数字经济规则衔接、机制对接
《江苏省数字经济促进条例》	2021年11月《江苏省数字经济促进条例(草案)》(征求意见稿)公布	立法突出数字技术创新和产业数字化。重点协调促进数字产品制造业、数字产品服务业、数字技术应用业、数字要素驱动业等数字经济核心产业发展

续表

立法文件名	公布与施行	特点
《深圳经济特区数字经济产业促进条例》	2021年11月12日,《深圳经济特区数字经济产业促进条例（征求意见稿）》由深圳市人大常委会办公厅发布	综合性法规，聚焦数字经济产业发展的全生命周期和全链条服务；在数据交易方面，规定积极推动设立数据交易场所，探索开展数据跨境流通交易、数据资产化等交易模式
《广州市数字经济促进条例》	2021年8月12日《广州市数字经济促进条例（草案）》发布；2021年9月27日，《广州市数字经济促进条例（草案）》提交市人大审议	着力构建推动数字经济全要素发展的制度体系，为广州建设成为具有全球影响力的数字经济引领型城市提供法治保障
《北京市数字经济促进条例》	2022年5月7日由北京市经济和信息化局发布《北京市数字经济促进条例（征求意见稿）》	数字经济领域综合性地方法规，为加快建设全球数字经济标杆城市提供法制保障
《河北省数字经济促进条例》	2022年5月27日由河北省十三届人大常委会第三十次会议表决通过，于2022年7月1日起施行	对接京津数字经济相关产业发展、承接产业转移成果

在以上数字经济规划或促进立法当中，数字文化经济多占有比较重要的地位。如在《浙江省数字经济发展"十四五"规划》（以下简称《规划》）中，在"提升发展融合型新产业"一节中，除了综合表述了要发展智能网联汽车、智能家居、智能机器人、智能医疗装备、智能装备等以外，专门就"培育数字文化产业"做出了部署。《规划》提出：实施文化产业数字化战略，发展数字视听、动漫游戏、电竞产业、网络文学、数字演艺等新业态新模式，推动杭州国际动漫之都建设，培育具有国际竞争力的文

化 IP 和品牌。推动新闻出版、广播电视、演艺娱乐等行业数字化转型，发展云看展、云演出、云阅读、云旅游等新业态。建设推广数字博物馆、数字图书馆、数字诗路文化体验馆等，提升公共文化资源数字化服务能力。在《深圳经济特区数字经济产业促进条例（征求意见稿）》（以下简称《条例》）中，"文化体育应用场景"被单独作为一种应用场景，而不是归到"服务业应用场景"当中。《条例》要求，市文化广电旅游体育部门应当构建公共文化数字资源与知识云生产中心，依托文化文物单位馆藏文化资源开发数字文化产品，提高博物馆、图书馆、美术馆、文化馆等文化场馆的数字化水平；支持建设公共文化云平台，推动公共文化资源和数字技术融合发展。在《北京市数字经济发展促进条例（征求意见稿）》中，专门提出文化领域数字化的规范与鼓励相关问题，要求"市、区教育、文化旅游、广播电视等部门应当支持和规范在线教育、在线旅游、在线出版、融媒体、网络游戏、数字动漫等数字消费新模式，健全完善对未成年人的网络保护机制，鼓励开发智慧博物馆、智慧体育场馆，提升数字生活品质"。

2.2 数字文化经济政策

数字文化经济的多种产业形态,包括网络文化产业、数字内容产业、数字创意产业和数字文化产业等,都在国家级政策文件中有明文表述或出台过专门政策。这些政策既有侧重数字产业化方面的,也有侧重产业数字化方面的,其中产业数字化占主要部分。从这些相关政策中,可以观察到政策在文化经济发展中的作用。

从政策的性质和发布主体层级解析,除了中央和地方各级政府出台的数字经济发展规划中与数字文化经济相关的部分,数字文化经济政策还有三个主要类型的文本:中央和地方政府的总体规划或文化发展规划文件中与数字文化经济相关的部分;中央和地方各级政府出台的文化科技发展规划及相关政策;中央和地方政府出台的数字文化经济专门政策,如数字文化产业发展专门政策。

文化发展规划中的数字文化经济

文化发展规划是政府部门出台的具有战略性和导向性的文化公共政策，在文本名称上包括文化发展规划、文化改革发展规划、文旅发展规划、文化产业发展规划、文化产业振兴规划等，是我国文化发展公共政策体系中最重要的组成部分。

进入21世纪后，网络信息技术和数字技术开始影响我国的传统文化行业，催生了一大批新的文化形态和文化业态。我国政府很早就通过关注网络文化产业、数字内容产业等新兴业态对数字文化经济予以政策支持。2006年发布的《国家"十一五"时期文化建设规划》就提出要"积极发展网络文化产业"，同时还提出要"积极发展以数字化生产、网络化传播为主要特征的数字内容产业"。

2009年发布的《文化产业振兴规划》是我国首部国家级文化产业专项规划，标志着发展文化产业已经上升到国家战略层面。这部规划提出将数字内容作为九大重点发展的文化产业之一，并在"发展新兴文化业态"部分简述了与数字文化相关的内容：

- 采用数字、网络等高新技术，大力推动文化产业升级。
- 支持发展移动多媒体广播电视、网络广播影视、数字多媒体广播、手机广播电视，开发移动文化信息服务、数字娱乐产品等增值业务，为各种便携显示终端提供内容服务。
- 加快广播电视传播和电影放映数字化进程。

第 2 章 政策：我国促进数字文化经济的国家行动

- 积极推进下一代广播电视网建设，发挥第三代移动通信网络、宽带光纤接入网络等网络基础设施的作用，制定和完善网络标准，促进互联互通和资源共享，推进三网融合。
- 积极发展纸质有声读物、电子书、手机报和网络出版物等新兴出版发行业态。
- 发展高新技术印刷。
- 运用高新技术改造传统娱乐设施和舞台技术，鼓励文化设备提供商研发新型电影院、数字电影娱乐设备、便携式音响系统、流动演出系统及多功能集成化音响产品。
- 加强数字技术、数字内容、网络技术等核心技术的研发，加快关键技术设备改造更新。

从 2012 年开始，文化数字化内容出现在文化改革发展规划、文化产业规划等很多政策文件当中，其中最主要的是各时期的"五年规划"文件。

中央文改办原副主任高书生认为，这些年我国文化改革发展的思路和做法是很超前的，有些方面甚至在引领时代潮流，文化数字化就是一例。"数字化"近两年才成热词，但其实早在十年前，文化改革发展就开始在数字化上布点、布阵、布局[1]。标志性的政策文件是 2012 年 2 月发布的《国家"十二五"时期文化改革发展

---

[1] 高书生. 文化数字化：从工程项目到国家战略[EB/OL]. 伏羲云公众号.（2021-08-08）[2022-07-15］. https://mp.weixin.qq.com/s/x9LOeUhsV9TktPxp_H9syQ.

规划纲要》。这个国家级文化战略文件明确提出要"实施文化数字化建设工程",主要内容是文化资源数字化、文化生产数字化、文化传播数字化(见表2-3)。有关政府部门在文化领域启动数字化的工作较早,不仅促进了公共文化领域的数字化,也促进了文化经济的数字化进程。

表2-3 《国家"十二五"时期文化改革发展规划纲要》文化数字化建设工程专栏

文化数字化建设工程
文化资源数字化:完成红色历史文化资源的数字化修复与整理,完成广播电台存留音频资料、新闻纪录片、电影档案影片、国产影片的数字化修复和保存,完成中华字库工程,加快国家知识资源数据库、全国文化遗产数据库、老唱片数字资源库等建设,加快数字图书馆、数字博物馆、数字美术馆、少数民族文化资源数字化建设。
文化生产数字化:发展数字影视制作,加快电视节目制播高清化,发展数字出版、完成数字复合出版系统、数字版权保护技术研发工程,建立数字内容生产、转换、加工平台,形成覆盖网络、手机以及适用于各种终端的数字出版内容供给体系。发展动漫、网络游戏,实施国产动漫振兴工程,发展电子阅读及有声阅读,开展电子书包试验,培育以3D立体显示技术为核心的立体视觉产业,重视印刷复制装备制造业的自主研发,发展数字印刷。
文化传播数字化:加快有线电视网络数字化、双向化改造,加强下一代广播电视网(NGB)建设,加快移动多媒体广播电视覆盖和地面数字电视覆盖,加快电信宽带网络建设,完善国家数字图书馆建设和推广,加快推进出版物发行数字化改造,建设规模化数字出版物投送平台。

资料来源:《国家"十二五"时期文化改革发展规划纲要》

在2017年5月国务院办公厅印发《国家"十三五"时期文化发展改革规划纲要》(以下简称《纲要》)。《纲要》提出:落实中央财政科技计划管理改革的有关要求,通过优化整合后的科技计划(专项、基金等),支持符合条件的文化科技项目。运用云计算、人工智能、物联网等科技成果,催生新型文化业态。加强虚拟现实技术的研发与运用。推动"三网融合"。制定文化产业领域技术标准,深入推进国家文化科技创新工程。依托国家级文化和科技融合示范基地,加强文化科技企业创新能力建设,提高文化核心技术装备制造水平。加强文化资源的数字化采集、保存和应用。

《纲要》以专栏形式就"文化科技创新工程"的内容进行了说明,主要内容包括宽带广电建设、广播影视数字化提升、数字出版创新、艺术呈现技术提升等四个方面(见表2-4)。

表2-4 《国家"十三五"时期文化发展改革规划纲要》文化科技创新工程专栏

文化科技创新工程
宽带广电建设:加快建设下一代广播电视网,开发智能电视操作系统和融合终端,发展"电视+语音+互联网+智能家居+智慧城市"等综合业务
广播影视数字化提升:推进广播电视台数字化建设,建设影院信息化管理与服务体系和电影市场技术监管体系,加强电视和电影前沿技术研究应用
数字出版创新:建立国家知识服务平台,搭建新闻出版内容生产与分销等平台。支持发展绿色印刷、纳米印刷
艺术呈现技术提升:加快新型灯光、音响、机械、视效、特效、智能展示等研发应用,提升艺术展演展陈数字化、智能化、网络化水平

资料来源:《国家"十三五"时期文化发展改革规划纲要》。

"十二五"和"十三五"时期,我国政府通过政策积极推动包括文化产业数字化在内的文化数字化建设,已经取得了一定的成果，为"十四五"打下了良好的基础。2021年是我国"十四五"开局之年，中央政府和各地方政府更是将文化发展置于数字经济背景下大力推动，数字文化经济相关政策内容更加丰富、架构更加完整、密度明显增加。

文化产业主管部门出台了《"十四五"文化产业发展规划》和《"十四五"文化和旅游发展规划》，其中对"十四五"期间的数字文化产业发展、文化科技融合发展等领域都做了部署。

《"十四五"文化产业发展规划》重视数字技术深度应用，提出：顺应数字产业化和产业数字化发展趋势，深度应用5G、大数据、云计算、人工智能、超高清、物联网、虚拟现实、增强现实等技术，推动数字文化产业高质量发展，培育壮大线上演播、数字创意、数字艺术、数字娱乐、沉浸式体验等新型文化业态。《"十四五"文化和旅游发展规划》强调了技术在推动文化产业结构优化升级中的作用，提出：顺应数字产业化和产业数字化发展趋势，推动新一代信息技术在文化创作、生产、传播、消费等各环节的应用，推进"上云用数赋智"，加强创新链和产业链对接。推动数字文化产业加快发展，发展数字创意、数字娱乐、网络视听、线上演播、数字艺术展示、沉浸式体验等新业态，丰富个性化、定制化、品质化的数字文化产品供给。加强手机（移动终端）动漫国际标准和数字艺术显示国际标准应用推广。深入推进数字文化产业标准群建设。

与数字文化经济相关的发展规划还有国家广播电视总局（简称为"广电总局"）出台的相关规划，如广电总局于2021年出台的《广播电视和网络视听"十四五"发展规划》，将"产业高质量发展，成为发展数字经济、扩大内需的强力引擎"作为发展目标之一，提出：广播电视和网络视听产业结构和布局更加合理、产业体系进一步升级、营商环境进一步优化，涌现一批特色鲜明、有较强竞争力和影响力的龙头骨干企业，做强一批集聚引导效应显著的产业基地（园区），打造一批功能融合、服务多元、优势独具的新产品新业态，带动形成新时代大视听全产业链市场发展格局，在拉动文化信息和电子设备消费中发挥中坚作用，成为繁荣文化产业、发展数字经济、扩大内需的强力引擎。

2020年后，各省市政府部门都着手进行"十四五"时期的文化发展规划编制和文化经济政策制定，其中数字文化经济政策都是很重要的板块。例如，2021年9月发布的《上海市社会主义国际文化大都市建设"十四五"规划》，将"聚焦数字城市建设，推动城市文化数字化转型升级"作为十大任务之一，提出要提高文化创意产业数字创造力，提升数字文化消费水平，实施文化创意产业数字化战略；2021年10月，江苏省政府办公厅印发《江苏省"十四五"文化和旅游发展规划》，其中专门有一章为"大力发展数字文化和智慧旅游"，提出要深入实施科技创新驱动战略，顺应数字产业化和产业数字化发展趋势，实施数字文旅产业提升行动，以数字化转型整体驱动文化和旅游高质量发展，推动全民畅享数字文旅生活。

文化科技政策中的数字文化经济

文化与科技融合发展的趋势引起了政府部门的极大关注，政府部门积极推动文化科技创新，以科技提升文化产业和文化发展水平。文化科技相关政策中最重要的内容便是数字技术应用和数字化，是数字文化经济政策的重要组成部分，这些政策主要包括：

一是多部门联合发布的文化科技专门政策，如2012年8月科技部、中宣部、财政部、文化部、广电总局、新闻出版总署六部委联合发布的《国家文化科技创新工程纲要》，2019年科技部、中央宣传部、中央网信办、财政部、文化和旅游部、广播电视总局等六部门联合印发的《关于促进文化和科技深度融合的指导意见》，等等。

二是文化主管部门发布的文化科技专门政策，主要是三个文化科技专项"五年规划"：2012年9月原文化部印发的《文化部"十二五"文化科技发展规划》，2017年4月原文化部发布的《文化部"十三五"时期文化科技创新规划》，2021年4月文化和旅游部印发的《"十四五"文化和旅游科技创新规划》。另外还有《广播电视和网络视听"十四五"科技发展规划》等。

2012年8月，由科技部、中宣部、财政部、文化部、广电总局、新闻出版总署六部委联合发布《国家文化科技创新工程纲要》（以下简称《纲要》），《纲要》是为深入贯彻党的十七届六中全会精神、落实《国家"十二五"时期文化改革发展规划纲要》部署而制定的。《纲要》认为,"科技与文化融合态势凸显,主要由数字技术和网络信息技术掀起的高科技浪潮在改造提升传统文化产业的同时,还催生了一大批新的文化形态和文化业态"。《纲要》提出了我国未来十年左右的文化科技发展目标,并部署了五方面的主要任务:加强文化领域共性关键技术研究,促进传统文化产业的优化和升级,推动新兴文化产业的培育和发展,提升文化事业服务能力,加强文化科技创新发展环境建设。

文化主管部门的三个文化科技"五年规划"都是为贯彻当时已经制定的文化发展"五年规划"而发布的,具有较强的连续性(见表2-5)。

表2-5 三个文化科技"五年规划"

政策文件名	时间/发文部门/	主要任务/重点任务/重点领域	特点/亮点
《文化部"十二五"文化科技发展规划》	2012年9月 原文化部	重点工作任务及领域 · 文化科技基础性工作 · 文化艺术资源保护与开发领域 · 文化艺术产品创作生产领域 · 文化传播与服务领域 · 文化装备与系统平台建设	文化科技创新体系
《文化部"十三五"时期文化科技创新规划》	2017年4月 原文化部	主要任务 · 加强协同创新 · 加强研发攻关 · 加强成果应用 · 加强区域统筹 · 加强人才培养	六大重点工程:文化创新工程,文化科技重点研发工程,文化大数据工程,文化装备系统提升工程,文化标准化工程,文化科技成果转化工程

续表

政策文件名	时间/发文部门/	主要任务/重点任务/重点领域	特点/亮点
《"十四五"文化和旅游科技创新规划》	2021年4月文化和旅游部	重点领域 · 基础理论和共性关键技术 · 新时代艺术创作与呈现 · 文化资源保护和传承利用 · 文化和旅游公共服务 · 现代文化产业 · 现代旅游业 · 文化和旅游治理	技术创新支撑七大体系：新时代艺术创作体系，文化遗产保护传承利用体系，现代公共文化服务体系，现代文化产业体系，现代旅游业体系，现代文化和旅游市场体系，对外文化交流和旅游推广体系

这三个文化科技"五年规划"的发布具有不同的历史背景，2012年的背景是文化科技发展呈现新趋势，而当时我国国民经济正进入"新常态"。2017年发布时，我国新一轮科技革命和产业变革孕育兴起，信息网络、大数据、智能制造等高新技术广泛渗透到创作、生产、传播、消费的各个层面和环节。2021年，我国科技革命和产业变革深入推进，云计算、物联网、人工智能、大数据等为代表的新一代信息技术为文化和旅游科技创新提供了不竭动力，这一时期新冠肺炎疫情仍在持续，我国正实施"双循环"新发展格局战略。历史背景不同，"五年规划"的目标、任务和重点领域都有较大的变化。在这些背景中，最大的不同是技术发展背景明显不同，数字技术迭代发展，一些高新技术走向通用领域，开始影响生产和社会生活。

2019年，科技部等六部门联合印发的《关于促进文化和科技深度融合的指导意见》（以下简称《意见》），这是在国家大力推进网络强国建设和数字经济发展背景下推出的文化科技专门政策。由于发文时间点特殊，发文部门较多，因而具有较强的权威性。《意见》提出，到2025年，基本形成覆盖重点领域和关键环节的文化和科技融合创新体系，实现文化和科技深度融合。其重点任务包括八个方面：加强文化共性关键技术研发，完善文化科技创新体系建设，加快文化科技成果产业化推广，加强文化大数据体系建设，推动媒体融合向纵深发展，促进内容生产和传播手段现代化，提升文化装备技术水平，强化文化技术标准研制与推广。这其中之一便是"加强文化大数据体系建设"，提出要贯彻国家大数据战略，加强顶层设计，加快国家文化大数据体系建设。建设国家文化大数据体系的任务提出后，2020年5月，中央文化体制改革工作领导小组办公室发布了《关于做好国家文化大数据体系建设工作的通知》，此后全国各地相关部门开展了国家文化大数据体系建设的一系列实际行动。

文化科技政策还包括广电总局出台的《广播电视和网络视听"十四五"科技发展规划》（以下简称《规划》）。《规划》围绕媒体融合和智慧广电等关键领域提出了六项主要任务：拓展媒体服务领域，发展智慧广电新业态；发挥内容品质优势，培育智慧广电新视听；加快媒体深度融合，建设智慧广电新平台；加速传播体系创新，重塑智慧广电新网络；推动用户体验升级，打造智慧广电新终端；夯实科技创新基础，构建智慧广电新支撑。

2012年，我国开始评审认定"国家级文化和科技融合示范基地"工作。截至2021年末，科技部、中宣部会同相关部门分别于2012年、2013年、2019年、2021年分四批共认定了85家基地，其中集聚类基地44家，单体类基地41家，基本形成了以文化为内容核心、以科技创新为重要支撑、文化科技深度融合的产业业态，重点聚焦于文化大数据、公共服务、数字出版、文化装备制造、媒体融合、文旅综合服务等方向，构建了集聚类基地服务地方产业发展与实体经济、单体类基地服务行业技术研发与集成应用的全方位、多层次、开放式创新发展格局[①]。

2014年起，原文化部开始组织开展"文化部重点实验室"申报工作，后更名为"文化和旅游部重点实验室"。根据《文化和旅游部重点实验室管理办法（征求意见稿）》，实验室的主要任务是围绕文化和旅游领域科技创新发展战略和重大行业需求，开展基础研究与应用基础研究，解决行业重大共性关键技术问题，获取创新性科技成果，凝聚和培养优秀科技人才，提升自主创新能力。随着2021年第三批重点实验室名单公布，文化和旅游部重点实验室已经达到37家。与文化科技创新相关的还有科技部批准的四个媒体融合类国家重点实验室、国家出版业科技与标准实验室、国家广电总局重点实验室等。

数字文化产业专门政策

第一个数字文化产业专门政策是2017年出台的，这一年我国

---

① 五部委公布第四批国家文化和科技融合示范基地名单[EB/OL].央广网.(2021-11-04)[2022-07-15].http://ent.cnr.cn/dj/20211105/t20211105_525651639.shtml

政府刚刚把"数字经济"写入国务院政府工作报告。

数字文化产业是数字文化经济最重要的一个组成部分，文化产业主管部门需要通过制定数字文化产业发展专门政策来强化文化产业与数字经济的关系。

2017年4月，原文化部发布了《关于推动数字文化产业创新发展的指导意见》（以下简称《意见》）。文件将数字文化产业的含义阐述为：数字文化产业以文化创意内容为核心，依托数字技术进行创作、生产、传播和服务，呈现技术更迭快、生产数字化、传播网络化、消费个性化等特点，有利于培育新供给、促进新消费。

从这一阐述看，数字文化产业的主要内容就是文化产业（尤其是内容产业）的数字化问题，旨在改造提升传统文化产业，培育发展新兴文化产业。所以，发展数字文化产业就是要通过数字技术与文化的结合生产、传播文化内容，满足数字化文化消费。这一文件在工作任务方面可以概括为四个方面：

- 引导数字文化产业发展方向。包括三个方向：优化数字文化产业供给结构，促进优秀文化资源数字化，推进数字文化产业与相关产业融合发展。
- 着力发展数字文化产业重点领域。包括六个重点领域：推动动漫产业提质升级，推动游戏产业健康发展，丰富网络文化产业内容和形式，增强数字文化装备产业实力，发展数字艺术展示产业，超前布局前沿领域。

- 建设数字文化产业创新生态体系。包括六个方面：培育数字文化产业市场主体，推进数字文化产业创新创业，引导数字文化产业集聚发展，参与数字文化产业国际分工与合作，构建数字文化领域标准体系，优化数字文化产业市场环境。
- 加大数字文化产业政策保障力度。包括三个方面：落实相关财税金融政策，强化创新服务和人才支撑，持续推动"放管服"改革，加强组织领导。

《关于推动数字文化产业创新发展的指导意见》首次完整而系统表达了文化产业主管部门在数字经济发展背景下如何发展文化产业的基本战略思想和规划思路。

《关于推动数字文化产业创新发展的指导意见》提出，到2020年，形成导向正确、技术先进、消费活跃、效益良好的数字文化产业发展格局，数字文化产业领域处于国际领先地位。现在看来这一目标并未完全实现。在2020年11月，文化和旅游部在对新出台的《关于推动数字文化产业高质量发展的意见》进行解读时也指出，"我国数字文化产业发展也还面临数字化水平不高、供给结构质量有待优化、新型业态培育不够、线上消费仍需培养巩固、数字化治理能力不足等新问题"[①]。

---

① 《文化和旅游部关于推动数字文化产业高质量发展的意见》解读［EB/OL］.中华人民共和国中央人民政府.（2020-11-27）［2022-07-15］. http://www.gov.cn/zhengce/2020-11/27/content_5565522.htm

《关于推动数字文化产业高质量发展的意见》是文化和旅游部发布的第二个数字文化产业专门政策。2020年的新冠肺炎疫情对文化和旅游产业的冲击较大，强化了人们对数字技术与文化产业关系的认识。作为一种长期应对方案，政府在如何进行文化产业数字化转型方面做了重大布局。所以，新冠肺炎疫情成为了数字文化经济加速发展的助燃剂。

《关于推动数字文化产业高质量发展的意见》是为了落实中国共产党十九届五中全会精神和《中共中央关于制定国民经济和社会发展第十四个五年规划和二〇三五年远景目标的建议》，顺应数字产业化和产业数字化发展趋势，贯彻党中央提出的文化产业数字化战略而推出的宏观性、指导性文件。突出了数字文化产业"高质量发展"，与《关于推动数字文化产业创新发展的指导意见》相比，其主要特点是：

- 突出了"数字文化产业发展基础"这一内容，包括加强内容建设、加快新型基础设施建设、推动技术创新和应用、激发数据资源要素潜力、培育市场主体、构建产业标准体系等六大方面。这有利于构建符合我国国情的稳定、持久、高质量的数字文化产业。
- 特别突出了培育数字文化产业新型业态。主要内容涉及文化资源数字化、产业融合、平台经济、云演艺、云展览、沉浸式、数字装备、新消费等方面。这与《关于推动数字文化产业创新发展的指导意见》中的"重点发展领域"不同，与新冠肺炎疫情期间数字文化业态逆势上扬有重大关系，决策部门在新兴业态上的布局，将有利于在未来不确定的环境中维持文化产业满足人民群众文化消费需求、促进经济社会发展的基本作用。

- 在数字文化产业生态部分突出了"推动产业链创新与应用"。与《关于推动数字文化产业创新发展的指导意见》不同的是，市场主体、标准体系等纳入"数字文化产业发展基础"部分，而这部分主要包括产业链创新与应用、两创四众、区域发展战略、市场环境、国家合作等方面。其中"推动产业链创新与应用"中，提出了"数字文化产业链""产业链金融服务平台""数字文化产业链链长工作制"等新的内容。

国家文化数字化战略与文化产业数字化战略

"文化数字化"可以追溯到2012年2月《国家"十二五"时期文化改革发展规划纲要》（以下简称《纲要》），《纲要》提出要"实施文化数字化建设工程"，主要内容是文化资源数字化、文化生产数字化、文化传播数字化。在以往的文化数字化命题中，既包含了公共文化的数字化，也包含了文化产业的数字化。

文化产业数字化战略是2020年正式提出的。中长期国家战略规划将发展数字经济作为国家战略，文化产业数字化战略成为数字经济国家战略德重要内容。

第 2 章 政策：我国促进数字文化经济的国家行动

2020 年是"十三五"收官之年，中央提出了基本规划指引，各部门都开始为"十四五"以及更长远的战略谋篇布局。2020 年 10 月 29 日，党的十九届五中全会通过《中共中央关于制定国民经济和社会发展第十四个五年规划和二〇三五年远景目标的建议》（以下简称《建议》）提出："发展数字经济，推进数字产业化和产业数字化，推动数字经济和实体经济深度融合，打造具有国际竞争力的数字产业集群"。《建议》同时提出实施文化产业数字化战略，明确提出要"实施文化产业数字化战略，加快发展新型文化企业、文化业态、文化消费模式"。

在文化方面，《建议》提出了两个"数字化"，一是推进公共文化数字化建设，二是实施文化产业数字化战略，这两个数字化共同构成了国家文化数字化战略。2022 年 5 月，中共中央办公厅、国务院办公厅印发了《关于推进实施国家文化数字化战略的意见》，正式提出实施国家文化数字化战略，对我国"十四五"时期和至 2035 年的文化数字化发展提出了具体目标并部署了重点任务[①]。

关于文化产业数字化的内涵，一般认为是产业数字化在文

---

① 《关于推进实施国家文化数字化战略的意见》提出：到"十四五"末期，基本建成文化数字化基础设施和服务平台，基本贯通各类文化机构的数据中心，基本完成文化产业数字化布局，公共文化数字化建设跃上新台阶，形成线上线下融合互动、立体覆盖的文化服务供给体系。到 2035 年我国将建成物理分布、逻辑关联、快速连接、高效搜索、全面共享、重点集成的国家文化大数据体系，基本建成文化数字化基础设施和服务平台，基本贯通各类文化机构的数据中心，基本完成文化产业数字化布局，公共文化数字化建设跃上新台阶，形成线上线下融合互动、立体覆盖的文化服务供给体系。

产业的具体体现，可以从产业数字化的一般规律来认识文化产业数字化。清华大学文化创意发展研究员副院长张铮认为需要避免将"产业"和"数字"限定得过窄，应将文化产业数字化放在"广义的数字技术 + 文化产业生态体系"这个基础上考虑，所以"文化产业数字化"的内涵是通过包括网络通信技术、智能算法技术、数字版权技术、影音编码技术等在内的广义的数字技术对文化产业的生态体系进行更新再造，并最终促成社会效益和经济效益最大化的过程[①]。

文化产业数字化战略的提出，直接推动了数字文化产业高质量发展相关政策的制定和发布。但是，文化产业数字化战略实施伊始，如何将文化产业数字化战略落到实处，还需更多研究和设计。国家行政学院教授祁述裕在"十四五"时期文化产业数字化战略的重点内容方面提出了观点，主要有四项：一是依托"新基建"，加快文化产业数字基础设施建设。重点是构建国家文化大数据服务和应用体系、发展超高清视频产业与创新技术的引领超高清美学、推动智慧文旅设备及其应用的开发；二是探索 5G、云计算、大数据等数字基础设施与文化产业的商业应用场景，重点是云游戏、人工智能和区块链的发展和应用；三是加快影视等传统文化产业数字化；四是加大文化制造领域新材料、新设备的研发应用[②]。

---

① 张铮.文化产业数字化战略的内涵与关键［J］.人民论坛，2021.
② 观点速递 | 祁述裕："十四五"时期文化产业数字化四大战略重点［N.OL］.广州日报.（2020-11-23）［2022-07-15］.https://www.gzdaily.cn/amucsite/web/index.html#/detail/1429019.

文化产业数字化战略是国家文化数字化战略的一部分，也是数字经济国家战略的组成部分，作为应对新形势提出的重大举措，其实施需要有高度的战略视野。我认为实施文化产业数字化战略，需要重点考虑如下三个战略维度。

第一是经济发展维度。文化产业数字化战略设计需要立足适应国内大市场，适应"双循环"新发展格局，切实满足新消费。文化产业数字化的基本内容应是"加快发展新型文化企业、文化业态、文化消费模式"。文化产业数字化不是文化数字化，仍需以经济的、市场的逻辑推动产业发展，这是文化产业数字化战略的经济基础。另外是如何与国民经济体系相融合的问题，要大力促进文化产业与相关产业融合、大力促进文化产业与资本市场融合。

第二是国际竞争维度。实施文化产业数字化战略，应综合研判世界数字经济发展形势，调动资源构建文化产业数字化中的多层次竞争集群，立足于在中长期建立国际竞争优势。虽然我国在数字化应用领域居于世界领先地位，但在基础技术和关键技术以及数字化基础设施方面与领先目标有较大差距。

第三是社会发展维度。这个维度要思考的是能否打造一个"向善"的数字文化世界。从战略的长期性考虑，竞争优势的取得不是一时的技术垄断或产业规模上的领先，而是健康且可持续的战略优势维持能力。这种能力来源于法治、规则、有益于社会发展的战略体系。所以，文化产业数字化不仅需要产业促进政策，还需要推动文化数字立法工作。

更加进一步思考，文化产业数字化战略既然是一个战略，那就在实施上需要系统性和计划性，需要确定明确的战略目标和战略步骤。文化产业数字化战略不仅是一个口号，也不能仅仅是一个导向。

第 3 章

变量：文化经济发展中的数字技术演进

远古的蓄能

时代的呐喊

有史以来最为壮观的数字军团

出现在地平线

数字技术是新经济发展的最大变量。在后面几章，我们将讨论数字技术如何改变文化经济形态，包括如何改变文化生产方式、文化产业结构、文化商业模式以及企业行为等。本章我们首先了解数字技术这个变量。

对数字文化经济的认识水平很大程度上取决于对技术的理解，因为数字技术变革与以往的技术变革可能都不相同。我们很容易理解前三次技术革命中，发明蒸汽机、电灯、电子计算机的意义，这些基本上是工具层面的革命，但数字技术可能不仅仅是种工具。即便与互联网时代的技术变革相比，数字技术仍具有不同的特点。互联网技术带来的变化主要是低成本和便利性，数字技术是否能带来更多进步？

3.1
文化领域数字技术变量面面观

不断进化的数字技术集群

二十多年前提出数字经济概念时,数字技术还较为初级或停留在实验室中。如今,数字技术已经取得了革命性进步,新的技术不断涌现。

围绕高效实现信息数字化和数据传输、控制、转换及存取形成的一个现代数字技术集群,正在以产业化方式满足人们日益增长的生产生活需要。大数据和云计算已经能够满足更全面的社会画像需要,人工智能满足更高的效率需要,虚拟现实技术满足体验感需要,区块链技术满足网络治理需要。正在带来改变的还有物联网、5G/6G、数字孪生、脑机融合、边缘计算等技术。很多技术原本是很隐密的专业技术,且开发时间较早,但都在近十年进入了通用技术领域。另外还有许多交叉性融合创新技术进入视野,如量子科技、神经芯片、类脑智能、DNA存储、第三代半导体等。数字技术正在以集群方式爆发并改变着各类业态和生态,驱动经济的发展，甚至在极大程度上影响社会的发展方向，这就是信息经济和互联网经济要让位于数字经济的原因。

中国电子信息产业发展研究院信息化与软件产业研究所所长吴志刚在一次论坛上对驱动数字技术快速发展的主要因素进行了归纳，提出有三个方面：数字技术性能迭代更新速度成指数增长（即摩尔定律），万物数字化、数据化及机器智能化，多种技术的组合式创新。现在正是进入多种技术的组合式创新的时期，元宇宙就是其典型的组合形态。

2020年以来，新冠肺炎疫情等多种因素的影响使数字技术到达了新一轮爆发的关口。2022年1月发布的《"十四五"数字经济发展规划》提出要增强关键技术创新能力，瞄准传感器、量子信息、网络通信、集成电路、关键软件、大数据、人工智能、区块链、新材料等战略性前瞻性、领域，发挥我国社会主义制度优势、新型举国体制优势、超大规模市场优势，提高数字技术基础研发能力。

许多研究机构进行了技术趋势研究，撰写了数字技术和数字科技发展趋势报告。阿里巴巴达摩院自2018年开始发布下一年度十大科技趋势（见表3-1）。在这四年报告的40项趋势中，与人工智能相关的出现了10次，是所有科技中最受关注的领域，其次是大数据相关领域。另外区块链、量子计算、半导体也备受关注。

2021年1月，腾讯研究院发布了《变量：2021数字科技前沿应用趋势》，这本报告对前沿技术在近期的落地应用做出了展望，包含14个前瞻性的趋势预测，报告认为：深度学习正在走向多模

第 3 章 变量：文化经济发展中的数字技术演进

表 3-1 阿里巴巴达摩院 2019—2022 年十大科技趋势

2019 年十大科技趋势	2020 年十大科技趋势	2021 年十大科技趋势	2022 年十大科技趋势
1. 城市实时仿真成为可能，智能城市诞生	1. 人工智能从感知智能向认知智能演进	1. 以氮化镓、碳化硅为代表的第三代半导体迎来应用大爆发	1. AI for Science
2. 语音 AI 在特定领域通过图灵测试	2. 计算存储一体化突破 AI 算力瓶颈	2. 后"量子霸权"时代量子纠错和实用优势成为核心命题	2. 大小模型协同进化
3. AI 专用芯片将挑战 GPU 的绝对统治地位	3. 工业互联网的超融合	3. 碳基生物技术突破加速柔性电子发展	3. 硅光芯片
4. 超大规模图神经网络系统将赋予机器常识	4. 机器间大规模协作成为可能	4. AI 提升药物及疫苗研发效率	4. 绿色能源 AI
5. 计算体系结构将被重构	5. 模块化降低芯片设计门槛	5. 脑机接口帮助人类超越生物学极限	5. 柔性感知机器人
6. 5G 网络催生全新应用场景	6. 规模化生产级区块链应用将走入大众	6. 数据处理实现"自治与自我进化"	6. 高精度医疗导航
7. 数字身份将成为第二张身份证	7. 量子计算进入攻坚期	7. 云原生重塑 IT 技术体系	7. 全域隐私计算
8. 自动驾驶进入冷静发展期	8. 新材料推动半导体器件革新	8. 农业迈入数据智能时代	8. 星地计算
9. 区块链回归理性，商业化应用加速	9. 保护数据隐私的 AI 技术将加速落地	9. 工业互联网从单点智能走向全局智能	9. 云网端融合
10. 数据安全保护技术加速涌现	10. 云成为 IT 技术创新的中心	10. 智慧运营中心成为未来城市标配	10. XR 互联网

资料来源：整理自公开资料

态融合，沉浸式媒体向更深度演进，产业区块链将推动数据要素的市场化，量子科技的算力有望得到进一步提升。在垂直行业，医疗 AI、数字生物标记物、脑机接口、5G-V2X、自动驾驶仿真、产业互联网地图等技术也在全面敲开应用的大门。随着更多的行业数字化、云化和智能化，安全将由"伴生"和"保值"成为"原生"和"增值"，并进入到人机协同的新时代。虚拟和真实世界的融通，正在开启一个全真化的数字世界。

2022 年 1 月，腾讯研究院发布《融合：2022 十大数字科技前沿应用趋势》。报告提炼出三大类、十个重点方向：云原生、人工智能、云网融合、云安全、量子计算等领域的新变革有望重塑信息基础设施；星地协同智能化、能源互联网、复杂任务服务机器人与信息技术的融合正迸发出强劲的跨界创新势能；万物孪生、扩展现实将进一步连通虚实世界，为人们创造全新的体验和数字生产力，让虚拟世界更真实、让真实世界更丰富。报告根据技术成熟度和影响力，细分为 IT 重塑、网络革命、智能世界和虚实共生四大领域。

每年都有令人目不暇接的技术概念涌现，数字技术正在通用化的进程中走入生产和生活，所有这些数字技术正在指向一个新的数字化网络。马化腾在《变量：2021 数字科技前沿应用趋势》的序言中再次提到全真互联网这个概念[1]，他写道："以互联网为

---

[1] 马化腾在 2020 年 12 月在腾讯文化出品的年度特刊《三观》的前言中曾提出"全真互联网"概念。

第3章 变量：文化经济发展中的数字技术演进

代表的数字科技，正在走向一个新的临界点。随着新的软硬件和通信网络在不同场景的落地应用，人机交互模式和信息环境将可能产生颠覆性变革。互联网不再仅仅是虚拟世界的连接，它将致力于帮助用户实现全面真实的应用体验，创造出线上线下一体、虚拟与现实融合的全真互联网。"

表3-2 腾讯研究院年度数字科技前沿应用趋势

2021	2022
趋势1 深度学习走向多模态融合	趋势1 云原生加速IT体系迈进全云时代
趋势2 沉浸式媒体向体验和场景的纵深演进	趋势2 量子计算NISQ时期仍将持续
趋势3 产业区块链推动数据要素市场化	趋势3 人工智能迈向普适化和工业化新阶段
趋势4 脑机接口有望在康复领域先行突破	趋势4 云网融合构建"连接升维"
趋势5 软硬融合推升量子算力	趋势5 疫后新需求按下云原生安全发展快进键
趋势6 疫情按下医疗AI应用快进键	趋势6 多路径并行演进推动万物孪生
趋势7 数字生物标记物照亮居家慢病诊疗	趋势7 硬件迭代驱动扩展现实（XR）产业拐点到来
趋势8 基于5G-V2X的"人车路网云"体系加速形成	趋势8 多模态融合驱动复杂任务服务机器人进入家庭生活
趋势9 仿真推进自动驾驶成熟步伐	趋势9 双碳目标倒逼能源互联网加快发展
趋势10 新一代数字地图迈向实时智能泛在	趋势10 星地协同智能化开启"大航天"时代
趋势11 云数据安全成为必选项	
趋势12 基于身份的微隔离护航云原生安全	
趋势13 AI推动信息安全告别手工业时代	
趋势14 虚实集成世界孕育新蓝海	

与文化经济紧密相关的数字技术

我国政府在很早就开始重视文化领域的科技应用,而科技应用主要是指数字技术的应用。从一些文化科技专门政策中,我们可以看到近些年来决策部门关于文化领域数字技术的重点领域和布局方向,也可以看到数字文化技术内容的不断丰富和细化。

2012年,科技部会同中宣部、财政部、文化部、广电总局、新闻出版总署发布《国家文化科技创新工程纲要》,其提出推动的文化科技创新的核心是现代信息与数字技术,我们可以称之为"数字文化技术"。文件关注的技术集中于战略性前沿技术、核心技术、共性关键技术、共性技术等。经过数年技术积累,后期相应政策对关键技术的方向更加明确,如2019年,科技部等六部门印发的《关于促进文化和科技深度融合的指导意见》提出的"加强文化共性关键技术研发"主要有三个方向:智能科学、体验科学基础研究;文化创作、生产、传播和消费等环节共性关键技术研究;以数字化、网络化、智能化为技术基点的系统集成应用技术。

2017年,由原文化部发布的《关于推动数字文化产业创新发展的指导意见》和2020年文化和旅游部发布的《关于推动数字文化产业高质量发展的意见》中,关于数字技术的关注点是将数字技术结合到数字文化产业发展方向、数字文化产业重点领域、数字文化产业创新生态体系当中。

第3章 变量：文化经济发展中的数字技术演进

2021年，由文化和旅游部发布的《"十四五"文化和旅游科技创新规划》在基础理论和共性关键技术部分重点关注的技术有：知识图谱、语言及认知表达、跨内容识别及分析、人机交互、混合现实、大数据、区块链、数字孪生等。

从政策推动的技术范围以及产业研发与应用实践看，数字文化经济相关的数字技术主要包括这样几个层面：

- 共性关键技术和底层技术。包括大数据、人工智能、云计算、区块链、XR、数字孪生、物联网、5G/6G等技术；其中数据、人工智能、云计算、区块链四个技术被简称为"ABCD"。这些技术既是数字经济发展的共性关键技术和底层技术，也是数字文化经济的共性关键技术和底层技术。
- 数字工具及软件技术。通过编程形成的应用程序或系统程序，如交互娱乐系统及交互娱乐引擎，数字创意软件、AI数字设计软件等。
- 场景及生态应用的技术集成。如沉浸式演艺，文化资源数字化处理、互动影视、数字艺术显示、区块链版权服务、数字出版技术等。
- 数字硬件，如数字拍摄设备、数字演艺设备、数字化展示设备、可穿戴消费终端设备等。

在数字技术基础上，会形成文化经济数字化、智能化、网络化的平台，也就是平台经济的中枢。数字化的文化内容或数字技术生成的数字内容通过这些平台直达文化消费需求端,于是我们消费网络文学、游戏、动漫、数字影视、网络音乐、数字摄影作品,甚至我们还可以消费数字技术生产的书画作品。

《中国文化产业发展报告(2014)》课题组提出了一个文化产业的经济分析框架[①],将文化产业分为六大类:内容生产、文化传播、文化生产服务、文化装备制造、文化消费终端制造和生产性文化服务,这种分类是以生产性质为依据进行的分类。结合这个分类以及上面我们对文化领域数字技术的归纳,我们设计了一个文化领域数字技术应用矩阵,这个矩阵可以作为引导思考文化领域数字技术应用相关焦点问题的一个框架。

表 3-3 文化领域数字技术应用矩阵

技术/领域	内容生产	文化传播	文化生产服务	文化装备制造	文化消费终端制造	生产性文化服务
大数据	*	*	*	*	*	*
云计算	*	*	*	*	*	*
区块链	*	*	*	*	*	*
人工智能	*	*	*	*	*	*
物联网	*	*	*	*	*	*
5G/6G	*	*	*	*	*	*
数字孪生	*	*	*	*	*	*
软件	数字工具及软件技术、交互娱乐系统及交互娱乐引擎、数字创意软件、AI数字设计软件等					

---

① 张晓明,王家新,章建刚.中国文化产业发展报告(2014)[M].北京:社会科学文献出版社,2014.

续表

技术/领域	内容生产	文化传播	文化生产服务	文化装备制造	文化消费终端制造	生产性文化服务
场景及生态应用集成	沉浸式演艺，文化资源数字化处理、互动影视、数字艺术显示、区块链服务、数字出版技术等					
硬件	数字拍摄设备，数字演艺设备，可穿戴消费终端设备等					
平台	数字化、智能化、网络化平台					

为了加快文化科技成果向生产力转化进程，文化和旅游部对文化和旅游信息化发展案例进行了征集和宣传推广，从中我们也可以观察到近年来政府部门在推动数字技术应用方面的努力方向。

2019年，文化和旅游部发布"关于开展2019年度文化和旅游信息化发展典型案例征集活动的通知"，征集案例内容为"基于云计算、物联网、移动互联网、大数据、人工智能等相关信息技术在文化和旅游领域创新应用的案例"。2020年6月，文化和旅游部发布了"2020年度文化和旅游信息化发展典型案例"[①]，包含58个案例，这些案例涉及的技术主要是5G、大数据、云服务、人工智能、移动互联、物联网等，是以信息化、智慧化、数字化为主要特征的数字文化及数字旅游产业集群。其中一些项目非常具有数字文化经济代表性，主要有图书馆数字体验、文化云、数字艺术展示、数字阅读、数字文化行业管理等（见表3-4）。

---

① 文化和旅游部科技教育司关于发布2020年度文化和旅游信息化发展典型案例名单的通知［EB/OL］.（2020-06-12）［2022-07-15］. https://www.mct.gov.cn/whzx/bnsj/whkjs/202006/t20200612_854400.htm

表 3-4　2020 年度文化和旅游信息化发展典型案例部分名单

案例名称	实施单位
基于 5G 传输及 4K 超高清编码采集技术的演艺直播模式创新	咪咕文化科技有限公司
天津图书馆数字体验区	天津图书馆
天龙山石窟数字化推广与展示	太原理工大学
内蒙古文化云	内蒙古自治区文化馆
辽宁文化云	辽宁省文化艺术研究院
"遇见中国"数字科技艺术特展	上海国际文化装备产业园管理有限公司
南京文化消费智能综合服务平台	南京文创科技有限责任公司
诗画浙江文化和旅游信息服务平台项目	浙江省文化和旅游信息中心
掌中木偶机器人新媒体交互表演与推广	晋江市掌中木偶艺术保护传承中心
福州市三坊七巷智慧街区项目	三坊七巷保护开发有限公司
江西省智慧旅游大数据中心和智慧监管平台	江西省文化和旅游厅
"鲁博手礼"山东博物馆文创智造云平台	山东博物馆
山东省互联网上网营业场所管理系统	山东省文化市场综合执法监察局
武汉文惠通	武汉市文化和旅游局
"一网读尽"数字阅读云平台	湖南图书馆
湖南公共文旅云及株洲文化消费信息平台	湖南韵动文化体育产业发展有限责任公司
清远文化体育旅游服务云平台	清远市文化广电旅游体育局
中国（海南）南海博物馆 5G 创新应用项目	中国（海南）南海博物馆
甘肃文化旅游大数据交换共享平台	甘肃省文化和旅游厅
青海省智慧旅游平台	青海省文化和旅游厅信息中心
新疆维吾尔自治区博物馆智慧流动博物馆	新疆维吾尔自治区博物馆
中国非物质文化遗产网·中国非物质文化遗产数字博物馆	中国艺术研究院（中国非物质文化遗产保护中心）
公共数字文化工程"文旅 e 家"移动应用程序	国家图书馆

续表

案例名称	实施单位
"玩转故宫"小程序	故宫博物院
中国国家博物馆预约服务系统	中国国家博物馆
文旅产业指数实验室	中国旅游报社

由此可见，数字经济是以数字技术驱动的经济形态，而数字技术正在以集群方式影响文化经济的发展。清华大学文化创意发展研究院副院长、博士生导师张铮对这一轮技术革命有一个评价，他认为这一轮技术革命与以往技术革命的不同之处主要体现在两个方面：第一，速度快，程度深。此前更多是技术变革生产力，传导到生产关系，而当前技术革命是全方位、全范围、全链条、全系统地对社会生产产生影响。第二，技术集群化，此前更多可以用某一项单项技术作为代表或指称，这一类技术革命没有代表性技术，多项数字技术是并行迭代的，是系统性创新。

文化领域数字技术标准

文化领域数字技术标准即数字文化领域技术标准，是数字文化领域标准体系的重要组成部分。我国文化领域技术标准制订由分门别类的标准化技术委员会负责[1]，全国剧场、舞台机械、图书

---

[1] 2008年文化部成立了8个全国专业标准化技术委员会，进行全国剧场、舞台机械、图书馆、文化馆、网络、文化娱乐场所、社会艺术水平考级、文化艺术资源等8个专业的国家标准制修订工作。

馆、文化馆、网络、文化艺术资源等各专业委员会都与数字文化技术有密切的关系。从长远看，文化领域的数字技术应用将非常丰富，建立一个完善的技术标准体系，不仅是行业发展的需要，也是强化国际竞争力的需要。

2012年发布的《国家文化科技创新工程纲要》在"加强文化领域标准规范体系建设"任务中提出：研究制定文化资源统一标识、核心元数据、分类编码和目录体系、数据格式和数据交换等通用技术标准规范，促进文化资源整合和共享。研究制定文化艺术、广播影视、新闻出版、网络文化等重点文化行业技术和服务标准规范，引导和规范相关产业和行业健康发展。

2017年，《文化部关于推动数字文化产业创新发展的指导意见》中提出要"构建数字文化领域标准体系"，首次明确提出数字文化领域标准体系命题，内容包括：加强手机（移动终端）动漫标准应用推广，推动虚拟现实、交互娱乐等领域相关产品、技术和服务标准的研究制定，积极参与数字文化领域国际标准建设。健全技术创新、知识产权与标准化互动支撑机制，及时将先进技术转化为标准。推动建立数字文化标准行业组织，促进资源整合共享，建设数字内容生产流程、产品和服务的质量管理体系并加强推广应用。

2019年发布的《关于促进文化和科技深度融合的指导意见》提出要强化文化技术标准研制与推广，实施标准化战略，完善文化技术标准化体系，强化标准研制与推广，推进技术专利化、产业标准化，完善产业评估体系建设，以标准助力文化和科技深度

第3章 变量：文化经济发展中的数字技术演进

融合。

2021年6月，文化和旅游部发布《"十四五"文化产业发展规划》，提出"推动虚拟现实、交互娱乐等领域产品、技术和服务标准研究制定，形成文化产业标准体系。加强手机（移动终端）动漫国际标准和数字艺术显示国际标准应用推广"。同时，在文化和旅游部发布的《"十四五"文化和旅游发展规划》中也有类似的要求，在"深化文化产业国际合作"部分提出要"加大数字文化产业国际标准的宣传推广和应用力度，培育国际合作和竞争新优势"，并在专栏中具体规定了"数字文化产业标准建设"的任务：加强手机（移动终端）动漫国际标准和数字艺术显示国际标准应用推广。深入推进数字文化产业标准群建设。

自2012年以来，我国制订了多项与数字文化领域相关的标准，如《图书馆数字资源统计规范》《数字对象唯一标识符规范》《网络资源元数据规范》《手机（移动终端）动漫内容要求》《手机（移动终端）动漫运营服务要求》《手机（移动终端）动漫用户服务规范》《音频资源元数据规范》《视频资源元数据规范》《电子连续性资源元数据规范》等等。

2020年5月，中宣部文化体制改革和发展办公室发布《关于做好国家文化大数据体系建设工作的通知》，此后国家文化大数据体系建设的相关标准编制工作加速推进，计划标准共计66项。2021年10月27日至28日，国家文化大数据体系建设的首批11项相关标准正式发布，涵盖国家文化大数据标准体系、文化数据服务、文化体验设施、技术及装备、文化遗产数字化采集技术等多个环节。2022年5月发布第二批7项标准，标准涉及文化资源数据的重构、标识及解构，文化体验装备及技术，国家文化专网技术等方面。

我国在参与数字文化的国际标准制定方面取得了可喜的进展。北京邮电大学教授陈洪是这项工作的推动者之一，见证了三个由我国制定的标准被国际电信联盟批准成为国际标准：

- 2017年批准的手机（移动终端）动漫标准（《交互式移动动漫内容文件架构》）；
- 2019年批准的数字艺术显示标准（《数字艺术品图像显示系统场景、框架及元数据》）；
- 2021年批准的文化艺术AR呈现标准（《文物/艺术品增强现实呈现技术需求及应用框架》）。

这是文化领域中国标准走出去的重要标志，为世界手机动漫、数字艺术、文化艺术AR产业发展提供了系统方案，也有力促进了我国文化产业与国际社会的合作。

特别值得一提的是，由于AR是当前技术、产品、服务创新的重要方向，是文化和旅游领域科技应用的新热点，文化艺术AR呈现标准（《文物/艺术品增强现实呈现技术需求及应用框架》）的发布更具标志性意义。这一标准明确了文化艺术AR呈现的国际性技术规范，填补了文化艺术AR呈现国际标准的空白，标志着由我国主导的数字文化产业国际标准群建设初具规模，为后续数字文化相关标准及产业化应用奠定良好基础。

文化新基建

"新基建"是近几年热起来的新概念,是与数字技术和信息网络相关的新型基础设施的简称。2018年12月19日至21日,中央经济工作会议在北京举行,会议提出要"加快5G商用步伐,加强人工智能、工业互联网、物联网等新型基础设施建设"。这次会议被认为重新定义了基础设施建设,5G、人工智能、工业互联网、物联网成为"新型基础设施建设"。之后,中央会议和文件中又出现以信息网络、5G网络、数据中心为新型基础设施的相关表述。

根据国家发改委的定义,新型基础设施是以新发展理念为引领,以技术创新为驱动,以信息网络为基础,面向高质量发展需要,提供数字转型、智能升级、融合创新等服务的基础设施体系。国家发改委将"新基建"分为信息基础设施、融合基础设施和创新基础设施三方面。信息基础设施主要指基于新一代信息技术演化生成的基础设施,如以5G、物联网、工业互联网、卫星互联网为代表的通信网络基础设施,以人工智能、云计算、区块链等为代表的新技术基础设施,以数据中心、智能计算中心为代表的算力基础设施等。融合基础设施则指深度应用互联网、大数据、人工智能等技术,支撑传统基础设施转型升级,进而形成的融合基础设施,比如智能交通基础设施、智慧能源基础设施等。创新基础设施方面,主要是指支撑科学研究、技术开发、产品研制的具有公益属性的基础设施，比如重大科技基础设施、科教基础设施、产业技术创新基础设施等。

在数字文化经济发展中，大数据、云计算、区块链和人工智能技术在消费端和应用层面呈现了新文化经济形态，但这些技术真正的能量来自于其能够构建一种承载文化经济活动的新型基础设施，这就是文化新基建。文化新基建是新基建的重要组成部分，是数字文化经济活动的主要载体。拥有文化新基建，则意味着拥有了话语权。

文化产业主管部门正在推动文化领域新型基础设施建设。2020年11月印发的《文化和旅游部关于推动数字文化产业高质量发展的意见》将"加快新型基础设施建设"作为"夯实数字文化产业发展基础"的重要方面之一，具体内容为：

- 支持面向行业的通用需求，建设数据中心、云平台等数字基础设施，完善文化产业"云、网、端"基础设施，打通"数字化采集—网络化传输—智能化计算"数字链条。
- 鼓励数字文化企业参与企业级数字基础设施开放合作，完善文化产业领域人工智能应用所需基础数据、计算能力和模型算法，推动传统文化基础设施转型升级。
- 加强App、小程序等移动互联网基础设施建设，完善文化领域数字经济生产要素，促进产业互联互通。
- 主动对接新基建，用好新基建政策、平台、技术，提升数字文化产业发展水平。

第3章 变量：文化经济发展中的数字技术演进

从以上政策文本看，文化产业领域的文化新基建主要包含两个层面：一是应用新一代信息技术和数字技术生成的、为文化产业服务的基础设施，如文化云、文化数据中心等；二是传统文化基础设施应用数字技术进行转型升级形成的新型基础设施，如文化馆、博物馆的数字化升级改造。这两部分也可以理解为数字产业化和产业数字化的两种文化新基建路径。

技术变革的价值之一是服务实体经济。数字技术形成强大的基础支撑，为文化经济动能转换，推动数字技术与文化产业深度融合提供载体、空间和赛道，从而真正全方位形成数字文化经济体系和生态，这是数字技术作为基础设施服务文化经济的内在逻辑。

3.2
数字文化技术 ABCD

大数据与文化大数据

最初的数据是纸质文本上的数值。有了计算机储存之后,推动了线下数据的电子化,电子化的数据存储实现了数据的质变。但更本质的飞跃是从数据到大数据,有了大数据技术,数据进化到了新阶段。

传统的数据库主要是行数据,是用二维表结构表达的结构化数据。当互联网发展起来后,人们发现互联网世界存在的信息已经不能用传统数据库方式来管理了。2003年,谷歌最早使用了大数据技术,随后雅虎和脸书也参与到大数据技术的不断开发和推广当中。大数据技术在2010年之后才被业界广泛接受,并迅速应用于各个生产领域。

不同于传统的数据库管理技术,大数据技术能够高效采集、存储海量数据,并通过数据分析与挖掘技术从中萃取提炼有效信息。互联网平台和数字技术能够产生海量的非结构化数据,大数据技术很重要的特点是能够将非结构化数据"结构化",提高多媒体数据和自然文本数据的可用性。

大数据技术支持了全新的数据采集能力、数据存储和管理能力以及数据分析能力。大数据采集技术支持了更广泛的信息来源和类型。数据信息可能来自传统数据库、网络信息、系统日志以及各类智能终端。大数据预处理技术主要包括数据清洗、数据集成、数据归约和数据变换。大数据技术支撑的数据库存储和管理更加科学,数据库类型有关系型数据库、分布式数据库、实时数据库、时序数据库等。还有大数据挖掘和分析技术,目前的数据分析,更多依赖机器学习以及数据挖掘。在大数据技术应用中,模式识别被用于图像、语音的识别,自然语言处理则致力于自然文本数据的分析,这些也可归为人工智能范畴。

国际数据公司(IDC)发布的《中国大数据平台市场研究报告 2020》将大数据应用场景映射到技术、产品层面,在过去十年的数字化浪潮中,大数据技术已经经历了几次更新升级。从专注存储的数据库,到面向统计分析的数据仓库,再到面向大数据分析应用场景的 Hadoop/Spark 为核心的大数据平台,都在不断地提升数据分析利用能力。

我国大数据产业直到 2013 年前后才开始发力。根据中国信息通信研究院结合对大数据相关企业的调研测算,2016—2019 年,我国大数据产业市场规模由 2 840.8 亿元增长到 5 386.2 亿元,增速连续四年保持在 20% 以上。根据中国互联网协会组织编撰的《中国互联网发展报告(2021)》,2020 年我国大数据产业规模达到718.7亿元，增幅领跑全球数据市场。

我国大数据产业的发展得益于政策的大力推动。2015年8月，国务院印发《促进大数据发展行动纲要》；2015年10月，十八届五中全会首次提出国家大数据战略；2017年，《大数据产业发展规划（2016—2020年）》实施。2021年5月，国家发展改革委等部门联合印发《全国一体化大数据中心协同创新体系算力枢纽实施方案》，明确在京津冀、长三角、粤港澳大湾区、成渝以及贵州、内蒙古、甘肃、宁夏建设全国算力网络国家枢纽节点。在文化领域，我国政府相关部门在2019年提出了加强文化大数据体系建设的重要任务。2019年，科技部等六部门联合印发《关于促进文化和科技深度融合的指导意见》，提出要贯彻国家大数据战略，加强顶层设计，加快国家文化大数据体系建设。2020年5月，中央文改领导小组办公室发布了《关于做好国家文化大数据体系建设工作的通知》，由此国家文化大数据体系建设进入实质性实施阶段。

大数据技术在文化产业的应用，可覆盖文化生产的各个环节。大数据首先改造了传媒和广告行业，大数据形成了更加强大的信息处理和传输能力，不仅形成了新的传播形态，而且为传播管理提供了新的手段，脸书就是凭借独特的大数据优势维持了全球第一社交媒体平台的地位。而在影视领域，国际领先的影视企业已经可以将大数据技术应用在项目策划、剧本创作、融资、选角、拍摄制作、发行和营销等各个环节，但目前我国的一些影视公司在大数据应用方面一般还仅限于宣传推广和营销方面。

第3章 变量：文化经济发展中的数字技术演进

流媒体巨头奈飞提供了一个值得研究的样本。奈飞表示其每一项动作包括决策都是数据驱动的，《纸牌屋》通过大数据技术的运用获得了成功，这个案例一直为业界所称道。奈飞从内容规划、识别、选用、制作、编码、发行到市场活动的策划、追踪、反馈、优化等与影视相关的所有领域，以及客户服务、财务分析等公司治理的其他环节，都充分依赖大数据技术。多年以来，奈飞已经拥有上亿的付费用户、上万部影视作品，具备了大数据应用的基础条件。奈飞让艺术与科技深度融合的同时，也独创出新消费学（consumer science）以及让 A/B 测试成为奈飞所有决策的最终仲裁者。但也有人怀疑大数据技术是否真的能够在全面的领域都发挥决定性作用。

我国文化行业的一些大型企业已经能够较为熟练地利用大数据资源和大数据技术，如爱奇艺。爱奇艺原本只是一个视频网站，现已经发展为"苹果园"式的泛娱乐生态，不仅有视频，还有阅读、漫画（叭哒）、娱乐粉丝社区（泡泡）直播、体育、电商等业务。由于已经积累了大量的数据，如何利用大数据技术进行更好的业务管理并将数据资产变现就成了爱奇艺重要的创新方向。人民网、新华网、中国经济信息社等在大数据应用方面也开展得较早，大数据已经成为企业发展的核心竞争力。凤凰传媒早在2013年就开始投资大数据业务，期望利用大数据技术进一步提高公司编、印、发环节的产出效益与营销能力，巩固和拓展现有出版发行业务，催生协同效应。

文化行业大数据资源的增长和文化企业大数据技术的应用，

大大推进了文化经济与大数据技术的深入结合，文化大数据成为了一个具有文化经济内涵的特定范畴。中国社科院自动化科学艺术中心主任张之益研究员对文化大数据的内涵有一个比较完整的阐述，他认为从理论角度来看，文化大数据是指文化生产者、文化经营者、文化消费者在文化实践过程中所产生的，与文化产品或文化服务的创作生产、推广传播、市场运营、最终消费过程相关的，以原生数据及次生数据形式保存下来的图片、文本（包括文字、数字和图表）、影像、声音等文件资料的总称；从应用角度来看，文化大数据是针对文化行业海量数据的计算处理需求应运而生的一套新的数据架构的理论、方法和技术的统称。

有人说，世界的本质就是数据，文化大数据正在使文化世界的脉络、关系、结构等都更加清晰地展现出来。同时，文化大数据也将与其他数字技术一道，构建一个充满未知和魅力的文化未来。

云计算与文化云

云计算和大数据几乎是相生相伴的兄弟。大数据技术可以对海量数据进行采集、存储、挖掘与分析，但大数据一定要建立在分布式架构基础上的，因为单机或单服务器都难以完成这个工作。而云计算提供了分布式架构的基本逻辑底层，通过网络形成一个云组织，将分散的信息通信技术（ICT）资源集中起来形成共享平台，通过网络云的多部服务器分散处理和分析数据，由此实现

第 3 章 变量：文化经济发展中的数字技术演进

数据的分布式处理、分布式数据库和分布式储存（云存储）。2012年科技部公布的《中国云科技发展"十二五"专项规划》提出，云计算是互联网时代信息基础设施与应用服务模式的重要形态，是新一代信息技术集约化发展的必然趋势。它以资源聚合和虚拟化、应用服务和专业化、按需供给和灵便使用的服务模式，提供高效能、低成本、低功耗的计算与数据服务，支撑各类信息化的应用。

2006 年 3 月，亚马逊云服务（Amazon Web Services，简称为 AWS）推出弹性计算云服务，此后云计算逐渐成为数字时代变革大潮的关键技术之一。如今，我们已经可以很方便地使用腾讯云、阿里云、华为云和网易智能云服务。当前云技术服务分为公有云、私有云、行业云、混合云等类型，又分为基础设施服务（Infrastructure as a Service，简称为 IaaS）、平台即服务（Platform as a Service，简称为 PaaS）和软件即服务（Software as a Service，简称为 SaaS）三种模式。根据中国互联网协会 2021 年 7 月发布的《中国互联网发展报告（2021）》，我国 2020 年云计算市场保持高速发展，整体市场规模达到了 1 781 亿元，增速超过 33%，其中公有云市场规模继续扩大，但增速放缓，预计到 2030 年将超过 2 000 亿元。私有云的市场规模也同样持续扩大，增速平稳，达到了 791.2 亿元，同比增长 22.6%。

云计算技术架构具有资源共享、弹性伸缩的特征，能大大降低全社会利用网络资源的成本，提高资源使用效率。所以各行各业都在"上云"。"上云"就是一种云迁移，是从传统网络平台向云平台迁移的过程，是一种新的信息化和数字化过程。我国文化主管部门一直支持文化产业和文化企业利用云计算提升竞争力，培育新业态，如2017年发布的《国家"十三五"时期文化发展改革规划纲要》提出要运用云计算、人工智能、物联网等科技成果，催生新型文化业态。2020年发布的《文化和旅游部关于推动数字文化产业高质量发展的意见》也提出要推进文化产业"上云用数赋智"，支持面向行业通用需求，建设数据中心、云平台等数字基础设施，完善文化产业"云、网、端"基础设施，打通"数字化采集—网络化传输—智能化计算"数字链条。

政府部门组织并支持了一些云计算应用相关课题，希望为文化领域的云计算领域开拓空间。如原文化部组织的"十二五"国家科技支撑计划的"文化云服务平台关键技术研发及应用示范""乡村文化旅游云服务技术集成与应用示范"等项目。

国家公共文化云平台是文化和旅游部建设的云服务平台。国家公共文化云平台的交易板块（赶大集）依托全国及区域性公共文化和旅游产品交易平台，开展文化内容生产、决策咨询、公共文化设施运营与管理、第三方绩效评价、非物质文化遗产、旅游公共服务等产品交易，开发文创产品，促进艺术普及文创消费。国家公共文化云平台同时还有看直播、享活动、学才艺、订场馆、读好书等服务功能，移动端服务性能和应用体验得到大幅提升。据统计，2017年国家公共文化云上线以来，累计访问量达8.09亿次。除了文化和旅游系统主导建设的国家公共文化云，还有大批地方公共文化云平台已经上线运营，不仅能够更好地提供公共文化服务，同时也能够为文化内容生产和消费提供良好的平台。

云平台为文化产业的文化生产、运营和消费提供了新模式，形成了"云演艺""云音乐""云游戏""云展览"等新兴文化业态。云计算结合 5G、XR/ 以及沉浸式技术，从 2020 年开始呈现了更加具有体验感的线上演艺形式，云演艺成为国家政策特别关注和支持的一种新兴业态。将 KTV 等娱乐形式搬上云平台，这不是应对疫情的权宜之计，随着技术的发展，体验感将与便捷性同时成为云娱乐的重要特征。

"云上博物馆"在 2020 年入选《中国日报》文博界十大新闻事件，这种新型的观展形式虽然暂时不能替代现场体验感，但在便捷性和观展深度上更胜一筹。2020 年 2 月 19 日，故宫博物院发布《"云游"故宫指南》，涵盖"全景故宫""V 故宫""数字文物库""故宫名画记""数字多宝阁""故宫展览 App"等多款应用，让观众在家也能逛故宫、看展览、赏文物、学历史。

区块链如何改变文化经济

2016 年 8 月，由《当代金融家》杂志等单位主办的 2016 中国区块链产业大会在北京举办。笔者受邀作为专家主持其中的主题为"文体券——区块链支持文化金融发展"的分论坛。当时论坛参与的嘉宾是技术和文化两界知名的学者，但台下的听众很少。

但当关于区块链的焦点开始从技术本身走向代币（虚拟货币）时，区块链迎来了第一次短暂的热潮。区块链开始被热议，当时人们对区块链技术的认知似乎仅限于虚拟货币,而这直接导致了区块链发展的低谷。一些热衷于区块链技术的专家聚焦于虚拟币发行,市场上瞬间出现了许多 ICO 项目。2017 年 9 月,中国人民银行、中央网信办、工业和信息化部、工商总局、银监会、证监会、保监会七部委联合发布《关于防范代币发行融资风险的公告》,叫停了各类代币发行融资活动。

在限制虚拟货币的同时,政府鼓励区块链作为一种底层数字技术或信息管理技术进行发展,这个导向在 2019 年 10 月完全确定了下来。2019 年 10 月 24 日是中国区块链发展历程中一个标志性的日期,这一天中央政治局第十八次集体学习主题正是"区块链技术发展现状和趋势"。习近平总书记在主持学习时强调,区块链技术的集成应用在新的技术革新和产业变革中起着重要作用。我们要把区块链作为核心技术自主创新的重要突破口,明确主攻方向,加大投入力度,着力攻克一批关键核心技术,加快推动区块链技术和产业创新发展。

这次集体学习之后,国内又掀起了一股区块链热潮。根据中国互联网协会 2021 年 7 月发布的《中国互联网发展报告(2021)》,到 2020 年,我国区块链产业链已逐步形成,产业整体呈现良好的发展态势,虽然新增区块链企业的数量大幅度下降,但是已经出现了真正的实用的行业应用,已有超过 80 家上市公司涉足区块链领域,积极推进部署供应链金融、资产管理、跨境支付、跨境贸易等领域的应用。

区块链技术在文化产业和文化金融领域的应用问题在业界关

注较少。在区块链刚刚开始被讨论的时候,笔者就区块链和文化经济的关系问题做过一些思考,后来写了一篇关于区块链思想如何影响新文化经济的文章发在《中国民商》杂志上。我当时的判断是,区块链可能将重新定义文化经济,并带来新文化变革和文化进步。在这篇文章中,笔者结合新文化经济的创新性、融合性和要素性三个特征,讨论了区块链作为一种思想对文化经济发展的影响,主要是以下五个方面。

第一,去中心化思想推动文化治理创新。区块链技术是不是去中心化的是有争议的,但至少其对现有僵化的中心化模式提出了挑战。区块链能够建立一种弱中心、小中心集群,从而结束现有的中心化模式僵化、专制、笨拙的文化治理方式。区块链源于P2P(点对点、端对端)的网络技术思想,为文化治理这一重大命题提供新的视野。政府、行业组织和企业以及文化消费者都是文化治理结构必不可少的一环,在旧的治理体制下,越向下越不具备治理权,但这种情况在互联网生态下开始改变。互联网经济环境下,文化主体更加分散,文化禀赋差异化更加明显,社会化文化自治势在必行。去中心化自治组织(DAO)被认为是区块链版本的重要形式,这是一种区块链技术平台支撑的治理模式创新,不需要通过原有的中心实现有限度的社会自治。区块链的"去中心化",不仅为文化治理提供新的技术解决方案,也契合了新时期文化治理的新特征。

第二,去中介化思想推动文化商业模式创新。"中介"在社会分工时代的巨大进步,在传统商业社会中具有提高经济效率的作用。在文化产业的产业链中，中介同样具有"不可替代"的作用。但是，这种"不可替代"可能将成为历史了。文化商业生态原本通过可信的中介建立系统化的信任机制，但当中介成为一种垄断，"去中介化"反倒成为提高经济效率的新诉求。区块链是一种分布式系统，每个节点能够不再通过中介实现交易，将文化产品流通和交易体系彻底扁平化，这将引发文化产业的商业模式变革。目前互联网线上交易仍旧是"强中介"模式，区块链实现的是"去中介"或"弱中介"模式，充分降低中间成本，更多实现文化生产者的利益。

第三，分布式思想激发创意阶层的创新动力。文化生产不仅限于文化产业领域，同时存在于泛文化产业和创意经济的各个领域，共同构成了文化生产的巨型生态圈。文化生产的重要环节包括生产（产生版权和其他权利）、交易、传播、流通、消费等，同时存在个性化和非标化特征。分布式是区块链技术的主要思想内容。信息和数据在区块链系统中分布式储存、分布式传播、分布式记账，并通过"代币"等激励来建立市场民主机制，而不再集中于某个中心的数据库或账本。分布式思想是"古老"而新鲜的思想，各个主体基于自有节点的能力决定参与民有、民治的深度，共同维护系统安全和利益，这种思想非常契合文化生产的特点。由于区块链技术的应用，文化生产的个性化、非标化特性得以保留，创意者阶层得以维护。同时，分布式技术有可能解决文化生产非标化与工业化的矛盾，形成文化生产的后工业化新特征。

第四，区块链的集体维护思想促进知识社会构建。区块链主

第 3 章　变量：文化经济发展中的数字技术演进

要通过在数据层的加密技术和时间戳来实现数据和信息的不可逆和不可篡改。《中国区块链技术和应用发展白皮书（2016 版）》提出："随着知识经济的兴起，知识产权已成为市场竞争力的核心要素。互联网应是知识产权保护的前沿阵地，但当下的互联网生态里知识产权侵权现象严重，网络著作权官司纠纷频发，侵蚀原创精神、行政保护力度较弱、举证困难、维权成本过高等问题成为内容产业的尖锐痛点。"区块链以分布式、加密技术和时间戳实现不可逆、不可篡改，体现了区块链集体维护的思想。这是从业者最为感兴趣的一点，因为这与每个人的自身权益紧密相关。我国关于知识经济的讨论已经 20 年，知识经济的基础是确权和知识产权的有效利用。知识经济的重要矛盾是知识产权和知识外部性之间的矛盾，区块链为解决这一矛盾提供了新路径。根据许多区块链研究专家的判读，除了金融领域，知识产权领域可能是区块链技术最具社会影响的领域。

第五，价值互联思想推动文化金融变革和文化产权价值化。互联网从信息互联到价值互联是一种本质的飞跃，这使得区块链与金融体系关系密切。区块链能否实现价值互联目前还受到怀疑，但随着区块链项目的纷纷落地，价值互联已并非遥不可及。区块链使文化生产领域和文化金融领域的价值传输具有了可靠的共性技术和基础设施。传统金融机构的互联网化和互联网金融模式开发将利用区块链进行变革，这是区块链实现价值互联网转型对文化领域的直接影响。同时，互联网文化金融也将建立具有文化领域特色的独特价值互联体系。区块链系统下，每个参与主体的相关数据都有了明确的所有权、使用权、交易权，区块链服务每个环节并提供共识评价场景建设、消费参与、众创众包众筹等等平台，文化生产的每个环节都能产生价值（形成数字资产）。

在全球互联网发展都遇到升维压力的时候，区块链技术所带来的一些思想上的改变非常有价值，以上的讨论仍是有意义的。2019年12月，笔者在接受证券日报记者专访时再一次表达了对区块链技术赋能文化经济的信心，认为区块链技术及其体现出的理念，正在重构互联网文化产业及数字文化经济。

2016年，笔者和时任乐视金融区块链实验室创始人的高林挥先生等专业人士做过研讨，后将研讨成果反映在了2017年5月出版的《中国文化金融发展报告（2017）》中的一篇文章《文化金融领域区块链应用研究》中。在这篇文章中，我们总结了文化领域的八个区块链应用场景：版权管理与运营、文化产品供应链、文化企业小额信贷、文化众筹、文化产权交易、社交网络与媒体、文化消费积分、非物质文化遗产保护与开发利用等。

近几年，区块链技术在文化领域的实际应用落地比预想的缓慢。2019年12月，中国文化金融50人论坛和深圳文化产权交易所合作，在深圳举办了一期"文化领域数字经济与区块链应用"培训班，当时邀请了包括来自腾讯、微众银行、众安科技等十几位专家来讲授文化领域区块链应用方面的知识。我与其中的一些专家做了相关探讨，发现许多专家都对文化领域的区块链应用保持乐观的判断。针对实际落地要比预想的慢的现象，一种观点在文化领域的垂直应用，除了利用以太坊等平台以外，还需要更符合中国国情和文化经济特征的区块链基础设施的构建。

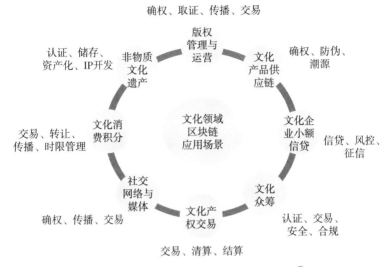

图 3-1　文化领域区块链主要应用场景①

区块链专家高林挥认为,在文化经济与文化市场分布式应用(区块链)共建共治共享新型基础设施,旨在扩大文化识别和访问能力,激励和保护文化创造,从而推动文化多样性繁荣,而且需要在实践检验中不断论证、协调、完善。首先需要一套强调透明性、匿名性的分布式账本数据库及其公用操作程序,或称交易活动共识记录库系统;需要以经济活动记录凭证登记管理系统为基础,包括数字资产或记账凭证的登记管理,最小化并管辖与数字

---

① 金巍,高林挥.文化金融领域区块链应用研究[A].中国文化金融发展报告(2017)[M].北京:社会科学文献出版社.2017.

凭证保管、转让相关的风险；还需要合规服务器协同，通常指的是用户分类分层智能化认证系统；配合以产业或专业服务平台（＋合规协议）及合格金融交易对手系统（＋合规协议），形成新的数字化市场运行基础设施体系。这样逻辑一体化的基础设施的组织方式可以由单一集团提供，也可以由多机构分布式联合提供，而监督组织或行政监管系统可以穿透市场实现监管。

区块链服务网络（BSN）这样的基础设施正在提供垂直应用加速落地的可能。2020年4月正式上线运营的BSN是由国家信息中心、中国移动、中国银联等单位联合发起并建立的，定位于"基于区块链运行环境的第二代互联网"。BSN鼓励企业或个人利用BSN的底层能力，建立独有的区块链业务模式，服务于客户。BSN公布的首批"官方指定应用"的12个区块链应用，包括了前述笔者已经关注的两个积分应用，即域乎积分管理应用和区块链+积分应用[①]。由IT巨头们布局的蚂蚁链、华为云、至信链等区

---

① 据BSN官网介绍，BSN将区块链应用所需要的运行环境、云资源、网络通信和调取接口均封装在一起，形成一整套区块链应用开发、部署和管理的一站式解决方案，为开发者提供公共区块链资源环境，能够降低区块链应用的开发、部署、运维、互通和监管成本。"官方指定区块链应用"征集活动收到了众多项目申请，BSN开发者委员会优先选出12个区块链应用作为第一批入选BSN的指定应用，这批应用已经接入BSN服务网络，分别使用了Fabric或FISCO BCOS底层框架。

块链平台进入应用[①]，这些平台目前多提供了板块板块，如蚂蚁链提供了版权保护板块服务，至信链也有至信版权服务，百度超级链 XuperChain 的典型应用是版权溯源和数字藏品，但版权还不是文化区块链的全部。这些平台大多采用了 Hyperledger Fabric 和以太坊（Ethereum）开源平台架构。

区块链技术在文化领域的应用不仅受限于基础设施，比如如何看待公链和联盟链的问题，很多专家对不使用公链的区块链应用并不看好。还有一些具体的关键环节也有缺陷，如隐私信息数据安全问题。隐私计算被关注的很重要的原因，是因为隐私计算和区块链的结合可以解决数据交易中的一些安全漏洞，实现"可用不可见"，加速数据要素的流转。对数据资源规模巨大的文化娱乐行业来说，如何利用隐私计算完善区块链应用是很重要的一个命题。

人工智能：从"新打工人"到新基建

从逻辑主义的 XCON 专家系统到 ALEXNET，从"深蓝"到 Alpha GO，从辛顿的深信度网络算法到深度学习技术，人工智能经过数次革命性的技术演进，赋予机器像人类一般的思考能力不再被认为是不可能完成的任务。

[①] 2021 年 7 月，IDC 发布了 2020 年中国 BaaS 厂商市场份额报告，报告显示：蚂蚁链以 31.7% 的市场占有率位居第一，华为、浪潮分别以 12.6% 和 11.7% 的市场占有率位居第二、第三位。

在数字技术集群中，人工智能似乎是最能体现未来性的一项技术。埃森哲在 2019 年发布了《技术展望 2019》（Accenture Technology Vision 2019），报告调研显示，在其所称的 DARQ 技术，即分布式账本技术（distributed ledgers）、人工智能（artificial intelligence）、扩展现实（extended reality）和量子计算（quantum computing）中，41% 的中国企业受访者表示，未来三年内，人工智能对其企业的影响较大，远超 DARQ 技术中的其他几项。

各国政府已经认识到人工智能将极大改变社会生产，将广泛地应用于工业、医疗、交通、农业、金融、物流、教育、文化、旅游等领域。我国工业和信息化部制定并发布了《促进新一代人工智能产业发展三年行动计划（2018—2020 年）》，该计划认为，大数据的形成、理论算法的革新、计算能力的提升及网络设施的演进驱动人工智能发展进入新阶段，智能化成为技术和产业发展的重要方向。经过数年的培育，我国的人工智能产业已经初具规模，达到了 3 000 亿元的市场规模。

人工智能正在从专业领域向通用领域迅速渗透，机器学习、模式识别、人机交互等成为了人工智能通用技术的核心部分，背后是算法、算力和数据。人工智能在通用领域的应用意味着公共服务化和产业化，将极大降低社会生产成本，提升社会服务水平，优化组织管理水平。一个普遍的认知是，人工智能的普及将使很多职业或岗位不再需要人来工作。我们已经看到，人工智能在制造工业领域的应用比较广泛，智能机器人穿梭于厂房和车间，"打工人"可能会慢慢消失；人工智能甚至也可能代替投资顾问、会

第3章 变量：文化经济发展中的数字技术演进

计、律师，成为"新打工人"，让他们中的很多人失业。

> 机心造化本无私，智略功夫巧笑时。
> 过客不须频眺望，人间天上有新诗。
> ——作者：九歌

这是一个名叫九歌的智能机器人的诗作。2017年，中央电视台推出一档人工智能节目《机智过人》，这个节目展示了人工智能产品的很多惊人的技能。清华大学计算机系研究生研制出一款写诗的机器人，命名为"九歌"，在《机智过人》节目上一鸣惊人。

同样在《机智过人》的一期节目中，一个书法机器人现场挥毫泼墨写名句，技惊四座。现场很多专家都难以分清两幅作品哪个是人写的，哪个是机器人写的。机器人写书法的意义何在？从商业角度看，书法机器人是可以用于文化生产的，比如它可以作为书法老师；它的作品可以用来批量使用于设计行业的定制要素。但是，书法作为一种人陶冶情操的行为，能用机器人代替吗？当你看到人工智能机器人演奏乐器、在书法创作以及诗歌创作中的表现，你可能会对"人生的意义"产生怀疑。

人工智能开始进入创作领域，已经有机构将人工智能用于文字编辑和写作，这个功能可能逐步代替一部分记者的工作。在游戏、音乐、影视制作等领域，人工智能还可以协助进行生产，如处理作品中的图像、声音等。《流浪地球》不仅展示了未来世界的人工智能的奇妙之处，其本身的制作也运营了大量人工智能技术。

人工智能还可以代替一部分文化项目中的决策工作，比如在影视项目中，基于大数据和云计算的人工智能决策系统可以协助人们决定是否进行投资、改变战略以及确定营销计划。比如爱奇艺在推出《中国有嘻哈》时，如何在众多流量明星和剧本中进行选择，就使用了人工智能有关。爱奇艺不仅运用智能算法预测流量，并且也将其作为节目制作前的参考指标，反过来指导节目的策划。爱奇艺将题材类型、编剧、导演、主创人员、明星及档期各种维度、数据汇总在一起，通过百度 AI 就可以得出一个预测结果。

作为"新打工人"介入到经济和社会领域，本身就有很大的争议。拥有某种职业更好的技能或协助人完成一些超体力和超智力的工作，只是人工智能技术作用的一个局部。对文化经济来说，人工智能如何赋能数字化新基建，进而如何赋能文化生产，或许更有意义。

文化经济活动相关的人工智能技术可以分为三个层面：应用层、技术层和基础层（如图 3-2）。正在代替人工作的机器人、智能程序或某个智能系统的应用，是人工智能给我们的直接感受，同时也贯彻了文化经济活动的各个环节，形成了智能创作、智能生产、智能传播、智能展陈、智能消费等应用场景。除了应用层面的人工智能集成，人工智能还有技术层，如机器学习算法、计算机视觉、自然语言处理等。人工智能的基础层主要是智能芯片，同时大数据、云计算、5G 等也构成人工智能的基础技术，在数据和算力、算法等方面为人工智能提供支持。

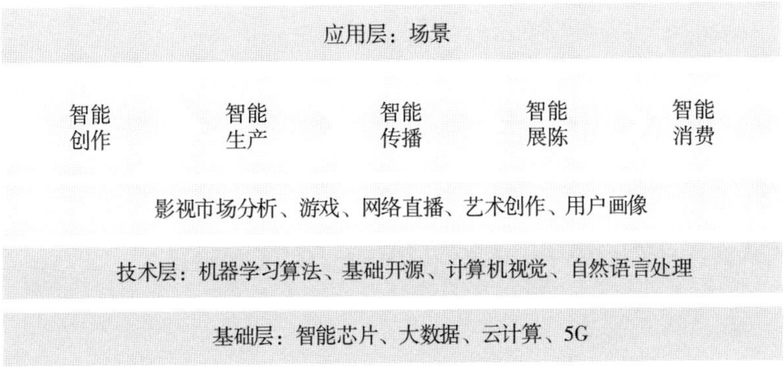

第3章 变量：文化经济发展中的数字技术演进

```
┌─────────────────────────────────────────────────┐
│              应用层：场景                        │
│                                                 │
│   智能      智能      智能      智能      智能   │
│   创作      生产      传播      展陈      消费   │
│                                                 │
│   影视市场分析、游戏、网络直播、艺术创作、用户画像 │
├─────────────────────────────────────────────────┤
│ 技术层：机器学习算法、基础开源、计算机视觉、自然语言处理 │
├─────────────────────────────────────────────────┤
│    基础层：智能芯片、大数据、云计算、5G          │
└─────────────────────────────────────────────────┘
```

图 3-2　文化经济活动相关人工智能技术的三个层面

可见，人工智能技术与其他技术协同可以构成文化生产的基础设施，这就是文化经济领域人工智能基础设施，这是以算力、算法和数据为核心能量的专用服务体系[1]，这个体系应是以赋能文化产业发展、文化经济增长和文化繁荣为目标的。

人工智能基础设施在数字化基础设施的重要组成部分。我国政府正在推动构建的数字化基础设施是智能高效的融合基础设施，实现基础设施的网络化、智能化、服务化、协同化，就要"高效布局人工智能基础设施"[2]，提升支撑"智能+"发展的行业赋能能力。因此，对数字文化经济来说，人工智能不是简单的替代人工作或场景应用，人工智能与大数据、5G等技术共同构建新型智能化基础设施，为文化经济发展提供了强大支撑才是人工智能的更大价值所在。

---

[1] 中国信通院发布的《人工智能基础设施发展态势报告（2021年）》认为：人工智能基础设施是以算力要素能力、数据要素能力、算法要素能力构成的基础能力平台为底座，以应用开放平台等为主要载体的专有服务设施能力体系。

[2] 参见《"十四五"数字经济发展规划》。

3.3
5G、物联网、虚拟现实及元宇宙

5G 与物联网：通向高速泛在的数字网络

2019 年被称为中国的 5G 商用元年[①]。5 月 21 日，笔者受云南省文化和旅游厅的邀请参加"2019 云南国际智慧旅游大会"并就智慧文旅及金融服务相关问题发表演讲。这次大会上，很多专家在阐述智慧文旅问题时都提到一个关键词：5G。

马化腾以《推动智慧文旅，建设数字云南》为主题发表致辞。他认为两三年后，5G 大规模商用将逐渐铺开，每平方公里内将能支持 100 万个设备同时联网。这一大带宽、低时延、高可靠的网

[①] 2019 年 6 月 6 日，工信部正式向中国电信、中国移动、中国联通、中国广电发放了 5G 商用牌照；2019 年 11 月 1 日，三大电信运营商正式上线 5G 商用套餐，中国正式进入 5G 商用时代。截至 2021 年 9 月末，中国移动、中国联通、中国电信三大运营商的 5G 用户累计达 6.7 亿户，其中中国移动 5G 套餐客户数已达 3.555 2 亿户。2020 年初以来，电商直播和移动端电竞风生水起，正是得益于 5G 网络用户的不断增加。

第3章 变量：文化经济发展中的数字技术演进

络，会把人工智能驱动的各类应用送到千家万户。各行各业转型升级的门槛会不断降低，产业互联网的发展将进入"快车道"。传统产业与互联网正在融合成为一个命运共同体，持续的创新能力和正确的价值观是这个共同体的两大基石。

5G，即第五代移动通信技术（5th Generation Mobile Communication Technology）。5G 的三大类应用场景为增强移动宽带（eMBB）、海量机器类通信（mMTC）和超高可靠低时延通信（uRLLC）。增强移动宽带（eMBB）即大流量移动宽带业务，为移动互联网用户提供更好的应用体验，这个部分与文化消费关系最大；海量机器类通信（mMTC）即大规模物联网业务，面向智慧城市、智能家居等以传感和数据采集为目标的应用需求；超高可靠低时延通信（uRLLC）主要面向工业自动化、远程医疗、自动驾驶等垂直行业应用需求。

5G 以新型基础设施的姿态成为数字经济时代的标志性技术。这是一个不同于信息高速公路的立体信息高速网络，在这个网络中，大数据、云计算、XR、人工智能等技术将极大释放潜能，使之更好地赋能社会生产各个领域。从 4G 到 5G，移动通信技术从"服务人"扩展到了"服务各行各业"，从 2C 业务转向 2C 与 2B 业务兼具，形成了生活服务与生产服务兼具的数字化基础设施。

5G 平台不仅能够给消费者提供 4K/8K 等更清晰的画面，而且对文化产业的生产和运营也带来新的方向。对外经济贸易大学教授吴承忠认为，5G 技术创新不仅能推动文化产业数字化发展，催生文化产业新生态、新业态，同时也能推动文化产业运营模式不断创新和产业结构加速转型升级,促进文化产业高质量发展[①]。

2018年,英特尔与咨询顾问公司Ovum发布的《5G娱乐经济报告》显示,未来十年,传媒文娱产业将迎来3万亿美元的无线营收机会。报告称,5G带来的传媒文娱产业无线营收将接近传媒文娱无线总营收的80%,总营收约4 200亿美元,5G带来的营收约3 350亿美元。

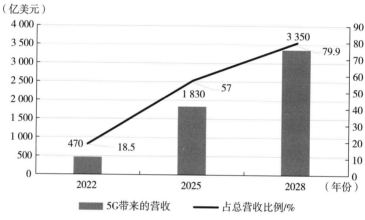

图3-3　5G带来传媒文娱无线营收变化

资料来源:《5G娱乐经济报告》

报告预测,5G将使移动媒体、家庭电视和能提供全新内容渠道的AR/VR加速内容消费,同时5G还将增强互动式、沉浸式体验,释放新媒体、AR/VR的全部潜力。英特尔下一代技术标准部

[①] 吴承忠.5G时代文化产业发展新趋势[EB/OL].中国社会科学网.(2020-10-13)[2022-07-15].http://www.cssn.cn/zx/bwyc/202010/t20201013_5193496.shtml.

门 5G 市场开发和伙伴关系总经理 Jonathan Wood 称，"5G 将不可避免地颠覆传媒和娱乐产业。如果企业能够顺应 5G 潮流，它将成为一项竞争力巨大的重要资产。如果不能，它们就有可能失败甚至被淘汰。"

普华永道于 2021 年发布了一份《5G 对全球经济的影响：中国报告》。报告提出，5G 将为其他行业生产方式变革提供新途径，其赋能千行百业的经济价值逐步将体现，如帮助传统行业实现低成本的远程操控；以 5G 海量连接能力与交通、医疗、教育、娱乐等行业融合，刺激升级消费，改善城市和居民的生活体验。报告称 5G 将赋能五大重点行业：智能公用事业、消费者与媒体、医疗保健、工业制造和金融服务。报告认为，目标与环境识别和超高清与 XR 播放是 5G 在娱乐及媒体中的主要应用，5G 在中国娱乐及媒体行业中的应用领域主要是：视频制播、智慧文博、智慧院线和云游戏。

基于高速率、低时延的特点，5G 对文化娱乐及传媒行业直播业务的影响最为明显，很多项目已经投入使用。首个国家级 5G 新媒体平台"央视频 App"基于 5G+4K/8K+AI 等新技术，在直播时可以实现 4K 投屏观看。第 28 届金鸡百花电影节闭幕式的红毯及颁奖典礼采用了 5G+4K+VR 的直播技术，同时打造了 2+N 全景多视角和 72 小时不间断直播。2019 年 11 月 18 日至 23 日，电影频道推出《"雄鸡起舞"第 32 届中国电影金鸡奖——电影频道联合厦门广电 5G 全景直播》活动，采用先进的 5G 全景直播技术，进行为期 6 天、共 84 小时的网络电视直播。2020 年 7 月，中央广播电视总台牵头承担的"5G+4K/8K 超高清制播示范平台"项目启动。

虎牙直播与中国电信合作，很早就做了5G+4K高清户外直播的尝试，成为中国首家实现5G网络直播的平台。2020年被称为网络直播带货元年，与2016年兴于电商平台的"网红经济"不同的是，抖音、快手、淘宝直播等公域流量直播活跃，微信小程序中的私域流量直播也成为很多企业的重要营销通道。5G条件下，直播可以更好提供画中画、虚拟场景的体验感。很多业内人士认为，在5G基础设施上运行的直播行业，将有更多新的商业模式被创造出来。

5G的应用，同时也让人对6G充满了期待。2019年，各国纷纷启动6G研究，各国政府和机构开始加大资金投入。我国政府提出在"十四五"期间要前瞻布局第六代移动通信（6G）网络技术储备，加大6G技术研发支持力度，积极参与推动6G国际标准化工作，6G的应用也指日可待。

除了传输能力更强，时延更低，6G网络可能更加智能化、虚拟化。6G与物联网携手，将使"万物互联"成为一个智能化、虚拟化的智慧网络。中国联通在一份报告中分析指出，6G网络将需要近乎实时地处理海量数据，支持极高吞吐量和极低延迟，实现泛在连接和全域覆盖，并集成包括传感，通信，计算，缓存，控制，定位，雷达，导航和成像等在内的所有功能，支持垂直行业应用[1]。这份报告认为6G网络带来的变化有：

---

[1] 中国联合网络通信有限公司研究院.中国联通6G白皮书（V1.0）[R]，2021.

- 为工业互联网提供确定性网络通信；
- 增强 5G 垂直行业应用，例如大规模物联网（IoT）和全自动车辆；
- 基于人工智能的各类系统部署于云平台、雾平台等边缘设备，并创造数量庞大的新应用；
- 在人工智能理论、新兴材料和集成天线相关技术的驱动下，6G 的长期演进将产生新突破，甚至构建新世界；
- 工业增强现实的能力，通过全息和数字孪生等技术形成真实物理世界与数字虚拟世界的同步交互。

5G/6G 和物联网（IoT）的关系十分密切。我国提出要在"十四五"期间建设高速泛在、天地一体、云网融合、智能敏捷、绿色低碳、安全可控的智能化综合性数字信息基础设施，其中高速是由 5G/6G 技术实现的，而泛在则是由物联网技术实现的。

物联网不同于互联网，它意味着除了电脑以外的其他类型的更多的终端和传感器，包括工业设备、家用电器、可穿戴设备等，物联网与互联网融为一体将成为更巨大的网络系统，使世界无处不在网。（AIoT）是人工智能和物联网的结合，物联网中的很多设备能够充分利用人工智能技术进行辨识、检测和预测，物联网成为一个智慧网络系统。

根据中国互联网协会 2021 年 7 月发布的《中国互联网发展报告（2021）》，2020 年我国物联网产业规模已经突破了 1.7 万亿。报告也指出，我国物联网的发展，还需要解决硬核需求和安全问题，与工业互联网标准解析体系的融合应用问题，以及互联网与5G人工智能、云计算等新型技术融合问题。

我国启动物联网相关研究较早，目前在智能交通、家居生活、个人健康、工业监测等很多生活生产领域，我们也已经能体验到消费物联网和工业物联网的应用。汽车会自动报警，手机会收到家中电饭锅做饭的信息，智能手表会提示健康状态。

在文化行业，物联网技术最早应用在文博文保领域，我国曾在敦煌莫高窟、秦始皇帝陵博物院开展物联网应用示范研究。现在，很多博物馆、美术馆、图书馆等机构开始应用物联网技术，用来预防性保护贵重藏品、对藏品环境进行实时监管。有专家提出了建设"文化物联网"的思路，认为文化物联网是"互联网+"在文化领域的创新形态，其特点是通过应用互联网、物联网及数据智能等先进技术手段，实现文化产品、文化服务、文化资源、文化载体全面互联互通。大力推进文化物联网建设，将深刻影响文化产品生产、文化内容传播和文化服务提供，进而有力地促进文化经济创新发展[1]。

目前全球物联网设备中，直接面向消费者的超过30%[2]，智能家居、智能汽车、消费类电子产品和可穿戴设备都与文化消费有密切的关系，当基础设施完备，就需要要有适合的产品内容直达

---

[1] 张之益，新知新觉：大力推进文化物联网建设[N].人民日报，2018-11-19.
[2] 据全球移动通信系统协会（GSMA）公布的数据，2019年全球物联网设备数量达120亿，其中直接面向消费者的设备连接量为44亿（包括智慧家庭20亿，消费类电子产品12亿，可穿戴设备3亿，智能汽车3亿，其他消费类产品6亿）。

消费者。《"十四五"文化和旅游科技创新规划》提出要研究 5G、大数据、人工智能、物联网、区块链等新技术在各类文化和旅游消费场景的应用，相信在这个领域将有非常令人兴奋的文化商业模式出现。

虚拟现实技术：文化消费新场景与虚拟偶像

虚拟现实（VR）大概是与文化娱乐关系最为紧密的技术类型。很多人很早就体验过虚拟现实中的立体显示技术应用——3D 立体电影。80 年代有一部电影《魔术师的奇遇》，笔者至今对银幕上迎面而来的火车记忆犹新。2010 年的电影《阿凡达》有 60% 的画面都是通过 CG 计算机动画技术制作的，另外 40% 的真人表演基本都要经过动作捕捉技术进行后期的动画再创作，使 CG 效果达到了一个高峰。

3D 立体显示和 CG 带来的还只是视觉的冲击，虚拟现实技术中的多感知交互技术更加令人惊叹。如果人能够与虚拟环境进行互动并从互动中获得某种程度的反馈，将使人的体验达到新的境界。目前，我们在虚拟环境中可以体验的是仿真立体沉浸式的视觉，并可伴随听觉环绕真实的听觉感受，那么如果有了一定程度的嗅觉、触觉和味觉反应，这虚拟世界是否更真实？目前来看，这些都还不是终点，虚拟环境还能够使人产生疼痛、口渴、失去平衡等感知。

与虚拟现实技术紧密相关的是增强现实技术（AR）和混合现

实技术（MR），可以统称为 XR。工业和信息化部《关于加快推进虚拟现实产业发展的指导意见》对虚拟现实的定义为：虚拟现实（含增强现实、混合现实，简称为 VR）融合应用了多媒体、传感器、新型显示、互联网和人工智能等多领域技术，能够拓展人类的感知能力，改变产品形态和服务模式，给经济、科技、文化、军事、生活等领域带来深刻影响。

增强现实技术可以在真实世界中植入虚拟信息或虚拟实物，利用计算机建模叠加到现实环境中，将两者高度融合起来。目前，在电视直播节目中经常可以看到画面植入的球场、球员、图表等，看似与现实环境融为了一体。不同于 AR，MR 不仅叠加虚拟画面，还要对现实世界进行数字化，使现实世界能和虚拟事物交互。混合现实技术更加复杂，也被认为是最具前景的技术。

2015 年，一些大型企业开始发力虚拟现实市场。脸书斥资 30 亿美金收购 Oculus VR；三星和脸书联合推出 Gear VR 虚拟现实头盔；谷歌公司也推出了一款适用于安卓设备的简易版虚拟现实头盔——谷歌纸板（Cardboard）。在我国市场，也有很多厂家开始生产头显设备，当时的设备看起来极其笨重，体验感也很差。我国虚拟现实市场规模还比较小，只有 300 亿的规模[1]。这些年我国厂商在个人消费领域表现平平，但 VR 技术在商用领域蓬勃发展，在房产、零售、家装、安防、教育及医疗等领域的应用已经

---

[1] 根据中国互联网协会 2021 年 7 月发布的《中国互联网发展报告（2021）》，我国 2020 年 VR/AR 市场规模约为 300 亿，其中 VR 市场规模约 230 亿元，市场占比约 80%，预计到 2024 年 AR 的占比将超过 VR。

第 3 章　变量：文化经济发展中的数字技术演进

有了良好的开端，未来借助 5G、云计算与 AI，VR 在商用领域的落地进程还将加快。

VR 技术研发之初，美国主要将其用于军事领域和航天领域。现在，VR 技术已经在教育培训、考古、文化、工业制造、农业生产、物流配送等领域都有了应用。在文化产业领域，VR 在影视制作、社交和游戏等行业的应用引人注目，尤其是游戏，很多"爆款"游戏推动了硬件的普及[①]。VR 社交平台和 VR 社交游戏正成为年轻人重要的社交模式，并成为文化消费的重要渠道，如 Facebook Spaces、VRChat，以及国内的极乐王国、VR 陪伴星球。线下沉浸式文化娱乐活动也开始利用 VR 技术，如沉浸式剧本杀，就是融合了剧本杀和密室逃脱形态，并在置景中利用了 VR 等数字技术；VR 技术应用广泛的还有现代形态的综合文化娱乐场所（文娱综合体、轰趴馆等）。另外，VR 在文艺演出、文化遗产保护、文博展览、广告、文化电商、文化企业路演领域也有广阔的应用前景。

XR 正在创造令人惊叹的虚拟世界。在这个虚拟世界里，那些原本在二维世界的动画人物或在全息投影中的虚拟人物，可以实现与人进行互动，这些就是一时特别引人关注的虚拟偶像。通过

---

① 根据信达证券 2020 年发布的《VR 游戏行业深度报告：爆款游戏推动硬件普及，5G 促进 VR 产业规模化》，VR 游戏行业的两种发展模式是：从设备到内容和从内容到设备。前者的代表如硬件厂商 Oculus，由自家 VR 设备出发建立 VR 游戏平台，从而掌握内容话语权。后者的代表如 Valve 的 Steam，依赖平台优势从内容端出发，以优质游戏促进产品端 valve index 销售。

动作捕捉以及表情、口型、肢体的控制设计，创造一个虚拟人并不难，但是要使其成为虚拟偶像还需要赋予其更多的文化和社会内涵。

从2012年诞生虚拟歌手洛天依，到2020年B站举办的以虚拟偶像为主角的BML-VR专场演唱会，虚拟偶像正日益融入泛娱乐生态圈。直播电商、短视频行业的爆发增长，让虚拟偶像增加了很多展示的空间，走入了人们的日常生活。现在，虚拟偶像频繁出现在社交、直播、电商等平台，游戏技术公司、偶像经纪、广告营销、MCN等机构正围绕虚拟偶像打造全新的文化娱乐产业链，字节跳动、阿里、百度等众多大型企业也纷纷关注这个市场。

根据华经产业研究院的一份报告数据显示，2020年中国虚拟偶像核心产业市场规模已达34.6亿元。虚拟偶像主要收入来源于三大板块，即版权、广告代言、演唱会，其中版权是最主要的来源，占比约为60%，版权的收入包括创作音乐、出演影视作品、制作周边衍生品等。一直追踪人工智能动态的微信自媒体"量子位"发布的《2021虚拟数字人深度产业报告》预计，2030年我国虚拟数字人整体市场规模将达到2 700亿元，而未来行业发展方向之一将是虚拟偶像化。

真人驱动虚拟偶像有没有市场？有两部不很成功的电影，《狮子王》和《爵迹》，展示了CG以及VR技术无限的潜力。《爵迹》中的主演都确有其人，是还原的真人形象。但是，如果可以更加真实，不以真实演员为底版，而是用固定的一个虚拟人物来主演不同的影片呢？这个虚拟人可以有名有姓有档案，这个虚拟人有固定的数字基因，有受法律保护的数字版权，可以在不同的作品中饰演不同的角色。未来由固定的虚拟偶像主演的电影可能超过真人演员出演的电影。

在文化领域，与虚拟偶像类似还有虚拟主播、虚拟员工等虚拟数字人（Avatar）形态。还有一个方向是"历史人物数字人"。虚拟现实技术与数字孪生技术结合，能够复活很多历史人物，这些虚拟人物一旦进入实际应用场景，可能成为未来文化生态重要的一员。一个通过结合数字孪生技术复现京剧大师梅兰芳形象的项目正在进行中。该项目由中央戏剧学院、北京理工大学共同发起，对京剧大师梅兰芳先生进行复现，并形成在外貌、形体、语音、表演等各方面都接近真人的"梅兰芳孪生数字人"。这个项目表面上是通过复原人物形象，推动传承京剧文化和保存文化遗产事业，实际上其背后有更大的应用空间。"复活"的孪生数字人在现实世界和虚拟世界当中究竟会承担什么角色，我们拭目以待。

虚拟人、数字人、孪生数字人、虚拟数字人这些概念正纷纷走进人们的视野，进入文化生产和服务场景，他们对文化娱乐领域的影响还只是一个开端。由于作为"人"的载体可以赋予太多的文化标签和意义，虚拟数字人将成为虚拟现实技术最彰显数字文化特征的领域。

文化元宇宙：未来网络世界新叙事

2021年是元宇宙元年。

元宇宙源自 1992 年的一部科幻小说《雪崩》中的一个概念，近三十年从一个科幻概念逐步演变为具有一定逻辑性的技术术语。有人认为是罗布乐思（Roblox）这个世界最大的多人在线创作游戏公司带火了元宇宙这个概念。2021 年 3 月，Roblox 在纽约证券交易所上市，在其招股书中正式将自身阐述为"元宇宙"类型的企业："有些人将我们的类别称为元宇宙，该术语通常用于描述虚拟世界中的持久性，共享的 3D 虚拟空间的概念。随着功能越来越强大的消费者计算设备，云计算和高带宽互联网连接的实现，元宇宙的概念正在逐渐成为现实。"

游戏和游戏技术在元宇宙体系中的确地位独特。目前在现实应用中，最能体现元宇宙形态的就是游戏。在虚拟世界状态的游戏中，可以有虚拟身份，并在虚拟世界中实现一定程度上的自我价值。当前的技术条件赋予了游戏更加接近元宇宙的基础设施，虚拟现实打造的沉浸式和显示技术，整合大数据、云计算的算法算力，利用区块链的机制，以及物联网的多终端基础设施，游戏将更加具有体验感。

但元宇宙毕竟不仅仅是虚拟游戏，大多数专家倾向于认为元宇宙是全新的网络系统。有人认为元宇宙是下一代互联网，也有人认为元宇宙是一个囊括一切的数字网络系统，是一种未来网络系统。在阿里巴巴 2021 年度云栖大会上，阿里巴巴达摩院 XR 实验室负责人谭平主题演讲的题目是《元宇宙：下一代互联网》，他认为元宇宙的范畴包含了社交、电商、教育、游戏等多个领域，当前的互联网应用，在元宇宙都会有各自的呈现方式。但万向区

第3章 变量：文化经济发展中的数字技术演进

块链董事长兼总经理肖风博士认为元宇宙不是下一代互联网，而是下一代网络，即数字网络。这个网络系统的一些关键技术似乎取得了决定性的突破，比如区块链技术、人工智能技术等，这可能是元宇宙忽然"火"起来的真正原因。

2021年10月28日，在名为"Facebook Connect 2021"增强现实和虚拟现实发布会上，扎克伯格通过视频宣布公司名将更改为"Meta"，是"Metaverse"的前缀。扎克伯格的这个决定，引起了全球科技界和经济界的热议。2021年11月29日，IT巨头NVIDIA（英伟达）宣布了一个定位为"工程师的元宇宙"的元宇宙平台——Omniverse，据Omniverse设计，其主要应用场景包括：建筑、工程和施工，媒体和娱乐，制造业，超级计算和游戏开发。在国内，似乎所有互联网巨头都开始入局，京东提出了"产业元宇宙"的概念，百度迅速推出了元宇宙系统"希壤"，而腾讯一直是Roblox的投资人。华为与北京首钢园区合作推出华为河图版首钢园平台——首钢元宇宙。元宇宙也得到政府决策层的关注，部分地方政府部门已经将"元宇宙"纳入了"十四五规划"[①]。

有很多元宇宙项目涌现了出来。这些项目主要分为两种类型，一是利用虚拟现实、扩展现实技术等构建多人互动虚拟世界，包括沉浸式体验和游戏，二是利用数字孪生技术结合物联网等技术

---

① 2021年12月24日，上海市经信委发布《上海市电子信息产业发展"十四五"规划》，提出：加强元宇宙底层核心技术基础能力的前瞻研发，推进深化感知交互的新型终端研制和系统化的虚拟内容建设，探索行业应用。

构建现实世界的镜像。从目前的技术解读上看，元宇宙集成了几乎所有数字技术，包括基础硬件系统、操作系统、显示系统和内容生产系统等相关技术，用以构建完整的虚拟世界。所以，有很多原本就与虚拟世界有关联的文化生产和文化消费似乎都可以大规模迁徙到元宇宙这个系统中，如演唱会、电视综艺节目、文博展览等。元宇宙系统中的文化内容消费，比较起线上消费、社群消费或沉浸式消费更能高度自定义的身份感和更具交互体验感。

  元宇宙似乎并没有停留在虚拟世界构建这个层面上，有人认为，元宇宙不仅是虚拟世界，而是虚拟世界与现实世界的共生体系，是虚实共生的一个网络体系。中科院赵宇亮院士领衔的子弥实验室与另一个前沿项目"2140"合作对元宇宙做了研究，总结了至今为止关于元宇宙的很多共识[①]，其中一些值得进一步思考：

- 元宇宙不是简单的虚拟世界，它与平行世界也不是相互割裂的，而是交汇融合。线上＋线下是元宇宙未来的存在模式。
- 元宇宙的核心是"去中心化"，不会被某一家科技巨头公司控制。
- 太空歌剧和赛博朋克相互融合，不是非此即彼。元宇宙与航空航天不是竞争对立关系，前者向内拓展，后者向外延

---

① 子弥实验室，2140.元宇宙：图说元宇宙［M］.北京：北京大学出版社，2022.

第 3 章　变量：文化经济发展中的数字技术演进

伸，最终殊途同归，共同发展。
- 没有 Crypto 的 Web3.0 不是 Web3.0，没有 Web3.0 的元宇宙不是元宇宙。
- 在某一个时刻，元宇宙是一个熵减系统。但它没有办法摆脱母世界的影响，最终仍然是一个熵增系统。
- 在元宇宙中，数字身份会是最终入口，其背后负载的是数字世界的社交关系和资产。
- 通过将互联网技术和区块链原理结合起来，是实现元宇宙的最好路径。
- 元宇宙下的"元经济学"遵循"人即货币"理念。每个人都有自己映射的 Token，这些 Token 可以量化自己的价值。
- 一个不断生长和壮大的元宇宙，它的系统架构最终会向生命体学习，它的进化会向自然进化学习。
- 没有形成共识的元宇宙是泡沫。

当前的元宇宙，是对一直人们心目中未来网络世界的一种集中式的解释，是数字技术进步到今天的一种新叙事。现在的元宇宙已经不是《雪崩》中的元宇宙，因为现代数字技术在逻辑上正在无限接近建立新型数字网络空间，这个网络空间可以实现很多以往不敢奢望的梦想，当下技术进步的诸多努力正在被纳入到元宇宙叙事体系当中。当下很多专家正在进行"世界咖啡"式的讨论，从产业、经济、传播、社会学甚至哲学层面解释元宇宙，只是，笔者并不认为人们已经想清楚了"为什么需要元宇宙"和

"需要什么样的元宇宙"这两个问题。

文化元宇宙是文化经济领域的元宇宙应用，正被人们寄予厚望。人们希望在这个领域率先取得突破，以证明可能已经夸大了的元宇宙价值。但这并不容易，人们要证明元宇宙不是概念的游戏，要跨越很多技术上的障碍。

当然，文化元宇宙不是纯粹的技术问题，我们还需要考虑一些经济学和社会学问题，比如：

- 元宇宙是文化数字化的一个神秘去处，旧的文化生产与文化消费将何去何从？虽然元宇宙未必能脱离线下世界独立存在，但在元宇宙系统中进行独立的文化生产和文化消费并非遥不可及，人们完全可以"将系统搬进系统"，搬得干干净净。这种迁徙，将对旧的生产和消费产生多大的冲击？比如在就业上的冲击问题，可能比原本我们讨论的人工智能替代人工问题更加宏大更加广泛。
- 精神文化显然比物质更适合当下的元宇宙叙事，但也需要考虑可能付出的文化代价。数字空间的精神文化产品具有极大的传播性，因而也就具有更大外部性。不可避免的是，元宇宙空间的内容制造与传播将比新媒体时代大众文化传播问题引发更多社会争议，也会有更多关于安全与风险的监管关注。
- 元宇宙是一个新的数字网络空间系统，文化经济发展可能面临更多新的文化冲突。数字应用者会形成新的路径依赖。

第3章 变量：文化经济发展中的数字技术演进

数字应用会造就一代原住民和不断涌进的数字新移民，同时也可能形成不同社会意义的代际差异、文化鸿沟或消费壁垒。即便是同样的数字精英，也可能形成不同的数字文化群体。

第 4 章

形态：向数字世界迁徙的文化经济

逐水而居　开拓领地

人类不断迁徙

这一次的目的地是神奇的世界

不需要土地和空气

人类的大迁徙多是随着经济生产方式的转变而发生的，如由于农业经济的发展，人类向农耕聚集地迁徙，由于商业经济和工业经济的发展，人类向城市迁徙。这一次迁徙有些不同，这次迁徙是向数字空间的大规模迁徙。

向数字空间的迁徙，正伴随着一系列经济形态的变化，如生产形态、流通形态、消费形态的变化，也诞生了很多异于传统商业世界的新业态和新模式，如在线教育、远程会议、远程医疗、云直播、云展览等。这些变化正引起经济学家的思考，并正在改变传统经济学研究。宝新金融首席经济学家郑磊认为，很多经济理论的基本概念和思想都可能动摇，比如在成本、生产、消费、稀缺性、经济制度等方面，经济学家们正在不断为数字经济构建新的理论和模型。从文化经济角度上，有一些相关的经济学问题的确需要重新认识。

4.1
重新认识几个经济学问题

成本与边际收益递增

加拿大学者阿维·戈德法布和凯瑟琳·塔克探讨了数字技术条件下成本的变化以及由此带来的经济模式的变化。他们探讨了数字经济带来的五种成本变化,包括搜寻成本、复制成本、运输成本、追踪成本和验证成本。其中,更低的甚至零复制成本会影响包括提供免费产品在内的企业定价决策,这使得维基百科等公共品的供给得以增加,同时也引发了许多关于提供此公共品的动机问题[1]。在数字时代,由于成本的变化,使很多文化产品都以公共品的面目出现,我们已经习惯了那些免费的几乎被误认为是公共产品的供给。

数字技术正在使生产的边际成本趋近零,免费成为一种经济

---

[1] [加]阿维·戈德法布,[加]凯瑟琳·塔克. 数字技术是如何改变经济活动的?[J]. 比较, 2022 (112).

模式。从文字到音乐,再到影视剧,免费一开始可能只是一种营销手段,但后来慢慢成为一种经济模式,因为免费的背后是成本的变化。克里斯·安德森在他的《免费》一书中提出了一个观点:当某样东西成为软件,那么边际成本就将趋近为零。免费是建立在电脑字节基础上的经济学,是一种将成本和价格压缩至趋于零的数字时代的经济学,这与建立在物理原子基础上的经济学完全不同[1]。

杰里米·里夫金在《零边际成本社会》中也提出了一个以免费为最大特点的新的社会发展模式,这个模式是以物联网、新能源、新运输系统为基础的、以协同共享为机制的经济可持续发展模式[2]。这种模式不同于传统的资本主义市场模式,最大的特点是资源、能源和一系列基本商品和服务接近于免费,由此使得社会生产的边际成本趋近于零,推动形成这种趋势的正是日益进步的技术。

在传统经济学中,边际成本在一定条件下会递增,意思就是在特定要素组合中,其他要素不变,一种要素的增加会形成边际产出的增加,但到达最佳配比之后边际产出会递减,也就是边际成本递增。边际产出的递减也就是边际收益递减律。但这个理论正在受到挑战,很多学者已经讨论过互联网经济中的边际收益递增问题。在数字经济模式中,数据要素是最重要的生产要素,数

---

[1] [美]克里斯·安德森.免费[M].蒋旭峰,等,译.北京:中信出版社,2012.
[2] [美]杰里米·里夫金.零边际成本社会[M].赛迪研究院专家组,译.北京:中信出版社,2015.

据要素的特征使边际成本递减，边际收益反而一直是递增的，这时传统的边际收益递减律看起来也就失效了。但也有人认为边际收益递增的条件并不是一成不变的。

鲍莫尔病与"内卷"

与成本相关的一个概念是鲍莫尔成本病（Baumol's Cost Disease）。文化经济学的研究者都很熟悉这个概念。在 2021 年世界互联网大会乌镇峰会上，同样也是经济学家的国务院副总理刘鹤在致辞中使用了这个概念，一时间又激起了很多人的兴趣。刘鹤在致辞中指出，要合理界定数字产权，克服"鲍莫尔病"和"数字鸿沟"，实现包容性增长。

鲍莫尔病这个概念和数字文化经济有密切的关系。首先是因为这个概念起初就是用来分析表演艺术产业的。1966 年，美国经济学家威廉·鲍莫尔（William Baumol）和威廉·鲍文（William G Bowen）在《表演艺术：一种经济学困境》（*Performing Arts：The Economic Dilemma*）一书中，首次描述了表演艺术中存在的一种普遍现象，即与现代工业的高效率相比，表演艺术的技术进步缓慢，这种技术进步缓慢的行业的生产成本（主要是劳动力成本）不仅没有降低，而且还有上升的趋势。这种相对成本上升的现象，后被称为"鲍莫尔成本病"。鲍莫尔病也称鲍莫尔效应，因为在两部门成本变化不同的情况下，技术进步缓慢的传统服务业等行业吸收的劳动力越来越多，生产效率却没有提升，这会导致整体经济发展的增长率下降。鲍莫尔后来将这种现象的研究范畴扩展到了更多的行业。鲍莫尔在1967年的一篇文章《非平衡增长的宏观经济学：城市危机剖析》(*Macroeconomics of Unbalanced Growth：The Anatomy of Urban Crisis*)中构建了两个经济部门的非平衡增长模型，该模型成进一步解释了技术进步缓慢的部门即"停滞部门"存在的这种效应。

为什么会出现"鲍莫尔成本病"？清华大学公共管理学院院长江小涓在一篇文章中认为，与利用了先进技术的制造业等不同，传统服务业具有缺乏规模经济和技术含量低两个经济学特征，使工业革命以来劳动生产率提高的主要因素都不体现在传统服务业中。而在过去几十年中，表演艺术等文化行业属传统服务业，符合产生鲍莫尔效应的特征。

刘鹤提出了数字经济与克服"鲍莫尔病"之间的关系，这也是数字技术于文化经济的意义。现代文化经济如果不能通过技术实现突破，那么鲍莫尔病将更加明显。拒绝利用技术创新的文化行业，如果不能取得财政"供养"，最终将失去生存空间。事实上，不仅是表演艺术行业，其他文化行业如实体书店等也同样面临这种挑战。江小涓认为，数字技术以极快速度和极大能量全面赋能文化产业创意、生产、传播、交易、消费全链条，从各个环节带来效率的提升。数字技术可以为文化产业带来六个"突破"：突破了时间和空间障碍；突破了信息有限的障碍；突破了新创意新作品"面市"的障碍；突破了知晓市场需求的障碍；突破了精

第4章 形态：向数字世界迁徙的文化经济

准传播的障碍；突破了中小企业的市场进入障碍①。

鲍莫尔病是技术进步背景下劳动力在经济部门之间转移时产生的，"停滞部门"的劳动力成本会随"进步部门"劳动力工资增长而增加，类似文化艺术等服务部门的消费成本也会大大增加。文化艺术等一些部门在很长一段时间内对利用技术进步来提高产出效率是没有需求的，那么他们依靠什么来竞争？在这些无法通过技术进步来维持生存的行业，其内部的竞争可能呈现无效率和非理性的状态。

有一个时下很流行的词指向了这无效率竞争的状况，这就是"内卷"②。经济学角度理解"内卷"，指的是一定制度、技术和文化条件不变的情况下无法取得更大进步的、无效率的竞争。内卷在产业竞争上表现为一种非理性的对抗和内耗。我国很多产业已经开始出现内卷现象，包括家电、房地产、旅游等行业，还有令人羡慕的金融业。

文化产业的一些传统业态也处于内卷状态，如新闻媒体、广告、会展、影视娱乐等行业。影视行业的市场竞争经历了数次洗牌，从最初的题材、内容竞争到渠道、宣发竞争，再到"流量"、"网红"和营销竞争。现在看这种竞争已经进入了无效率的"内卷"

---

① 江小涓. 用数字技术克服"鲍莫尔病"[N]. 北京日报，2021-10-26.
② 内卷，指一种社会或文化模式在某一发展阶段达到一种确定的形式后，便停滞不前或无法转化为另一种高级模式的现象。最早出自美国人类学家吉尔茨（Clifford Geertz）的《农业内卷化——印度尼西亚的生态变化过程》（*Agricultural Involution：The Processes of Ecological Change in Indonesia*）。

状态，如果没有新的竞争优势的建立，已经很难摆脱在传统竞争模式下的巨大窘境。很多传统媒体从十几年就已经陷入"内卷"困局，不断增加投入但很难取得竞争优势，或者无法保持长久竞争优势，但困局是一旦停止投入、降低成本，则会迅速被淘汰。

为什么要寄望于数字技术来解决"内卷"？因为已经无路可走，其他要素看起来短期内都无法突破。一部分拥抱数字技术和互联网的文化娱乐及传媒企业已经取得了新的竞争优势，到达了另一个维度的竞争时空，为数字技术应用能够突破"内卷"提供了明证。

规模经济与范围经济

规模经济理论是现代经济学的基础理论之一。规模经济，是指规模越大越经济，其中的逻辑是有了规模就有了效率，有效率就降低了生产成本。而效率是在可控的专业化分工基础上形成的。所以现代经济发展中，企业会致力于通过并购重组等各种形式进行规模扩张。我国从20世纪90年代开始鼓励国有文化企业尤其是传媒企业通过重组扩大规模，主要也是基于规模经济的理论，认为规模越大，企业可控的生产要素集中度就越高，就能够提高生产效率。

数字时代的规模经济与传统的规模经济比较起来有两个很大的不同。一方面是方式的转变。传统的规模经济，主要方式包括横向的同类企业合并并购或扩大生产，纵向垂直整合产业链企业，无论横纵，都要从组织形式上将生产单元纳入企业完整结构中。数字时代的规模经济，不再注重控制型的生产形式，而是向协同生产的规模经济转变。数字技术提高了各协作单元之间的透明度，提高了协作效率，不需要通过组织合并控制生产。

另一方面是重心的转移。传统的规模经济是指生产供给端的规模经济，关注的主要是生产要素的投入和集中度。数字时代，由于需求侧深度影响生产，规模经济的重心有向需求侧的规模经济转移的趋势，主要指标是用户规模。数字文化企业在生产要素投入到一定程度的情况下，必须要求平台流量达到一定规模，用户达到一定规模，达到一个临界点，网络效应才发生作用，才能真正降低成本，也才能真正形成效益。这个临界点之后，效率和价值往往呈几何级数增加，此时的规模经济与要素再投入不是简单的正比例关系。不仅是平台企业，一些以项目为主的影视演艺公司也需要流量规模。他们的投入达到一定程度时，票房并不能完全满足回收成本并盈利的要求，需要签约演艺人员在互联网生态链上具有一定的流量才能变现，于是就有了所谓"流量明星"和"顶流"现象。

与规模经济相关的一个基础理论是范围经济理论。范围经济解释了为什么在同一家企业生产两种或两种以上的产品时成本会降低。一个原本只专注于杂志广告创意设计的企业，如果在人员和相关设备投入相对稳定时，可能会开拓户外广告等其他平面广告设计业务，使原本相对固定的成本降下来。

可以看到，传统的范围经济是在平行供给多种产品，强调的是产品的相关性，只有相关性越强才能成本更低，范围经济的特征就越明显，而数字经济将相关性降至最低，使范围经济发挥到极致[1]。数字技术本身作为一种生产要素，能够生产更多不同类型的产品，而相关性会大大降低，如CG可以制作影视作品本身，也能应用在影视作品中植入的广告中，这是充分利用现有资源和要素投入的一种范围经济。数字技术产生来自非相关领域的利润能"意外"摊薄成本，由此可形成基于要素的稳定盈利模式，可以说这是要素决定而不是产品类型决定的范围经济。

数字技术在打破旧范畴的同时会建立新的经济疆界，会形成不同内涵的"规模"或"范围"，关于成本、费用、价格、数量等指标在传统经济学的一般推演都会受到挑战。

帕累托改进与"熊彼特动力"

帕累托最优是关于效率和收入分配的理想状态，而追求这种状态的方案被称为帕累托改进。帕累托所谓改进是这样一种方案：在出台一项政策、变化一种分配状态或进行一次资源配置时，在没有使任何人境况变坏的前提下，使得至少一个人变得更好；或者说，在没有减少一方福利的情况下，使另一方福利得以增加。当这种改进不存在可能，也就是增加一方福利必须以损失另一方福利为

---

[1] 杨新铭.数字经济：传统经济深度转型的经济学逻辑[J].深圳大学学报（人文社科版），2017，34（4）.

第4章 形态：向数字世界迁徙的文化经济

代价，则达到帕累托最优。达到帕累托最优时，会同时满足三个条件：交换最优、生产最优和产品混合最优。帕累托改进是政策出台时很重要的目标，也是评价经济政策的一个常用标准。

数字经济正在以技术集群的形式展示"改进"的力量。大数据和云计算技术让数据源源不断产生，区块链技术展示了一个均衡公允的新型网络，物联网将世界各个角落互通互联。数字网络构建了新型的协同创新的组织网络形态，原有的以供需双方为核心的社会生产结构正在被打破。效率难题正在被攻破，资源配置效率和公平性似乎正在被大大提高，那么数字经济是不是给帕累托改进提供了无限可能？

数字经济下帕累托改进似乎会更具备条件，但技术带来的产业创新并不会满足所有主体的福利需要。中国国际金融股份有限公司首席经济学家彭文生认为，这样一场深刻的数字革命显然不会只有帕累托式改进。中国社科院学部委员蔡昉分析数字经济与就业之间的关系认为，今后我国经济发展劳动生产率提高的一个主要途径不再是资源重新配置或"帕累托改进"，而是"创造性破坏"。"创造性破坏"意味着生产率高的部门可以得到新的更多生产要素进行重新组合，整体生产率得到提高。此时，在生产率提高中，既有得到发展的市场主体，也有被淘汰的市场主体，因此不再是一个"帕累托改进"[1]。

数字经济带来的"创造性破坏"可能远甚于帕累托改进，所

---

[1] 蔡昉.数字经济时代应高度重视就业政策[N].北京日报，2021-07-26.

谓"创造性破坏"正是创新经济的重要理论基础之一。不同的国家、不同的发展阶段，对数字经济的期望都有不同，而我国作为发展中大国可能对创新动力更有需要。我国商品经济和市场经济的发展起步都较晚，改革开放后发展经济依靠的是利用社会分工与协作，利用劳动力红利，最重要的资源配置是劳动力从生产率低部门（农业）向生产率高的部门（非农产业）转移，这种驱动模式被称为是"斯密动力"。与之对应的是充分利用技术创新驱动经济发展的模式，即"熊彼特动力"。

我国经济发展在 21 世纪初即开始向创新经济转型，确立了建成创新型国家的目标[①]。经过近二十年的发展，我国已经基本迈入了创新型国家行列。

但是，从中美贸易摩擦开始暴露的科技短板看，科技创新驱动还有很长的路要走。那么，数字经济是否是一个新的创新机遇？我国是否能够取得数字技术领先优势从而实现真正向"熊彼特动力"转型？而文化经济在这一轮可能实现的动力转型中如何受益，如何借助新动力走向数字文化经济时代？

---

① 2006 年 1 月 9 日，在全国科技大会上，时任国家主席胡锦涛宣布中国未来 15 年科技发展的目标：2020 年建成创新型国家，使科技发展成为经济社会发展的有力支撑。

4.2
数字文化经济的创作与生产

数字化创作与数字产品

数字技术正应用于现代艺术、影视制作、线上演出等各个领域的文化作品创作和文化产品生产，但起点是文化资源的数字化。

北京邮电大学的赵海英教授从十几年前就开始致力于文化资源数字化的相关课题研究，现在正在负责一个移动媒体与文化计算北京市重点实验室。我参与过她主持的"民族文化图案特征提取技术研发及数据库建设"课题评审，对通过数字化采集技术进行传统文化资源数字化印象深刻。这个课题提出了基于超像素分割算法和基于多边形的二值图像的矢量化算法，搭建了民族素材资源库，存储已采集的民族文化素材24 000余条，并基于素材库完成2 000张矢量图。这个课题的研究成果已受到部分企业的关注。

赵海英教授认为，文化资源是文化生产活动的基本生产资料，文化生产数字化，需要从资源和生产资料的数字化开始，文化资源数字化是文化生产数字化的基础。

文化生产的前端，大部分要经历文化艺术创作过程，所以文化产品生产数字化包括文化艺术创作的数字化和文化产品生产的数字化。数字技术改变了文化创作和产品生产方式，图片、影像、符号等已经完全可以在数字平台更加高效地进行生产。现在，书画艺术创作、文学剧本、影视作品、舞台表演与展示、文博展示等领域，都可以依靠数字技术实现，有些创作与生产过程已经较少手工参与，几乎完全可以通过数字化实现。

数字艺术是很早就出现的一种通过计算机数字软件进行的艺术创作方式，近年来人们经常可以在威尼斯双年展、德国卡塞尔文献展和巴西圣保罗双年展等重要艺术展看到数字艺术作品。数字艺术作品既能够通过互联网传播，也能够在实体空间展示，在数字技术支撑下还具有互动功能。数字艺术已经是各国艺术家非常重视的创作领域。

艺术创作商业化过程中的数字技术利用能极大降低成本。例如通过低成本的人工智能设计软件进行广告设计提供给小微企业或个人，数字化产品如CG生成的作品已经足以替代传统产品形态，而虚拟现实等技术的应用，已经可以实现更加引人入胜的舞台艺术作品、展览作品。

中央戏剧学院在数字戏剧艺术交叉学科建设进程中，将动作捕捉、表情捕捉、机器学习等技术综合运用于传统戏剧数字化保护保存、传承传播与创新发展，打造了一批数字化作品，如IN-BOX舞台作品《经海山》、数字艺术作品《时间的形态·京剧》、

第 4 章　形态：向数字世界迁徙的文化经济

数字艺术景观雕塑《冰雪之韵》(Rhyme of Ice and Snow)等。《时间的形态·京剧》于 2019 年 5 月在第五十八届威尼斯国际艺术双年展中国国家馆展览框架"中国之夜"发布；同时，该作品在亚洲文明对话大会配套活动 2019 亚洲数字艺术展上展出，创新了传统戏剧数字化展示方式，线下线上观展人数超过 20 万人。

数字技术也正广泛应用于影视作品的创作，不仅动漫电影要利用数字技术，普通类型电影也利用数字技术增强电影艺术效果，而且数字化制作的比例越来越大。数字技术应用于线上演出（线上综艺直播、线上音乐会、线上戏剧表演等），同时也大量应用于现场舞台，推动舞台表演艺术进入全新的艺术创作时代。数字技术不仅能够创造全新的影视和舞台艺术作品，同时也能够赋予很多传统形式的文化形态以新的生命力。中国社科院中国文化研究中心研究员章建刚认为，数字技术是信息传播的载体，数字化平台既可以负载卡西尔所说的语言、神话（宗教）、科学、历史与艺术等文化形式方面的文本，也可以呈现文学、美术、音乐、舞蹈及影视等艺术门类的经典，使历史文化内容成为超时空、跨文化流传的丰富文化资源。2006 年开始，我国启动了"电影档案影片数字化修护工程"，截至 2020 年 10 月 26 日，已完成 3 100 余部馆藏影片的数字化转换及保护性修护工作，并重点对数百部经典影片进行了 2K、4K 精致修复。2021 年 10 月 6 日，4K 修复故事片《永不消逝的电波》首映礼在北京举行。对经典影片进行数字化修复并使其重新进入院线，是一种新的数字化生产方式。

文化生产数字化的优势显而易见，但是数字化产品生产或产品数字化过程中出现的一些缺陷也是比较明显的。比如数字化制作与呈现的影视作品或舞台作品，质量似乎得到了明显的提升，但这毕竟主要是通过表现方法、表现形式的改变来提升的。如果仅仅依靠这种提升，文化产品未必有很长的生命力。因为如果在内容的核心——思想、信仰、价值观等——方面把握的不够、挖掘的不够，内容成为技术的奴隶，被技术所左右，最终可能生产的多数都是五官体验感很强但灵魂空虚的产品。从近年来的行业发展看，内容创新跟不上技术进步的步伐是事实，这需要人们警惕。

文化企业管理数字化

数字技术变革文化生产方式，很重要的方面是数字技术赋能文化企业管理。

数字技术能够重构企业的研发系统、生产系统、经营系统、营销系统和决策系统，使全业务流程、全价值链都在数字技术体系下完成。一个文化企业进行数字化，起步阶段可能是依赖技术部门进行数据分析，是以技术为中心，系统化地利用数据支撑业务。但到了更成熟的阶段，文化企业的数字化表现在利用数据引领业务，赋能业务创新和变革。

故宫博物院的文创产品开发引起了业界的极大关注，是文创产品数量已经超过一万种，年销售超过10亿元，成为国内博物馆文创的典范。故宫的文创产品不仅创意独特，而且利用了互联网技术和平台，将文化产品的研发、营销、推广等各个环节数字化。2016年，故宫先后与阿里巴巴、腾讯两大互联网巨头达成合作。阿里巴巴搭建了文创产品销售平台。腾讯则为故宫导入庞大的流量。2019年9月，故宫博物院与腾讯签署深化战略合作协议，双方通过"数字化＋云化＋AI化"，在文物数字化采集与文化研究等领域深度建设"数字故宫"。通过数字技术与文化产业深度融合，文博资源在数字时代将发挥更大的经济价值。

我国很多大型影视公司的影视生产流程已经开始实现数字化。运用CG技术已经能够实现极其真实的画面感，这已经不是数字技术利用的全部，影视项目从始至终都有数字技术的参与（如图4-1）。

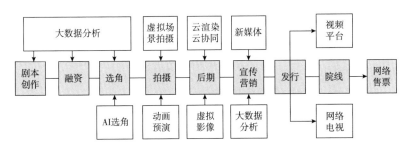

图4-1 影视项目流程数字化应用示意图

完美世界公司是中国最早自主研发3D游戏引擎的游戏企业，业务涵盖游戏、影视和电竞等板块，该公司的副总裁伊迪对数字化有独到的理解，在我对他的访谈中，他分析了数字技术应用对文化企业管理的改进。他认为数字技术不仅能够实时展示游戏、影视、动漫等文化产品的动态数据，帮助管理者对产品和推广进行更精确调整，更重要的是工作流程全数字化能够提高企业运营效率，而且在业务多模块协作线上的数字化能够大大缩短项目协调时间，降低协调成本。

有着多年文旅项目实际操作经验的鼎盛文化产业投资公司总裁梅洪已经运营过河北承德"鼎盛文化产业园"、广东云浮"禅域小镇"和广东梅州"客都人家"文旅康养综合体等许多大型项目，在这些项目中植入了《康熙大典》《六祖惠能》《原乡》等大型实景演出。在这些项目中，梅洪正在实施他的数字化思路，他认为优秀的文化企业必须学会运用移动互联网、大数据、云计算实现精准营销和柔性生产，在做大做强的同时提质增效。他将文旅项目数字化的重点分解为三个方面：一是构建数字化网络平台，从线下到线上形成导流转化；二是构建数字化系统终端，从传统的内容输出到创新内容的输入，由此形成闭环模式；三是构建数字化联动机制，将行业的创新形式和优质产品进行迅捷联动，形成"一呼百应"的新形态和新模式。

我国政府推动的产业数字化转型，首要便是企业数字化转型。2020年后，政府已经意识到企业数字化的重要性并采取了一系列行动，正在着力推动建设大型企业一体化数字平台、中小企业数字化赋能、"上云用数赋智"等。文化领域虽然也在推动产业数字化转型，但在企业数字化方面用功不足，描绘了蓝图但过程略显乏力。

供应链数字化及文化产业数联网

只有少数企业实现数字化并不能真正提高整个产业的竞争力。

第 4 章 形态：向数字世界迁徙的文化经济

文化产业的数字化提升，还需要文化企业供应链整体的数字化。

大型企业在数字化进程中与供应链上下游企业需要达成新的合作模式，这促使整个供应链开始数字化，对产业链转型升级有巨大的推动作用。政府部门希望打造具有国际竞争力的数字文化产业集群，推动文化生产供应链数字化，才能出现引领产业方向的企业集群。

文化生产供应链数字化至少可以以下几个方面提升产业竞争力：一是更适应文化生产个性化定制需要，原本必须适应标准化供应链系统的要求将弱化，大大提升文化产品供给能力；二是由于供应链体系在大数据、物联网等技术支持下实现透明化和端到端可视化，使文化生产供应链风险识别能力提高，降低生产成本；三是大数据技术和算法的运用，能够对消费者和客户需求进行精准描述并在供应链分享，从而能够对生产需求做出更快速的反应，提高生产效率。

在数字化文化生产供应链变革中，由于链条结构由线性结构向网络结构转化，文化生产组织形式的变化更为显著。但是互联网和数字技术正在促进新的组织进化，形成一种以互联网社区为平台、以大数据等数字技术为支撑、以契约为基础、以协作、协同、共享为特征的组织形式。

这种形式从互联网时代就开始了，在这种组织形式下，企业不再注重控制型的生产方式，而是向协同的生产方式转变，规模经济也向网络化的规模经济转变。一种文化生产，原本都在企业或企业集团的控制下进行，现在则可能在网络的协同协作机制中完成。猪八戒网就是一个为创意设计家们提供这种机制的平台，买卖双方在网络中完成合作与交易。猪八戒网涉及的领域涵盖设计、开发、营销推广、文案、建筑装修、网店服务、生活和商务服务等现代服务领域，众多的自由职业者依托这个平台实现自身的价值。

由于数字技术在互联网领域的广泛应用，数字时代的协同与共享的文化生产网络组织形式将以数字化产业互联网形态为主干，这个数字网络可以称为"文化产业数联网"。文化产业数联网有这样几个特点：

第一，基于数字化信用体系的协作机制成为数字网络的基础。数字技术将提供更多非接触、透明化的协作场景，即便仍以文化企业为生产单元的协作机制，数字技术仍能够提高各协作单元之间的透明度，提高生产效率。大数据和区块链技术能够提供可信的技术底层，数字网络构建的是更具信任基础的协同共享的新文化生产网络形态。

第二，数字网络呈现分布式和多中心化。数字技术能够构建更加公平的平台机制，优化满足更广泛的社会协作分工需求的双边市场形态，生产单元更加小型化、分散化，这将激发各类主体的参与热情和生产潜能。多个而非唯一的智能化、数字化生态型组织将成为生产网络的枢纽。以往我们常常以企业这个组织形式为文化生产体系的基础，但在数字化生产体系中，非企业化生产单元比重将迅速增长。

第三，数据要素在数字网络中得到充分的价值体现。数字化产业互联网不仅智能化程度大大提升,数据作为生产要素的价值将极大释放。数据要素将体现为数据、数据库和各类数字资产,其交易不仅存在于集中的交易场所,而且将基于全网数字资产交易机制实现适时使用和适时交易。

4.3
数字时代的文化消费与产消者

便利性、体验性与数字空间消费

更多的新技术应用正在促进基于互联网的线上消费升级为一种基于数字网络的数字空间消费（或称数字消费），前者是互联网时代的，而后者是数字时代的。

人们通过文化消费满足个人娱乐休闲、提升价值或社交的需要。互联网时代已经对文化消费形态进行了一番革命性的改造，最主要的变化就是由线下到线上这一消费渠道的变化。人们通过互联网平台进行便利的网购，或便捷地消费网络文学和网络电影等文化产品，如今新的文化消费渠道已可以取代大多数传统的消费渠道。近些年，直播和短视频的兴起，又形成了文化消费新增

第 4 章 形态：向数字世界迁徙的文化经济

长点①。尤其在新冠肺炎疫情之后，无接触的文化消费场景革命已成大趋势。

那么，与互联网时代的消费相比，数字经济和数字技术对文化消费形态的改变究竟有何不同？最大的不同可能在于，由于数字技术提供了更多的可能性，不必像以往那样在商业模式的便利性与体验性之间做二选一的选择。

互联网技术和平台使消费者获得了极大的消费便利，凯文·梅尼在《权衡》中认为，在现代经济中要在体验性和便利性之间做出取舍，很难有中间道路。人们曾认为互联网经济发展中成功的商业模式基于便利性，而只有少数的线下的体验模式可以生存下来。但在数字技术条件下，人们又开始意识到便利性与体验性之间并非不可逾越。

数字化不仅提供了无限可能的便利性，而且已经形成了一些不同于以往的新体验感。消费者更加重视线上空间的体验感，这种体验首先是对线下环境感官满足的替代，比如数字电影、数字图书。线上直播的演出、综艺节目结合了大数据、人工智能和虚拟现实技术的应用，也已经形成了不同于简单线上观看的体验。实际上，能够同时满足便利性和体验性的趋势，可能使原本在互

---

① 根据中国互联网络信息中心（CNNIC）发布的《第 47 次中国互联网络发展状况统计报告》显示：截至 2020 年底，我国网络音乐用户达 6.58 亿；网络游戏用户达 5.18 亿；我国网络视频（含短视频）用户规模达 9.27 亿，其中短视频用户达 8.73 亿；网络直播用户达 6.17 亿，其中游戏直播的用户规模为 1.91 亿，真人秀直播 2.39 亿，演唱会直播 1.90 亿。

联网时代被认为会被淘汰的一些文化产品也获得重生。

数字化还提供了另一种体验感,即以数字社区和社交方式为核心的消费体验。埃森哲在2018年5月发布的一份研究报告认为:数字技术的加速迭代,不仅放大了中国消费者的购买力,更推动了消费者行为习惯发生巨大变化,催生出别具一格、焕然一新的新消费市场。这份报告认为,数字消费者呈现了一些新的消费习惯,包括既爱网购也爱逛实体店;喜爱购物社交化;更加看重体验感,既包括商品本身带来的体验,更包括从购买动机到完成下单甚至再购买的全流程消费体验[①]。

数字消费空间与消费行为的关系是很有挑战的话题。除了个性化、社交化、体验感等变化,还有一些变化值得关注,如数字消费空间文化消费非理性决策放大、数字权属意识觉醒、参与需求提升等。

消费场景的提升、拓展与融合

很多人都对胶片电影放映机记忆犹新,那些老式电影院和露天电影院承载了人类电影最初的梦想和荣耀。数字电影放映机的出现,让电影院这个线下文化消费场景呈现了新纪元式的变化。电影院的数字技术利用,让人们的体验度大大提升,使一度远离

---

① 埃森哲:数字化正在强力带动中国市场的消费升级[EB/OL].经济观察网.(2018-05-29)[2022-07-15].http://www.eeo.com.cn/2018/0529/329261.shtml

电影院的人群又纷纷回到电影院。

数字技术不仅使线上消费更具体验感，同时也能强化线下场景的体验度，正如电影院的数字化，影院的线下场景更加丰满而有质感。那些原本必须面对面的体验式产品和服务，如博物馆、歌剧院、实体书店、读书沙龙等，数字技术在这些体验场景中都能够提供更加优质的辅助服务。

敦煌研究院在实地参观和体验方面不断强化利用数字技术，是数字化展示和传播的经典范例。敦煌研究院院长樊锦诗很早就提出了"数字敦煌"的构想，运用计算机技术为敦煌的文物进行数字化建档，在有效保存保护文化遗产的同时，开辟了一个数字化展示的新消费场景。敦煌莫高窟数字展示中心利用了数字技术对线下参观体验进行了模式上的变革，主题电影、球幕电影能够全方位传播信息，大大提升服务质量和游客参观体验品质，现在这种模式在很多文保旅游景点都在使用。

数字技术正在将一些原有的文化消费场所提升为新的更加符合现代需求的文化消费空间，把一些传统的文化创意集聚区打造成更加符合年轻人的文化消费需求的场所，如北京798和"十七棉"上海国际时尚中心。同时，数字技术已经形成了场景制造的能力，通过虚实相生使原有空间得到再生，打造了新的文化消费场景。数字技术正推动文化消费渗透到工业园区、商业街区以及社区当中。一些小的文化消费场景渗透进人们的工作和生活环境当中，楼宇原来摆放邮政局信箱的地方，已经出现了付费的自动售货机，可以卖水，也可以卖书。我们还看到一些街道和商业楼宇内已经出现了智慧书店、智慧书吧设施，人们只需通过扫码即可完成从借书到还书的读书过程。

数字技术正在加速打通产业边界，促进了产业融合和消费场景融合。以往我们只是看到演艺节目与旅游景区的结合，虚拟现实和人工智能技术在景区的大型实景演出中发挥了重要作用。随着数字技术应用，在任何产业的任何需要的场景当中，都可以将文化符号、文化形象和文化产品因地制宜地植入其中。购物中心、百货商场以及大型超市，在利用数字技术进行场景改造的过程中，生活化、家庭化和娱乐化将是一个大趋势，尤其是娱乐化趋势更为明显。随着生活用品购买不断实现电商化，实体店等线下空间的出路一直都困扰着业界，目前来看，结合生活与娱乐进行数字化体验性改造是必然的选择。

北京正在推广数字消费的新场景，建设智慧商店、智慧商街、智慧商圈，加大AR虚拟试穿、VR虚拟购物等体验式消费场景的应用。我国上海、南京等地的商业街改造中，不仅正在实现商业街管理的数字化，而且扩展了文化娱乐空间，并利用数字技术加强了时尚感、现代感，充分适应购物与文娱结合的发展趋势。传统商业街的数字化升级改造，正是文化经济在商业领域的渗透。未来的城市商业空间，大多数都将是集商业与文化娱乐为一体的数字化综合体，既是实体的也是虚拟的，既是实物的也是数字的。正在推动的"夜间经济"从时间维度上进一步拓展了文化消费场景，与空间维度新场景共同构成了文化消费新坐标。文化+夜间+新空间+数字技术，可以引发无数想象空间，使夜间文化消费成为刺激经济

第 4 章 形态：向数字世界迁徙的文化经济

发展内需的重要范畴。

产消者经济

数字文化经济的一个重要的特征是文化生产群体的急速扩容，而扩容基本都来自消费者本身。文化消费者正在同时作为生产者活跃在数字空间，这就是产消者经济。数字技术结合现代网络平台正在不断放大产消者群体，消费者行为相关理论受到了挑战，产消者经济被认为数字经济的一种重要形态。

19 世纪 80 年代，著名未来学家阿尔文·托夫勒在其《第三次浪潮》(*The Third Wave*)中首次提出了产消者（Prosumer）这一概念，将其定义为那些为了自己使用或者自我满足而不是为了销售或者交换而创造产品、服务或者经验的人。在 1995 年出版的《数据时代的经济学》(*The Digital Economy*)一书中，泰普斯科特（Tapscott）也提出了"产消合一"的概念，认为在新经济时代，"消费者和生产者之间的区别正变得越来越模糊"。2009 年 3 月，德国歌德大学举办了"重温产消者"研讨会，多位国际知名学者出席，同时出版了同名论文集，但这个概念仍未引起人们的特别关注。2013 年，国际能源署发布的一份光伏应用年度报告引入了"产消者"概念，用以界定既消费又生产电力的分布式光伏用户。

随着互联网经济和数字经济发展的深入，互联网平台和数字技术为用户与生产者互动提供了无限可能，产消者经济特征开始显性化。苹果的用户群中有大批的 IOS 开发者参与了苹果产品的开发，但他们同时也是苹果的忠实消费者，他们就是典型的"产消者"。消费者参与生产的方式除了亲自参与设计和制作，还能够参与决策。消费者利用数字化渠道消费的同时参与生产决策，对企业来说改变了传统经济中的产品生产决策模式。

在文化内容生产领域，产消者经济特征更为明显，因为文化产品生产是情感和意义的寄托，而文化消费者都或多或少有能力和意愿参与到情感或意义的生产、传播当中。数字技术提供了大众文化繁荣的土壤，激发了普通个体参与文化创造的热情和潜能。中国社科院中国文化研究中心研究员章建刚认为，人类实践与经济社会文化发展总是中介性的，在不同的主体间需要某种介质来加以沟联，即必须借助工具、制度、话语（思想和符号）展开广泛的分工与合作，当前最重大和最有力的中介正是数字技术及其应用。在世界史上，从没有这么多的个人热切地参与到与其命运息息相关的文化创造当中。

互联网平台一开始提供的是不可参与的场景，但从 BBS 这些平台开始，内容消费者就不是单纯的客观者了，而开始成为有发言权并能留下痕迹的消费者，留下的这些痕迹慢慢也具有了产品特征。BBS 上的留言和评论形式，后来演化为博客以及博客上的大量作品，产消者形态特征越来越鲜明。杰里米·里夫金在《零边际成本社会》的中文版序言中说："亿万消费者转变为互联网产消者，开始在网上以接近免费的方式制作和分享音乐、视频、新闻和知识，这就削减了音乐产业、报业、杂志业和图书出版业的

第 4 章 形态：向数字世界迁徙的文化经济

收入。"①

在中国，以往的文化产品基本来源于我们熟知的群体或专业人士。如文学作品、音乐作品基本来源于作家，但是自从有了网络文学和网络音乐，就涌现了无数的民间创作者，我国的文学创作和音乐创作者一下子显得空前繁荣。不论专家如何质疑网络作品的质量，但终究挡不住人们创作的热情。

与产消者相关的一个概念是用户原创内容（User Generated Content，简称为 UGC）。互联网用户在使用互联网服务的同时，不仅消费信息和文化，同时也会上传信息，一步一步成为不同程度的文化生产者，他们创作的内容也就是 UGC，比如百度百科的编辑。天涯论坛和知乎是社交平台，也是重要的内容原创平台，用户群的互动形成了很多品质较高的内容作品。

在产消者经济中，消费者不是为特定的产品付费，而是为机会、氛围、场景付费，为参与其中的体验付费。大概只有专业的知识工作者会对特定的知识产品进行付费决策，比如是否花费 10 元下载一篇特定的论文，产消者会在特定社区和社群中寻找消费对象，而付费多少、是否付费都可以根据自身的贡献来决定。

短视频是 UGC 最大的孵化领域。快手和抖音是很多人的时间消磨工具，也是很多人的分享平台。人们上传自己的所见所闻，发表自己的观点，成为生活的观察家和历史的记录者。音乐也可

---

① ［美］杰里米·里夫金. 零边际成本社会［M］. 赛迪研究院专家组，译. 北京：中信出版社，2015.

以是UGC，是音乐爱好者的狂欢。2017年6月，在上海梅德赛斯—奔驰文化中心举办了一场虚拟人物演唱会——Vsinger Live 洛天依2017全息演唱会。据报道，虚拟偶像洛天依的曲目不仅有专业人士参与，而且更多的是数以万计的爱好音乐、二次元的民间原创音乐人。在洛天依演唱的音乐作品中，由民间创作力量贡献的占比九成以上。洛天依是由上海禾念在2012年推出的虚拟偶像，而上海禾念于2018年由B站收购控股。

B站是一个UGC与专业生产内容（Professional Generated Content，简称为PGC）共存的视频社区，B站的很多用户既是内容的消费者也是内容生产者，是典型的产消者。作为生产者他们是所谓"U主"，即"上传者"，这些人覆盖了社科、文化、艺术、科学等各领域，为B站提供了源源不断的内容。喜马拉雅FM也是一个PGC+UGC模式的社区。喜马拉雅的主播，除了阎崇年、包弼德、余秋雨等文化名人以及各类演艺明星之外，更多人是"草根"出身，身份是大学生、企业职员、工人、退伍军人，等等，如2019年获得"年度人气主播榜"的主播"有声的紫襟"，身份是普通的计算机专业大学生，其主播代表作品《摸金天师》播放量超过45亿，成为喜马拉雅建站以来收听量最高的单部长篇作品。喜马拉雅打造的基于音频的经济生态圈，正以流量、分成、资本三大维度为主播赋能。据喜马拉雅FM公布的数据，截至2020年8月，喜马拉雅平台上的主播人数已超过1 000万。

美颜、特效、AI换脸等技术已经使更多人愿意上传视频作品到平台上，智能视频合成软件能够自动完成素材聚合、语音合成和渲染，让产消者更方便地展示其创作的内容。人工智能等数字技术的应用，将使平台上的产消者激发更大的创作潜力和欲望。新的数字消费空间是开源而开放的，将容纳更多的内容创造者，消费者依托数字消费空间创造新内容，建立新平台。数字文化领域的产消者形态，将极大促进内容消费。

产消者急速扩容的数字文化生产世界，是否会迎来新一轮文化的繁荣？

文化消费圈层与消费壁垒

20世纪80年代的年轻人在消费迪斯科和摇滚乐时，往往都有一个所谓圈子，不进入到这个圈子，不懂圈子的语言，几乎相当于失去了消费的权利。圈外的人会买磁带、买演唱会门票，但如果不在某个小圈子中，仍意味着和这个文化消费圈层是隔离的。

互联网世界正在形成新的文化消费圈层。豆瓣网是以书评、影评、乐评为主的社交网站，成立十几年来已经成为电影、书籍市场的风向标。豆瓣的社区有一些特定的规则，比如"区隔"，这是2014年以前豆瓣推崇的理念，而之后的多样化又创造了"小组"这样的社群。在这些大大小小的社群中，有特定的消费人群、消费理念和消费方式。在影视娱乐业，围绕明星形成了各种粉丝社群，这些粉丝利用各大互联网平台形成了特定的文化消费圈层，形成了"饭圈文化"。这些基于网络形成的社群既是一个社交圈层，也是一个亚文化圈层，同时也是一个巨大的消费圈层。基于网络社交圈形成文化消费圈是互联网时代和数字时代的重要消费形态。但这些新兴的文化消费圈层在"野蛮生长"中也出现了很多问题，成为主管部门监管和治理的重要领域，自 2020 年 7 月国家网信办发布《关于开展 2020"清朗"未成年人暑期网络环境专项整治的通知》起，一系列治理行动已经持续近两年时间。

消费圈层和消费的圈层化会形成新的消费壁垒，一些互联网社群已经形成了消费壁垒。消费壁垒是指那些使有能力消费却无法实现消费的非经济因素，如行政限制、文化隔阂。互联网技术联通了世界的各个角落，这似乎说明技术正在抹平各种壁垒，但很多分歧和隔阂只是换了一种方式，它依然存在。数字化程度高，不必然会消除壁垒，数字化也可能正在构筑新的壁垒。文化消费总是追求特异性，所以最初消费的人群倾向于共同制造一个壁垒，以显示与众不同。有一些小众的文化消费圈，就是通过人为制造消费壁垒完成自我认同的，如果消费壁垒消失，这些消费者就会寻求构筑其他消费壁垒。

互联网和数字化不仅通过话题、特异性制造新的消费壁垒，数字技术本身就会形成消费者代沟。我们以往很少会想到，去掌握数字技术会成为消费的障碍，数字鸿沟正在区隔一部分人成为特定文化消费的门外汉。一些数字社群正在植入人工智能、虚拟现实等技术形成新的体验空间，同时也加入可编程等技术门槛让消费壁垒更高。新的数字消费空间可能是一个包容万象的新世界，特点是由所有参与者共同创建，而并不是所有人都能成为创业者。数字化会形成更多各具特色的社群，这是文化消费的集聚区，数

第 4 章　形态：向数字世界迁徙的文化经济

字化社群的文化消费，越来越需要一些"数字特权"，而对数字技术一无所知的人，正在被排除在消费群体之外。数字技术造成的消费者代际之间的差异，应比以往任何技术的影响都大。

在从线上消费转向数字空间消费过程中，Z世代的能力远高于上一代年轻人，而2010年之后出生的是编程的一代，这一代又会比Z世代更加懂得利用数字空间实现自身的满足感。而大多数70后和更早的几代人将在更玄妙的数字世界前充数字当客，只是勉强会利用数字支付手段和网购而已。专家们和政策决策者正在讨论如何尽可能抹平数字消费鸿沟，以及如何尽可能向数字看客提供适合他们的数字化文化消费服务，但数字鸿沟的影响几乎是不可避免的。

4.4 文化贸易数字化

WTO 之后的文化贸易及数字化

按照 WTO 统计和信息制度局《国际服务贸易分类表》的划分,与文化贸易相关的贸易主要包括以下文化服务及文化产品:在商业服务中,有法律服务、软件服务、数据处理和数据库服务、广告服务、摄影服务、包装服务、印刷和出版服务;在视听服务中,有电影和录像的制作和分销服务、电影放映服务、广播和电视服务、广播和电视传输服务、录音服务;在娱乐、文化和体育服务(除视听服务以外)中,有文娱服务、新闻社服务、图书馆、档案馆和其他文化服务、体育和娱乐服务[1]。

根据我国商务部、中宣部等五部委发布的《对外文化贸易统计体系(2015)》,文化贸易分为文化产品贸易和文化服务贸易两大部分,前者包括:出版物、工艺美术品以及收藏品,文化用

---

[1] 张芮宁. 我国文化贸易的发展研究[J]. 商情, 2016(19).

品（文具、乐器、玩具等），游艺器材及娱乐用品，文化专用设备（印刷机、广播电视设备等）；后者包括新闻出版服务，广播电视服务，文化艺术服务，文化信息传输服务，文化创意和设计服务，其他文化服务等。

我国于 2001 年加入 WTO 之后，文化领域面临新的形势，有挑战，也有机遇。挑战是有更多的文化产品将进入我国，对文化市场形成巨大压力；机遇是我国文化领域可以利用加入 WTO 的机会，推动文化产业发展，推动我国文化生产与世界文化市场尽快接轨。

我国从 2003 年启动文化体制改革以来，文化贸易发生巨大的变化。经过十几年的改革推动，我国文化产品进口迅速增加，文化产品出口尤其是加工类文化产业出口也呈现增长趋势。联合国教科文组织发布的《文化贸易全球化：文化消费的转变——2004—2013 年文化产品与服务的国际流动》报告显示，中国在 2010 年已经成为世界第一大文化产品出口国，2013 年中国文化产品出口总额已达到 601 亿美元，是美国的两倍多。但这些产品主要是黄金饰品、工艺品和代工生产的玩具产品等，我国在文化服务出口方面一直表现欠佳，长期处于文化贸易逆差状态。数据显示，2017 年我国文化服务进口为 232.2 亿美元，出口为 61.7 亿美元，不到文化产品出口额的 1/10，逆差达 170.5 亿美元。

互联网经济发展对全球贸易带来了新的变化，以跨境电子商务为代表的新贸易方式崛起，发展到 2020 年，全球跨境电子商务 B2C 的交易额已达 10 000 亿美元。随着大数据、人工智能等数字技术的利用，跨境电子商务平台正迎来新的迭代机遇，文化贸易也处于新的全球贸易数字化变革浪潮中。

有关部门很早就关注到了数字化与文化贸易的关系问题，原文化部对外联络局在2012年就组织过一次主题为"数字时代文化走出去"的研讨会。当时数字技术发展还处于爆发的前夜，一些专家认为数字化的影响只是众多变量中的一个，而且不是起决定作用的一个，数字化提供的是一种机遇、一种附加效应[①]。

但是对新兴文化产业来说，数字化可能就是一种核心竞争力。水晶石成为2012年伦敦奥运会数字图像服务提供商，其成功几乎完全取决于新技术。我国十几年来更突出的数字化产品出口是网络游戏的海外之旅。以手游为主力的中国网络游戏在海外市场风生水起，一时间成为"文化走出去"的另一道亮丽风景线。数据显示，我国自研网络游戏的海外市场销售收入在2018年已经占到实际销售总收入的30%，这是令人瞩目的成绩。这些都是数字文化贸易问题，是产品和服务本身的数字化。

数字文化经济命题下文化贸易与数字化的关系，不仅是数字文化产品和服务进出口问题，还有企业数字化、产业链数字化及文化贸易平台数字化、流程数字化等问题。从近十年来文化贸易发展需求和数字技术进步提供的可支撑性看，我国已经具备了形成文化贸易数字化体系的条件。这个体系的基础是文化贸易数字化基础设施，包括文化贸易大数据中心、文化贸易云平台和文化

---

① 如何看待数字时代的对外文化贸易[N].经济日报，2012-03-22.

贸易区块链服务平台等。以这些平台为基本支撑，应能够容纳大中型各种规模的文化企业参与文化贸易，中小企业的文化产品输出不再受制于以往规模的限制，而一些贸易数字化示范龙头企业，能够带动整个行业的文化贸易转型。

我国文化主管部门近年来对数字文化贸易和文化贸易数字化都更加重视，在政策中也有重点体现。文化和旅游部《关于推动数字文化产业高质量发展的意见》提出，创新数字文化服务出口新业态新模式，发展数字贸易；深化数字文化产业"一带一路"国际合作，打造交流合作平台，向"一带一路"国家和地区提供数字化服务，合作开发数字化产品。鼓励企业通过电子商务、项目合作、海外并购、设立分支机构等方式开拓国际市场；支持数字文化企业参与境内外综合性、专业性展会，支持线上文化产品展览交易会等新模式。

北京市社会科学院传媒研究所所长郭万超研究员认为数字经济正在推动文化贸易的贸易方式、贸易对象和贸易规则的变化。他认为基于大数据的文化贸易真正推动国际营销策略更加精准化。但他也认为我国文化贸易数字还存在很多问题，如：我国在数字贸易国际治理中话语权较弱，数字贸易壁垒较高，关注数字技术创新的主动性和自觉性不强，以及知识产权保护不到位等方面的问题，制约着文化贸易数字化的进一步拓展。我国文化企业应积极争取全球数字贸易的话语权，参与制定国际社会认可的数字贸易规则体系，提升企业数字化和国际化运营能力。

"双循环"新发展格局下的文化贸易数字化方案

实际上,数字化如何赋能文化贸易的问题很长时间都不显得很重要,以至于2014年出台的《国务院关于加快发展对外文化贸易的意见》在文化产品数字化及文化贸易数字化方面基本没有涉及。直到2020年初这个领域的重要性才真正开始显现。

我国提出了"双循环"新发展格局战略,如何在这个战略背景下认识数字文化贸易问题?2020年10月,笔者受邀参加第二届开封国际文化金融与贸易论坛,发表了题为《机遇与挑战:"双循环"背景下的文化金融发展》的主旨演讲。在演讲中笔者论述了,双循环从经济学上看就是四部门经济的问题,改革开放以来我国是以两头在外为特征的"参与国际大循环",但现在双循环的内涵要变了。理解"双循环"新发展格局,需要注意的关键是如何在培育国内大市场的同时"促进国际循环",重点是内循环,不放弃外循环,重视内循环不是要走闭关锁国的老路。"双循环"新发展格局下,要以内循环促进国际循环,要培育新形势下我国参与国际合作和竞争新优势。所以"双循环"新发展格局就是要培育更高水平的内循环和更高水平的对外开放,两者都不可偏废。

"更高水平的对外开放"意味着什么?实际上这就意味着传统贸易方式逐步走入历史,要建立在数字技术和数字平台之上的新型贸易方式。2020年起,向数字化要新出路成为我国贸易领域重要的主题。2020年,我国跨境电商进出口迅猛增长,交易额已经达到1.69万亿元之巨，增长31.1%[①]，非接触的贸易展览展示模式走向外贸舞台中央。举办了数十年的著名的广交会，在2020年采取了数字化网络模式，这种模式虽然看起来仍有很多问题，但可能开启了交易博览会的新模式，数字化贸易博览会将成为一种常态化的新方式。

在"双循环"新发展格局下，文化贸易方式也需要转型，需要开拓新的发展路径，而这个路径就是充分利用数字技术，推动文化贸易数字化，包括以下几点：

- 数字文化产品和服务。在国际文化贸易中提供数字化的文化产品和服务，如数字艺术作品出口、数字出版服务出口等。
- 文化贸易企业数字化。参与文化贸易的企业，即便不是进出口数字化文化产品和服务，但企业本身的生产、经营和业务流程都是数字化。在传统文化产品和服务中，以数字化技术辅助更有效率地促进文化贸易，如利用数字平台代替原有线下的参观、验货、鉴证、签约等。企业的数字化转型是文化贸易数字化的基础，也是参与文化贸易业务流程数字化的基础。
- 文化贸易产业链数字化与平台数字化。当前全球新冠肺炎

[①] 国家互联网信息办公室. 数字中国发展报告（2020年）[R/OL]. 中国政府网.（2021-07-03）[2022-07-15]. http://www.gov.cn/xinwen/2021-07/03/content_5622668.htm.

疫情的不确定性和"逆全球化"倾向，导致全球产业链和供应链重构，文化产业领域也如此。在新的形势下，如何通过数字技术构建新的文化贸易产业链，成为了挑战，同时也是重大机遇。文化贸易不仅要境内互联网化，还要实现跨境文化电商升级，充分利用"丝路电商"等已有基础优势，构建文化电商平台跨境贸易数字化。

- 文化贸易业务流程数字化。流程的数字化不仅是企业内部业务流程数字化，最主要的部分是行政主管部门及相关机构协同形成的公共服务平台数字化，这些主体包括海关、出入境检疫局、外汇管理局、税务局、银行、保险公司等。

政府政策对文化贸易数字化有极大的推动作用。我国政府多年来一直推行"服务贸易便利化"，有利于文化贸易大环境的塑造。同时在疫情防控常态化的背景下，加大了服务贸易创新试点工作强度[①]，对文化贸易数字化有极大推动。2020年8月，经国务院同意，商务部制定并发布了《全面深化服务贸易创新发展试点总体方案》，这一方案在服务贸易数字化方面有全面而系统的要

---

① 2016年2月22日，国务院下发《国务院关于同意开展服务贸易创新发展试点的批复》，同时发布《服务贸易创新发展试点方案》。方案要求试点地区结合本地区产业特色，稳步推进金融、教育、文化、医疗、育幼养老、建筑设计、会计审计、商贸物流等行业对外开放。积极探索信息化背景下服务贸易发展新模式，依托大数据、物联网、移动互联网、云计算等新技术推动服务贸易模式创新，打造服务贸易新型网络平台。

求，其中包括文化贸易方面的相关内容（见表4-1）。

表4-1 全面深化服务贸易创新发展试点任务中与数字经济及文化贸易相关的具体举措及责任分工

具体举措	责任分工
打通知识产权服务、管理、调解、仲裁、执法等完整链条并在试点地区率先形成对标国际、完整系统、高效协同的知识产权发展与保护制度框架	知识产权局、市场监管总局制订政策保障措施，中央宣传部支持和指导；试点地区负责推进
积极开展数字营商环境相关问题研究，建立国内外数字营商环境动态跟踪机制	中央网信办、财政部、商务部等有关部门按职责分工推进
支持在粤港澳大湾区、京津冀、长三角试点地区创立粤港澳大湾区、京津冀、长三角艺术创研中心	文化和旅游部、港澳办等支持和指导；北京、天津、上海、海南、深圳、石家庄、南京、杭州、合肥、广州、苏州、雄安新区等试点地区负责推进
组建国家数字贸易专家工作组，举办专题培训班，指导地方制订数字贸易发展工作计划	中央网信办、商务部负责推进
出台支持政策，在试点地区率先推进中外数字创意、影视培训等合作	中央宣传部支持和指导，文化和旅游部、广电总局、商务部等制订政策保障措施，试点地区负责推进
在符合条件的试点地区设立国家版权创新发展基地，推动版权产业高质量发展	中央宣传部负责在有关试点地区推进
着力打造以中国国际版权博览会为龙头，地方版权博览会、交易会、授权展会为双翼的全国版权展会授权交易体系，推动版权实际运用和价值转化，活跃版权贸易	中央宣传部、广电总局等支持和指导，试点地区负责推进

续表

具体举措	责任分工
支持具备条件的试点地区引入国际精品赛事，举办涉外电影展映和交流合作活动	中央宣传部、体育总局、商务部等支持和指导；北京、天津、上海、海南、大连、厦门、青岛、深圳、哈尔滨、广州、成都、西安等试点地区负责推进
在京津冀、长三角、粤港澳大湾区及中西部具备条件的试点地区开展数字人民币试点	人民银行制订政策保障措施；先由深圳、成都、苏州、雄安新区等地及未来冬奥场景相关部门协助推进，后续视情扩大到其他地区
在具备条件的试点地区试点建设数字贸易平台，提供数字版权确权、评估和交易流程等服务	中央网信办、中央宣传部、工业和信息化部、商务部等支持和指导；具备条件的试点地区负责推进
配合重要对外活动和各类多双边人文交流机制，支持电影对外交流合作相关项目在试点地区优先落地。坚持多国别、多类型、多题材的原则，鼓励与国际知名电影企业和优秀电影人才开展合作	中央宣传部支持和指导；试点地区负责推进
建设生物医药、文化创意、新能源服务、商务服务、跨境电商等领域"中国服务商"数据库，为企业提供多元化服务	中国贸促会负责推进
推动试点地区打造丝绸之路影视桥、中非影视创新提升工程、友邻传播、中国联合展台、视听中国、走出去内容扶持等重点文化贸易项目。打造"电视中国剧场"品牌。支持试点地区实施主体在境外开办中国影视节目播出频道、时段	中央宣传部、广电总局支持和指导；试点地区负责推进

续表

具体举措	责任分工
创新知识产权金融服务；推广专利权质押融资模式，完善知识产权担保机制，加大专利保险产品开发和推广力度，规范探索知识产权证券化；推动"保险助融""协商估值"等质押模式落地，鼓励金融机构加大对拥有专利、商标等"轻资产"服务贸易企业的资金支持；健全知识产权评估机制，完善知识产权质押融资的风险分担和损失补偿机制，畅通质物处理渠道，为扩大以知识产权质押为基础的融资提供支持；推广知识产权质押融资保证保险	人民银行、银保监会、证监会、知识产权局、中央宣传部等支持和指导；试点地区负责推进
支持试点地区聚焦集成电路、人工智能、工业互联网、生物医药、总部经济等重点领域，试点开展数据跨境流动安全评估，建立数据保护能力认证、数据流通备份审查、跨境数据流动和交易风险评估等数据安全管理机制；鼓励有关试点地区参与数字规则国际合作，加大对数据的保护力度	中央网信办、科技部、工信部、商务部等支持和指导；试点地区负责推进
在数字服务出口基地，对涉及关键技术、平台安全、数据安全和个人隐私安全的服务贸易，加强综合监管，形成制度性成果	中央网信办支持和指导；工业和信息化部、公安部、商务部及有关行业主管部门制订政策保障措施；有关试点地区负责推进

资料来源：整理自《全面深化服务贸易创新发展试点总体方案》附表

为了鼓励文化出口，我国政府在国家文化出口基地建设上提出了新的政策要求[①]。2021年9月，商务部、中宣部会同文化和旅游部、广电总局公布第二批国家文化出口基地名单，至此国家文

---

① 商务部、中宣部会同文化和旅游部、广电总局公布第二批国家文化出口基地名单，北京市东城区、北京市朝阳区、天津市中新天津生态城等16个行政区（功能区）入选。

化出口基地已达到 29 家。之后，商务部、中宣部、税务总局、广电总局等 17 部门发布了《关于支持国家文化出口基地高质量发展若干措施的通知》。通知不仅提出要鼓励"数字文化产品走出去"，还强调了通过数字技术"创建覆盖文化产品和服务全链条、全流程的云生产和服务体系"，特别提出支持开展"两头在外"的数字内容加工业务，鼓励企业为境外生产的影视、动漫、游戏等提供洗印、译制、配音、编辑、后期制作等服务。

在第二批国家文化出口基地名单中，浙江数字文化国际合作区成功获批，是全国唯一的数字文化贸易功能区。根据规划，浙江数字文化国际合作区将依托杭州高新区的数字贸易优势，通过构建工业化、数字化、标准化、国际化和融合化等五大体系，建设国际动漫数字内容智创平台、"之江一号"AI 表演数字动画平台等十大平台。

4.5
数字文化经济中的资本力量

数字文化新业态成投资热点

政策在引导资本向数字文化领域倾斜，我国在互联网文化产业和数字文化产业等方面有较早的金融支持政策历史。如2010年4月，中宣部、中国人民银行、财政部等七部门联合发布的《关于金融支持文化产业振兴和发展繁荣的指导意见》，要求扩大一些重大业态的综合消费信贷支持，包括数字产品、电子出版物、网络出版、数字出版等出版产品与服务、移动多媒体广播电视。早期的互联网文化产业一直都是文化产业中的投资热点。近年来，数字文化产业依旧保持着融资热点的势头，在文化产业中融资规模比例占五成以上。

文化和旅游部发布的《关于推动数字文化产业高质量发展的意见》在数字文化产业投融资方面提出了相应的措施，包括支持数字文化企业开展债券融资，推进设立数字文化产业投资基金，支持符合条件的数字文化企业利用多渠道资本市场融资，拓宽融资渠道；引导符合条件的各类社会资本规范采用政府和社会资本合作模式（PPP）参与数字文化产业项目。

在政策推动下，在数字化基础设施基础上，文化产品的生产、传播和消费都将实现数字化迁徙。数字化政策将推动文化产业的产业结构优化，数字化文化企业将成为新时代的主力军，而资本也将重点向数字文化企业倾斜。近年来，5G、人工智能、大数据、VR/AR等技术的文化产业应用成为资本投资文化产业最为关注的领域。投资界对数字技术在文化产业的应用普遍持积极态度，虽然传统的私募股权基金投资形势并不乐观，纷纷收缩战线，但在寻找新的投资领域的时候，数字文化产业就是一个很值得投资的领域，近年来数字文化产业融资规模在文化产业融资总规模中一直占有较大比重。根据中国文化金融数据库（CCFD）的数据显示，2021年我国数字文化产业融资（不含银行信贷）总规模达到2 344.64亿元，占文化产业融资总规模的62.45%。融资渠道来源分别是上市首次融资（IPO）、债券、私募股权融资、上市后再融资、信托、新三板等（如图4-2）。

2020年11月18日，中国文化产业投资母基金在北京正式成立。该基金由中宣部和财政部共同发起设立，基金目标规模500亿元，首期已募集资金317亿元。该基金的主要投向为新闻信息服务、媒体融合发展、数字化文化新业态等文化产业核心领域，以及与文化产业高度相关的旅游、体育等相关行业。该基金的定位是国家级文化产业投资基金，因此其投资方向具有一定的风向标意义。一些专门投资文化大数据、数字文化产业的私募基金成立了，如长三角数字文化产业基金。该基金由建设银行全资子公司建银国际、浙江省产业基金有限公司、浙江省文化产业投资集团有限公司等共同出资成立，由建银国际担任基金管理人，基金首期总规模 15 亿元。

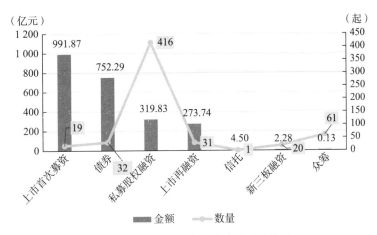

图 4-2　2021 年数字文化产业融资分布

数据来源：中国文化金融数据库（CCFD）

中央财经大学文化经济研究院副院长戴俊骋多年从事文化产业投融资研究和教学工作，他认为在整个文化产业领域投资中数字文化产业无疑是投资的重点。总体而言，"优质内容＋技术迭代＋渠道优势"是资本对数字文化产业投资时考虑的重点，资本正在从单纯的投优质内容或投技术，转向投资内容、技术与渠道深度共振的项目，特别是握有核心版权、技术专利和独有渠道的企业。具体而言，未来具有投资价值的项目或企业可从这三个角度观察。内容方面，投资重点从电影、剧集、国漫、网文的单品爆款，到

IP 矩阵，再到 IP 全产业链。技术方面，握有 AI、区块链、云计算、大数据、5G、物联网等先进技术与数字文化产业领域深度融合领域的自主专利，显著提升文化行业效率的企业和项目无疑最受关注。渠道方面，针对"00 后"和老年人（"一老一少"）的垂直渠道领域以及 AR\VR\MR\XR 沉浸式体验场景、自动驾驶车载环境中的未来娱乐场景落地项目。文化与其他产业融合的赛道也值得关注，特别是政策支持的文化赋能领域，如国潮消费、文博文创、文化乡创等线上与线下相结合的领域。

对元宇宙和数字藏品这些面向未来的数字文化经济形态，戴俊骋认为，很多项目从想法和创意到真正落地还需要时间，现阶段对这一领域的投资都属于试探性的。

资本是否有逻辑

数字化时代，文化生产过程已经变了，就意味着文化金融的服务对象的生产特点变了。无论是银行信贷还是发行债券，无论私募股权投资基金还是资产管理计划，对数字经济背景下的产业形态和企业运营情况应做足够分析。

中国文化产业投资基金自成立以来投资了数十个项目，其中有很多新经济项目，如万方数据、丝路视觉、深大智能、水母智能、玄机科技、聚合数据、微播易、云图数字等。该基金的副总裁于淼博士认为，资本需要关注到，数字技术从供给侧和需求侧两个方面对文化产业进行了生产力层面的改革。数字技术不仅使产品和服务更加个性化和智能化，并且使得企业经营模式互联网化、多元化、多业态化。数字技术正推动企业组织结构向平台化转型，企业组织形态更趋于柔性化、扁平化和网络化。只有深刻认识到了这些变化，才会真正了解文化企业或项目的价值所在。资本方在项目研究或进行尽调时，应尽可能确认这些变化是真正发生了。

很多投资文化产业的资本还没有充分了解传统文化生产的特点，却又迎来了数字化文化生产时代。在数字文化经济背景下，金融机构和资本可能要审视的维度有哪些？我认为可能需要考虑的维度应包括：

- 成本和效率：数字化生产和运营方式能够带来成本和效率方面什么样的变化；
- 商业模式：基于数字平台的商业模式是否有可持续性；
- 盈利能力：数字化使企业的盈利能力有什么改变；
- 信用状况：数字化是否改善了文化企业信用情况；
- 资产形态：数字技术条件下文化企业资产形态有哪些变化，如何围绕资产进行资源配置。

就银行信贷等资本方来说，由于安全性是第一位的，因此会更注重全面的有助于风险管理的分析。而私募股权基金或民间资本的投资，可能更注重收益性，对商业模式更为关注。虽然侧重点不同，但理性的投资者会全面分析这些变化。

当然并不一定所有资本都会全面审视变化，很多资本投资数字文化企业未必是基于理性的。这个领域经常喜欢讲逻辑，但笔者认为资本的逻辑常常只是存在于尽调报告中。有一些态势值得关注。

比如，投资还是投机？趋势是金融机构和资本最为关心的命题，因为对趋势的洞察意味着价值的实现。历史经验证明，技术变革的产业化就意味着财富的积累。但在当下的数字经济概念的产业投资中，有些投资并不一定建立在产业趋势上，而是建立在投资趋势上。

又如，长期还是短期？即便是资本都是基于产业投资的逻辑，但也要看是否有足够的耐心，而文化产业投资是公认的需要长期投资才能真正取得收益的行业，同时数字文化更是新兴的需要培育的业态。鲸世科技是一家成立不到四年的科技型企业，在智慧城市、智慧园区、文博展示等领域有很好的业绩，可视化技术是他们的优势。他们也在利用技术优势探索文娱产业，但其创始人杨利堃不认为会在很短时间内取得高收益，数字文化娱乐投资价值就需要做长期投资的准备。他的企业已经获得了天使轮投资，但他甚至并不想很快利用当前数字化的热潮趋势进行第二轮融资。

再如，入口还是死胡同？有些投资很具有风向标意义，阿里巴巴投资了乐华娱乐，这被看作阿里巴巴入局虚拟偶像产业的战略举措，字节跳动收购 VR 硬件厂商 Pico，被认为是对元宇宙的重大布局。现在很多资本和他们一样，都在寻找虚拟偶像或元宇宙概念的项目作为进入数字文娱领域的入口。数字经济大势下，应对每个试图抓住数字化机遇的投资报以乐观其成的态度。但是,数字化的入口是什么?如果仅仅通过赶潮流、"蹭热度"是无法真正享受数字投资红利的。

资本市场一旦进入非理性场域,将形成巨大的风险。对于普通民众来说,以数字经济、数字货币、虚拟货币、元宇宙等为主题的投资项目仍需要仔细鉴别。中国银保监会对以"元宇宙投资项目""元宇宙链游"等名目吸收资金,涉嫌非法集资、诈骗等违法犯罪活动做出了《关于防范以"元宇宙"名义进行非法集资的风险提示》(以下简称《风险提示》),这些活动包括:编造虚假元宇宙投资项目;打着元宇宙区块链游戏旗号诈骗;恶意炒作元宇宙房地产圈钱;变相从事元宇宙虚拟币非法谋利。《风险提示》指出,上述活动打着"元宇宙"旗号,具有较大诱惑力、较强欺骗性,参与者易遭受财产损失。请社会公众增强风险防范意识和识别能力,谨防上当受骗。

第 5 章

要素：数据及文化数据资产

市场有血脉

经济有灵魂

经济世界所有的竞争

都基于要素之间的比拼

数字经济最具独特性的一个方面就是数据资源作为生产要素。数据和数据经济一直都是世界上主要经济体布局新经济的重点领域，我国政府更是高度重视，数据资源作为生产要素是我国发展数字经济最重要的政策思想之一。文化生产领域是数据资源集聚区，拥有丰富的数据资源，如何在文化经济发展中发挥数据资源的要素作用？

5.1 从数据要素到数据资产

数据要素与数据要素市场化配置

与传统经济学研究相比,数字经济下的生产要素有了新的变化。经济学家对数字经济的研究,不仅有承续技术革命中的技术投入的贡献的讨论,而且有生产要素结构变化上的探究。

技术驱动力问题在 20 世纪通过技术创新经济学已经得到论证。熊彼特创立创新发展理论之后,很多经济学家发展和补充了他的理论。美国经济学家索洛发表于《经济与统计学评论》的著名论文《技术进步与总生产函数》,提出了一个很有影响力的测定经济增长中技术进步贡献的方法,即全要素生产率增长率(又称索洛余值)理论。技术的驱动力作用在数字技术支撑的新经济蓝图中更加显性化。但与技术变量支撑的技术创新经济不同的是,数字经济的一个主要特点是将数据作为新的生产要素。

数据何以成为生产要素?信息也曾被讨论是否可以作为一种生产要素,基础是基于现代信息技术的应用,同样数据作为生产要素也只是在现代信息经济和数字经济的语境下才可讨论。

　　数据作为一种资源、一种资产和一种生产要素，都是在现代信息技术条件下才有可能。一是要实现数字化或电子化，使用更便捷。二是数据能够实现"海量"，即具有一定的规模性，大数据技术、5G、物联网实现了数据的规模性。早期的数据虽然具备数字化特征，但不具备规模化特征。从数据到大数据，再到作为生产要素的数据，其中的分水岭是大数据。三是数据具有可用性，这种可用性是指具备直接的生产使用价值，大数据与经济活动相结合，加快了产业数字化，也推动了数字产业化，人工智能、区块链、云计算等新技术的产业应用已经使数据更加具备这种价值。数据在经济活动中不可或缺，这使数据作为生产要素成为可能。

　　在数字经济的众多形态当中，数据经济（Data Economy）是主要经济形态之一，其原因正是由于数据在数字经济发展中的地位不可替代。西班牙电信基金会 2018 年出版的《数据经济》(*The Data Economy*) 一书认为，数据经济崛起的核心因素之一是数据资源量的增长。但该报告也认为，数据量的增加并不是推动数据经济增长的唯一因素，数据经济正在与其他技术进一步融合，例如连接设备（IoT）和移动、社交媒体、云计算和分析工具。未来随着量子计算的到来，必将带来数据经济的革命。

　　数据和数据经济一直都是世界上主要经济体布局新经济的重点领域。2019 年 12 月 23 日，美国发布了《联邦数据战略与 2020 年行动计划》，这个战略以 2020 年为起始，描述了美国联邦政府未来十年的数据愿景，并确定了 2020 年需要采取的 20 项具体行

第 5 章 要素：数据及文化数据资产

动方案。该战略的突出特点在于美国对数据的关注由技术转向资产，"将数据作为战略资源开发"成为此战略的核心目标①。欧盟委员会在 2020 年 2 月发布了《欧洲数据战略》(*A European Strategy for Data*)，该战略提出，欧盟的战略目标是确保欧盟成为数据驱动型社会的榜样和领导者，以便商业和公共部门能利用数据更好地进行决策。该战略还提出：为了在数据经济中跻身世界领先地位，欧盟必须立即有所行动，通过和各成员国协商，有效解决互联互通、数据存储、数据处理、计算能力和网络安全等一系列问题。

我国政府高度重视数据在经济发展中的作用，已将数据列为生产要素。2019 年 10 月 31 日，中国共产党第十九届中央委员会第四次全体会议通过了《中共中央关于坚持和完善中国特色社会主义制度、推进国家治理体系和治理能力现代化若干重大问题的决定》，这一历史性文件中提出，"要健全劳动、资本、土地、知识、技术、管理、数据等生产要素由市场评价贡献、按贡献决定报酬的机制"，数据已作为生产要素的定位首次在党和国家的重大政策文件中被确定下来。

2020 年 4 月，中共中央、国务院印发《关于构建更加完善的要素市场化配置体制机制的意见》(以下简称《意见》)，其中提出"加快培育数据要素市场"：

---

① 程莹. 美国白宫《联邦数据战略和 2020 年行动计划》概述 [J]. CAICT 互联网法律研究中心, 2020.

- 推进政府数据开放共享。优化经济治理基础数据库,加快推动各地区各部门间数据共享交换,制定出台新一批数据共享责任清单。研究建立促进企业登记、交通运输、气象等公共数据开放和数据资源有效流动的制度规范。
- 提升社会数据资源价值。培育数字经济新产业、新业态和新模式,支持构建农业、工业、交通、教育、安防、城市管理、公共资源交易等领域规范化数据开发利用的场景。发挥行业协会商会作用,推动人工智能、可穿戴设备、车联网、物联网等领域数据采集标准化。
- 加强数据资源整合和安全保护。探索建立统一规范的数据管理制度,提高数据质量和规范性,丰富数据产品,根据数据性质完善产权性质。制定数据隐私保护制度和安全审查制度。推动完善适用于大数据环境下的数据分类分级安全保护制度,加强对政务数据、企业商业秘密和个人数据的保护。

要素市场化问题在党的十九大和十九届四中全会提出,是新时代加快完善社会主义市场经济体制的重要内容。《关于构建更加完善的要素市场化配置体制机制的意见》在 2020 年新冠肺炎疫情爆发之后推出,说明了国家对推动此项工作的决心,这也是应对中长期严峻局势的一项战略举措。

2021 年 3 月公布的《中华人民共和国国民经济和社会发展第十四个五年规划和 2035 年远景目标纲要》提出要"建立健全数据

第 5 章 要素：数据及文化数据资产

要素市场规则"，具体内容为：

- 统筹数据开发利用、隐私保护和公共安全，加快建立数据资源产权、交易流通、跨境传输和安全保护等基础制度和标准规范。
- 建立健全数据产权交易和行业自律机制，培育规范的数据交易平台和市场主体，发展数据资产评估、登记结算、交易撮合、争议仲裁等市场运营体系。
- 加强涉及国家利益、商业秘密、个人隐私的数据保护，加快推进数据安全、个人信息保护等领域基础性立法，强化数据资源全生命周期安全保护。
- 完善适用于大数据环境下的数据分类分级保护制度。加强数据安全评估，推动数据跨境安全有序流动。

很多经济学家认为数据具有提高生产效率的乘数作用，这应是指在数据要素上投入的变化引起的生产效率的倍数效应。这种认识也体现在了公共政策当中。国务院印发的《"十四五"数字经济发展规划》中认为"数据对提高生产效率的乘数作用不断凸显，成为最具时代特征的生产要素。"《规划》将数据要素市场体系建设作为发展目标的第一项内容，提出"数据要素市场体系初步建立"的目标：数据资源体系基本建成，利用数据资源推动研发、生产、流通、服务、消费全价值链协同。数据要素市场化建设成效显现，数据确权、定价、交易有序开展，探索建立与数据要素价值和贡献相适应的收入分配机制，激发市场主体创新活力。数据的乘数作用这个问题我和吉林大学经济学教授赵儒煜老师有过请教，他认为数据的乘数作用还需要再分析，需要看数据要素如何参与生产过程。乘数效应的前提是一个要素启动一个生产过程，而不仅是生产过程中的要素参与者。

中央财经大学金融学院的韩复龄教授在我对他的访谈中，对数据作为生产要素这个问题做了详尽的解读，他认为，不同的经济形态，生产要素所包含的内容有很大不同，关键生产要素也不同，而数据就是数字经济时代最为关键的生产要素。他从三个方面解释了这个问题。

首先，数字经济始终围绕数据这个核心生产要素的感知、采集、传输、存储、计算、分析和应用，来重构企业和经济发展的强大驱动力。消费互联网和产业互联网对传统流通、消费、生产体系的淘汰、升级、融合、重组、优化等作用，其背后的经济逻辑都必须基于对数据的判断、预测和精准匹配。

其次，数据作为生产要素具有即时性、共享性、边际生产率递增等特征，数字技术与传统生产要素相融合，可以通过算法优化传统生产要素的配置效率，提高包括物质资本、人力资本、公共资本、土地、技术等其他生产要素的边际生产率，进而有利于实现递增的规模经济报酬。比如 Airbnb 租房、Uber 打车等共享经济模式的本质就是挖掘数据的价值，基于数据构建新型的合作和信任体系，实现智能化匹配供需，提高资源配置效率。

最后，在数据、算法和算力的驱动下，数字经济可以实现线上线下、全网、全域、全渠道，端到端的全链条、全流程、全场景的连接，打造丰富的人与人、人与机器无缝衔接的应用场景，使人工和机器的分工合作达到高效的协同水平。比如商业银行构建客户互动层、AI决策层（AI中台层）、核心系统与数据中台层，可以通过大数据分析对客户进行精准画像，实现精准定价，并在此基础上开展无抵押的数字信贷。

为了解决海量数据暴涨但数据资源可能被限制和浪费的局面，我国正在推动云网协同和算网融合，计算与网络协同，构建我国算力网络标准体系框架。算力、算法、数据、应用资源协同的全国一体化大数据中心体系和智能计算中心等将构成新型基础设施，算力网络与垂直行业领域相结合，将为数字文化产业和数字文化经济发展提供强大的驱动力。

文化经济领域生产要素与数据要素问题

经济学家们关于数据作为生产要素的研究正在推进，这也是文化经济研究的新课题。在《关于构建更加完善的要素市场化配置体制机制的意见》（以下简称《意见》）发布之际，由于其与文化产业和文化经济的关系也很密切，笔者曾撰文讨论这方面的问题[①]。在文中我提出，文化产业应关注要素市场化配置的三个方面，

---

① 金巍. 要素市场化配置：文化产业应关注的三个方面[EB/OL]. 深圳文化产权交易所公众号. (2020-04-13)[2022-07-15]. https://mp.weixin.qq.com/s/O_U8f3tL3mgsBtCVBT-D7w.

包括"一个背景""五大要素"和"一种关系",认为看待要素市场化配置与文化产业的关系,需要在"五大要素"中重点关注技术要素和数据要素。

我国文化产业的市场机制经过多年建设已经取得了很大进步,但也有明显的弱点,即文化产品市场化先行而文化要素市场化相对滞后。在这样的情况下,一旦遇到强力冲击,文化产业的韧性是较弱的。在新冠肺炎疫情爆发后,我们看到文化产业的抗冲击能力是较弱的。产品竞争力和要素竞争力哪个更有持续性,在疫情下高下立判。在微观上,如果没有一两项要素"硬核",一旦遇到新冠肺炎疫情这样的公共危机事件,很多文化企业都会迅速进入亏损直至停业停产状态。由此带来的就业问题、产业失衡问题等宏观性问题,对整体经济和社会都会形成较大的冲击。

在《意见》中,土地、资本、劳动力、技术和数据是五大要素,是要素市场化配置体制机制完善的主要内容。传统的三种生产要素,即土地、资本和劳动力问题,在文化产业发展中都是基础要素,是需要特别关注的具有新经济特征的数据要素。

数据作为生产要素是经济活动数字化和数字经济发展的必然。《意见》对数据要素市场化配置问题作了三个方面的要求,包括:推进政府数据开放共享;提升社会数据资源价值;加强数据资源整合和安全保护。对于文化产业来说,文化数据成为重要的文化生产要素已经大势所趋,文化数据资产的价值已经被认识。在要素市场化配置体制机制下,以文化数据为核心竞争力的文化企业将成为新的主角,所以构建文化数据评估评价体系和文化数据产权制度，在统一规范的数据管理制度下构建文化数据资产安全和保护机制都是当务之急。

要培育文化产业的要素竞争力，就要在要素市场化配置体制机制构建背景下处理好文化要素配置市场化问题和文化产业"双重性"的关系问题，这也是文化经济领域推动数据要素市场配置需要面对的问题。如果不能正确处理这种关系，要素市场化配置的运行机制就难以建立，所有规则都要大打折扣。鉴于文化要素的特殊性，明确地界定文化要素的哪些部分是不能通过市场化进行配置的是必要的，以"双重性"为借口左右摇摆、甚至"一竿子打死"都不可取。如何处理政府与市场的关系是各级文化产业主管部门面临的难题，但能以市场方式提供要素供给的，仍应多引导少干预，多竞争少垄断，让市场机制在文化要素配置中切实发挥作用。

文化数据资源与文化数据资产

从经济学意义的生产要素到产业实践层面，需要研究数据资源及数据资产问题。数据体现了其作为生产要素的经济价值。同样，观察数字文化经济的市场逻辑，我们也需要首先研究文化数据资产问题，因为获得资产及其价值是市场逻辑的底层动因。

首先研究文化数据资源。文化数据资源体量有多大？全球范围内对数字经济的重视前所未有，技术创新层出不穷，技术应用逐渐普及。就像人们在工业时代开始习惯柏油马路和机动车一样，人们已经开始很熟练地使用数字化基础设施和工具，海量的数据结合大数据技术和算法，数据这种资源的几何级数的增长是必然的。

根据国际数据公司（IDC）2019年1月公布的白皮书《IDC：2025年中国将拥有全球最大的数据圈》[①]，全球数据量在2018年为33ZB，2025年将达到175ZB，而我国数据量在2018年为7.6ZB，到2025年预计将达到48.6ZB，占全球数据圈的27.8%。报告指出，2015年至2025年，虽然大部分数据依然在终端被创建，但越来越多的数据会在边缘、核心被复制、传输或备份。根据这份报告，我国数据圈将受到来自物联网设备信号、元数据、娱乐数据、云计算和边缘计算增长的驱动，其中娱乐数据到2025年占所有数据量的25%，令人惊讶的是，这个比例在2015年竟然为46%，这些数据主要来自终端和消费。

从这个报告中可以得出这样的认识，数据资源将以惊人的速度增长，而文化娱乐数据在其中的规模和比重也超出我们的想象。从经济学角度讨论，资源应具有稀缺性，但关于数据资源是否具有稀缺性还有一些争议。很多人认为数据是无限的、可复制的资源，不具有稀缺性。但从微观上看，从具体的产业和企业管理看，数据资源因为经过了复杂的加工过程，所以仍具有一定的排他性，是具有稀缺性特征性的。尤其是文化数据资源，其信息中含有了

---

① 该本白皮书是IDC《数字化世界：从边缘到核心》的区域配套文章，总结了中国数据圈相关的趋势和动态以及数据存储的情况。

独特的文化属性信息，所以排他性更强。从这个角度上看，文化数据资源是具有稀缺性的。

下面对数据资产（data asset）做一阐述。数据这个概念很早就被提出，但直到数据开始作为生产要素，期间经历了大数据时代的技术不断进步和数据属性的不断进化。经济学意义的数据要素要成为可计量的资产，首先是能够评估评价并进行交易。

在产业实践中，数据作为资产可以更加直观地体现数据的价值，而在资产评估、会计及金融领域，数据的价值通过资产化体现。2019年，中国资产评估协会发布了一个数据资产评估指引，即《资产评估专家指引第9号——数据资产评估》。根据《资产评估专家指引第9号——数据资产评估》，数据资产是指由特定主体合法拥有或控制，能持续发挥作用并且能带来直接或者间接经济利益的数据资源。

参考这个定义，我们也可以定义什么是文化数据资产：文化数据资产是具有资产权属、经济价值和文化属性的可计量文化数据资源。根据此定义，文化数据成为资产有三个条件：

- 具有资产权属，即文化资源为特定主体拥有或控制。
- 承载文化的效用价值和有用性，即有文化属性且有经济价值。数字资产的文化属性是指资产具有的可被定性为文化一类的特性，其数据承载的信息可归类为文化信息。
- 可以进行价值计量，即文化数据资产能够价值评估评价并以货币形式标明价格。

与其他实物型文化资产不同的是，文化数据资产是非实物形态的；与其他无形资产形态的文化资产比较，文化数据资产是数字或数码形态的。

从生产环节上看，在文化创作、文化生产、文化产品流通和文化消费环节上都会形成海量数据，其中具有文化属性的都属于文化数据资产。在文化创作和生产中会形成大量以数据形态储存的素材，这些都可以作为新的创新或生产的生产资料。文化消费端形成的数据更是具有新经济时代的特殊价值，包括文化消费者的消费行为、消费能力、消费生态等相关数据，这些数据存在于文化消费平台数据、电信运营商数据、第三方支付数据系统等。

从形成方式上看，文化数据资产的类型分为原生数据资产和转化数据资产（或次生数据资产）。原生数据资产是文化创作、生产、传播、消费过程中直接生成的以二进制形式存在的数据资产，这类数据资产没有其他形态对应。转化数据资产是原有其他类型资产进行数字化转化的数据资源，这类资产有实物资产等其他形式资产对应存在，比如博物馆文物资产的数字化，数字化的以数据形态存在的某一个文物，能够一定程度上再现该文物实体的实际状态。

从资产主体上看，可将文化数据资产分为公共文化数据资产、企业文化数据资产和个人文化数据资产。

第 5 章 要素：数据及文化数据资产

文化企业数据资产管理

华为在 2017 年提出了自己的数字化转型蓝图，其中重要的内容是"数据资产管理及数字化运营"，这是华为实施企业数字化转型计划的关键。在华为的数据资产管理架构中，结构化数据包括基础数据、主数据、事务数据、报告数据、观测数据和规则数据，后两者属于内部数据；非结构化数据包括文档、图片和视频等。

这是企业级的数据资产管理，数据资源资产化，很重要的一个表现过程是企业的数据资产管理。数据资产管理与更早的由国际数据管理协会[①]等机构提出的"数据管理"概念不同，数据资产管理是在大数据等技术条件下对数据资产进行规划、控制和使用的一系列管理行为。数据资产管理将数据资产集中于大数据平台，以数据为核心要素推动业务发展，同时通过不断提升数据资产管理能力形成企业竞争力。数据资产管理通常经历数据报表阶段、数据管理阶段、数据运营阶段和数据资产评估阶段等 4 个阶段。其中在数据运营阶段，企业数据逐步被汇总到大数据平台，形成了数据采集、计算、加工、分析等配套工具，并开展了以数据为核心生产要素的创新应用。数据资产管理不仅推动了企业内部业务的发展，也可以逐渐为企业外部提供数据产品服务。在数据资

---

① 国际数据管理协会（Data Governance Institute，简称为 DAMA）是成立于 1988 年的专注于数据管理和数字化转型的非营利性组织。

产评估阶段，随着数据资产管理能力的进步，企业积极开展数据资产管理能力评估，不断提升管理和运营能力[①]。

德勤提出过"第四张报表"的概念，认为数据治理能力也能体现企业价值。"第四张报表"是基于数据资产和大数据技术的，表明"数字化尝试给企业带来的价值"。卡内基梅隆大学软件工程研发中心与美国国防部、美国国防工业协会曾经开发过一个软件能力成熟度集成模型（Capability Maturity Model Integration，简称为CMMI），2014年，卡内基梅隆大学以此为参考发布了数据能力成熟度模型（Data Management Maturity，简称为DMM），这个模型包含六大职能域：数据管理战略、数据操作、数据质量管理、数据治理、数据平台和体系、支撑流程。我国于2018年3月15日发布了国家标准《数据管理能力成熟度评估模型》（GB/T36073—201），这个模型又称DCMM模型，定义了数据管理能力成熟度评价的八大能力域：

- 数据战略：数据战略规划、数据战略实施、数据战略评估；
- 数据治理：数据治理组织、数据制度建设、数据治理沟通；
- 数据架构：数据模型、数据分布、数据集成与共享、数据管理；
- 数据应用：数据分析、数据开放共享、数据服务；

---

① 李雨霏，刘海燕，闫树.面向价值实现的数据资产管理体系构建［J］.大数据. 2020, 6（3）.

- 数据安全：数据安全策略、数据安全管理、数据安全审计；
- 数据质量：数据质量需求、数据质量检查、数据质量分析、数据质量提升；
- 数据标准：业务数据、参考数据和主数据、数据元、指标数据；
- 数据生存周期：数据需求、数据设计和开放、数据运维、数据退役。

文化企业数据资产管理是文化企业在数字时代必须面对的问题，脱离数字赛道的企业将无法生存。文化企业的数据资产，最主要的是其与文化生产相关的、承载文化信息的文化数据资产，文化企业也有一般的数据资产。在文化生产过程中形成的文化数据资产正在成为文化企业的战略性资产。数据资产管理在企业层面是一种竞争力，文化企业的数据资产管理就是要实现价值管理。数字化是当前很多文化企业面临的难题。从文化数据资产的治理和管理入手，应是文化企业数字化的重要步骤。

DCMM 模型将组织的数据能力成熟度划分为初始级、受管理级、稳健级、量化管理级和优化级共 5 个发展等级，文化企业可以根据自身情况做出自我评价，并在数据资产管理进程上量力而行。文化企业在进行文化数据资产管理过程中可能碰到一些难点主要有：

- 成本收益测算。数据资产管理需要依托数字化平台，一般只有整体实现数字化转型的企业才能真正实现数据资产管理，所以数字化转型成本较高。在初期只有少量数据的阶段，至少要建立初级的数据管理架构。
- 应用场景运维。数据资产是在企业各种应用场景中积累的，一些典型的应用场景需要基本的有效运维，例如影视公司的市场分析、游戏公司的客户分析等。场景运维一般只是在项目级别上，不意味着企业的所有流程都要数字化，往往初始的场景运维数据化管理只是为了能够接入到某个更大的运营管理平台。
- 大数据平台。数字经济下的数据资产管理之所以与传统的数据管理不同，其主要的特征就是大数据技术的应用。文化企业的数据资产管理也要充分利用大数据分析平台来实现，但中小企业一般在初期仍需要与供应链大数据平台结合，与大型企业或机构的大数据平台结合。
- 专业团队。数据资产管理需要企业全员参与，在高层可能需要一个委员会来制定战略，但核心仍是信息和数字技术部门。有些企业将这个板块外包给技术服务商，但仍需内部有技术小组或专人对接。

文化数字资产与 NFT 的是与非

数字资产（Digital Asset）是一个重要的一个概念，笔者在授课中常常遇到必须对这个概念进行解释的情形，在文化金融主题活动中，与专家们的讨论，也常需要进行概念上的澄清。

数字资产和数据资产都与数字技术相关，但是这两组概念之间的关系一直有争议。近年来，在产业界，提起数字资产，一般专指虚拟货币（不含央行发行的数字货币）等数字技术原生类金融资产。从这个角度上看，数字资产与数据资产是不同范畴的概念。但也有一些专家认为数字资产就是数据资产，是以电子数据形式存在的非货币性资产。

从数字经济发展趋势上看，将数据资产和数字资产统称为数字资产未必不可。这时数字资产就包含了一般性的数据资产，也包含了数字化原生类金融资产。已经有爱奇艺等企业在数字化创新和管理时将以数据为核心的资产统称为数字资产。从这个角度上，文化数字资产可以包括：

- 文化数据资产包括以数据库等形式呈现的数据资源，以及以知识产权产品形态呈现的数字化文化资产，如数字出版物；
- 原生类金融资产，包括具有一定货币性质的虚拟货币，还有不是虚拟货币的原生数字资产（如数字藏品）。

具有一定货币性质的虚拟货币，如比特币、以太币、泰达币等，在一定程度上渗透进了现有的经济运行体系，是全球经济和金融界都非常关注的数字资产形态，这类数字资产未来何去何从，正引发众多经济学家和金融家们的热议。

虚拟货币这类数字资产由于触及了主权货币问题，也一直受到各国金融监管部门的高度关注。2019年6月18日，Facebook发布《Libra白皮书》，推出了被认为是"超主权数字货币"的Libra，引起了世界范围的关注。其后，美国、欧盟等国家和地区都对Libra采取了审慎的态度。2020年，《Libra白皮书2.0》重新将Libra定位为结算币，避免挑战货币主权。2020年12月1日，Facebook官网信息显示，Libra已经更名为Diem。世界各国对待虚拟货币的态度大有不同：主要经济体都比较谨慎；而有些国家很积极，甚至宣布将比特币作为法定货币，现在看来这非常冒险[①]。

虚拟货币相关业务活动在我国是被严令禁止的。早在2016年，中国人民银行和金融监管部门在研究推进区块链技术在金融领域应用的同时，就关注到了虚拟货币的风险。2016年，我国很多区块链技术应用平台在研发和测试的过程中，就开始大规模进行代币首次发行（ICO），对资本市场造成了冲击，同时形成了非法集资和诈骗的犯罪土壤，金融风险较大。2017年9月，中国人民银行、中央网信办、工业和信息化部、工商总局、银监会、证监会、保监会七部委联合发布《关于防范代币发行融资风险的公告》，停止了各类代币发行融资活动。

时隔四年后，2021年9月24日，中国人民银行与中央网信办、最高人民法院、最高人民检察院等有关部门联合印发了《关

---

① 据新闻报道，2021年11月萨尔瓦多批准比特币作为法定货币并宣布建设"比特币城"的计划，但后来实施过程极不顺利，媒体认为这个实验是失败的，这个非正统政策加大了该国在投资者和评级机构眼中的风险。

于进一步防范和处置虚拟货币交易炒作风险的通知》,该通知明确指出虚拟货币不具有与法定货币同等的法律地位,虚拟货币相关业务活动属于非法金融活动。通知还指出,境外虚拟货币交易所通过互联网向我国境内居民提供服务同样属于非法金融活动;参与虚拟货币投资交易活动存在法律风险。

在《关于进一步防范和处置虚拟货币交易炒作风险的通知》印发的同时,国家发展改革委等部门发布了《关于整治虚拟货币"挖矿"活动的通知》,明确指出,虚拟货币"挖矿"活动能源消耗和碳排放量大,对国民经济贡献度低,对产业发展、科技进步等带动作用有限,另外虚拟货币生产、交易环节衍生的风险越发突出,其盲目无序发展对推动经济社会高质量发展和节能减排带来不利影响。2021年10月,发改委公开征求《市场准入负面清单(2021年版)》意见时,将虚拟货币"挖矿"活动列入了淘汰类。

2021年11月10日,发改委组织召开虚拟货币"挖矿"治理专题视频会议,通报虚拟货币"挖矿"监测和整治情况,同时会议通报称,将以产业式集中式"挖矿"、国有单位涉及"挖矿"和比特币"挖矿"为重点开展全面整治。对执行居民电价的单位,若发现参与虚拟货币"挖矿"活动,将研究对其加征惩罚性电价,形成持续整治虚拟货币"挖矿"活动的高压态势。

虚拟货币这类数字资产在数字经济中会承担什么角色,未来将会向何处去,政府部门和经济学界还未取得共识。从政府部门角度,虚拟货币的市场化行为对当下经济运行的影响程度是其如何采取行动的标准之一,暂时还不会进行过多研究。但对经济学来说,这是个需要深入研究的课题,原因是由于数字技术的发展,这种资产形态不是能够通过行政干预就完全消失的。

我们还需要关注一种不是虚拟货币的原生数字资产,即NFT,在我国有时被称为数字藏品,其与文化领域尤其是艺术领域的关系极其密切。

NFT(Non-Fungible Token)起源于2017年以太坊上的一个加密头像——加密朋克,紧接着有一款加密猫游戏引爆了NFT。NFT被译作"非同质化代币",是在区块链技术平台上生成的代币标准为ERC-721的虚拟资产,与比特币等虚拟货币不同的是,任何一枚NFT只对应一个合约地址(Contract Address),都是唯一而不可分割的。2021年3月11日,艺术家Beeple的数字艺术作品*Everydays:THE FIRST 5 000 DAYS*的NFT在佳士得拍卖行售出,竞拍价高达6 930万美元(以当时其所获以太坊计算),震惊了区块链界和艺术圈。基于区块链的加密资产,让数字资产有了新的可能性。

目前国际上的NFT大多基于公链发行,自由度高,流动性强。全球最大的NFT交易平台是Opensea,其NFT商品包括加密艺术品、游戏商品、虚拟土地、数字版权等,普通用户也能够参与NFT的制作和发行。我国一些机构也在Opensea上发行了NFT。国内一些大型互联网企业正在搭建与NFT相关的发行平台,是基于联盟链或私有链的数字藏品发行平台,如腾讯的幻核、鲸探(原蚂蚁链粉丝粒)、NFT中国、Umx等,目前所发行的数

第 5 章 要素：数据及文化数据资产

字藏品多数都与艺术、文娱或体育相关。还有一些文化产权交易所、艺术品交易所也正在尝试着推出类似 NFT 的数字资产发行平台。一个突出的现象是，NFT 在区块链地址上就是一串代码，会指向特定的底层资产，不过 NFT 与底层资产的法律关系并未取得共识。

目前为止我国金融监管部门、文化主管部门以及法律界在 NFT 数字藏品方面都没有明确的法规性文件出台，但态度是相对明朗的，那就是风险可控为第一原则，这从 2022 年 4 月由中国互联网金融协会、中国银行业协会、中国证券业协会联合发布《关于防范 NFT 相关金融风险的倡议》可见一斑。由于 NFT 的发行和交易在国内还有一定的障碍，一些研究者和机构尝试从其他方面取得突破，这说明非货币类数字资产不只有 NFT 一种途径。北京航空航天大学教授蔡维德主持的非同质化权益（NFR）项目研究提供了一个新的视角，在他们发布《非同质化权益（NFR）白皮书——数字权益中的区块链技术应用》中，认为 NFT 可以看作是对文艺产业的数字化手段，绘画、音乐、游戏、小说等作品都可以进行数字化，NFT 能够增加艺术品的流动性，可以刺激艺术品和收藏品市场，形成新型商业模式。但 NFT 也存在技术问题、法律问题等多重问题。报告解释了 NFR 与 NFT 的不同之处，并称他们已解决了 NFT 存在的问题，如不使用任何数字代币或是相关协议，不使用任何公链，完善实名认证机制，符合相关法律法规等。

笔者对 NFT 现象持谨慎乐观的态度。笔者的基本观点有三个：一是 NFT 不一定非要称为"非同质化代币"，要和代币切割开，从数字文化角度上，我建议这类数字资产应称为数字艺术资产。二是这类原生的虚拟资产会呈现很多形态，NFT 也只是其中一种，以后可能还有很多种其他名称的数字资产。三是在监管上简单禁止 NFT 不如暂时观察一段时间。

从当前的实践看我认为当前 NFT 的实际经济作用并不明确。作为 NFT 的一种形态，数字艺术资产应作为一种精神消费的载体，但 NFT 目前还无法判断其实际的效用价值所在。数字艺术资产也是一种数字文化产品，但是其与文化生产体系之间的关系需要继续观察，如果没有更好的设计使其与文化生产体系相结合，那么 NFT 形态的资产很容易空转在虚拟经济怪圈当中，不断产生泡沫。这也是我国政府目前对此比较审慎的主要原因。

数字技术不仅改变了文化企业的资产形态，个人也将拥有更多的类似 NFT 的数字资产，这可能是个人财富积累的一条新型路线。但参与这样的一个财富游戏，可能面临一个巨大的财富陷阱。因为从数字资产到真实的财富管理，需要很多条件才能实现，包括资产权利合规合法性、资产形态的技术稳定性和社会生产相关性。

5.2 文化数据资产的治理

数据产权、价值评估与交易体系

在产业管理或行业管理层面上,文化数据资产管理表现为一种行业规范和标准,这也是很重要的文化数据资产治理问题。

在广州召开的一次论坛上,笔者提出应尽早布局文化数据资产治理工作。笔者认为,目前我国文化数据治理包括文化数据资产治理都正处在一个很好的战略机遇,各有关部门、包括企业和行业组织可从多个方面着手文化数据资产治理工作,推动文化数据资产评估与管理体系建设。

我国各级政府部门正在密集出台相关法律法规,为大数据及数据资产治理打造良好的制度环境[①]。一批大数据交易所(交易中

---

① 目前我国涉及大数据的法律法规均为地方性法规,主要有:《吉林省促进大数据发展应用条例》《山西省大数据发展应用促进条例》《海南省大数据开发应用条例》《贵州省大数据安全保障条例》《天津市促进大数据发展应用条例》《贵阳市健康医疗大数据应用发展条例》《贵阳市大数据安全管理条例》《贵州省大数据发展应用促进条例》等。

心）和数据资产评估中心已经起来，社会化数据交易平台也如雨后春笋般出现。评估方面，中国资产评估协会在 2019 年印发了《资产评估专家指引第 9 号——数据资产评估》作为一种行业参考。2019 年 6 月 4 日，中国标准化研究院正式发布了一项数据资产评价的国家标准，即国家标准 GB/T37550—2019《电子商务数据资产评价指标体系》。我国发布了三项数据交易的国家标准，包括 2018 年 6 月 7 日国家市场监督管理总局、中国国家标准化管理委员会联合发布的《信息技术—数据交易服务平台—交易数据描述》，2019 年 8 月 30 日发布的《信息技术—数据交易服务平台—通用功能要求》和《信息安全技术—数据交易服务安全要求》。

《"十四五"数字经济发展规划》提出要加快数据要素市场化流通，鼓励市场主体探索数据资产定价机制，推动形成数据资产目录，逐步完善数据定价体系。规范数据交易管理，培育规范的数据交易平台和市场主体，建立健全数据资产评估、登记结算、交易撮合、争议仲裁等市场运营体系，提升数据交易效率。严厉打击数据黑市交易，营造安全有序的市场环境。该规划提出"数据要素市场培育试点工程"，有三个主要内容：

一是开展数据确权及定价服务试验。探索建立数据资产登记制度和数据资产定价规则，试点开展数据权属认定，规范完善数据资产评估服务。

二是推动数字技术在数据流通中的应用。鼓励企业、研究机构等主体基于区块链等数字技术，探索数据授权使用，数据溯源等应用，提升数据交易流通效率。

三是培育发展数据交易平台。提升数据交易平台服务质量，发展包含数据资产评估、登记结算、交易撮合、争议仲裁等的运营体系，健全数据交易平台报价、询价、竞价和定价机制，探索协议转让、挂牌等多种形式的数据交易模式。

基于以上规划要求，我们可以观察文化数据资产治理的问题，主要包括两个方面：文化数据资产确权与价值评价体系；稳定的文化数据交易市场和交易体系。

文化数据资产治理的核心是文化数据资产评估，其中有两个重要环节：一是推动文化数据资产确权，二是形成科学的文化数字资产估值评价体系。做好这两个环节，文化数据资产交易市场和交易体系才能真正建立起来。当前的数据治理体系已经为推动文化数据资产评估、交易业务并形成行业规范提供了一些有利条件。

数据资产确权就是要确定"数据产权"，包括数据的所有权、使用权、收益权等。我国政府也在相关政策文件中提出了数据产权问题，如中共中央、国务院发布《关于构建更加完善的要素市场化配置体制机制的意见》提出，"要研究根据数据性质完善产权性质"；《中华人民共和国国民经济和社会发展第十四个五年规划和2035年远景目标纲要》提出"建立健全数据产权交易机制"。2021年3月15日，中央财经委员会第九次会议召开，在推动平台经济规范健康持续发展议题中提出要"加强数据产权制度建设"。

在实践中，要确定数据资产权属，不仅要确定数据的权利性质，还要确定数据资产的相应争议、限制情况，是否有相应的权证等。大数据技术已经发展十几年，而除了少数大型互联网企业，很少有机构将数据作为资产来管理。

传统的中国社会个人权利意识淡薄，所以个人原本很少重视数据权属问题。但人们现在已经开始意识到数据是能够产生价值的，值得为确定个人数据产权付出努力。以个人网络行为数据为基本数据源的平台企业，如电信运营商、第三方支付平台、大型电商企业、大型游戏或网络社群平台、大型直播及短视频平台等，都需要面对个人数据的权属问题。美国的 Meta、谷歌，我国的腾讯、百度，他们运营的生命线就是数据，而这些数据主要是个人网络行为生成的数据。文化娱乐数据大多数都是这类数据，其权属在逻辑上自然属于个人。美国学者戴维·卡罗尔（David Carroll）向特朗普雇佣的剑桥分析公司提出数据请求的案例，说明即使个人数据的权属还需要很多论证，但在基本逻辑上属于个人是被法院认可的[①]。在我国还未有相关判例，但未来很长一段时间，以个人数据为基础的数字文化企业也会遇到同样的问题。很多学者也提出，个人数据应具有其基本权利，但是数据的形成毕

---

① 2016 年，特朗普竞选团队聘请的剑桥分析公司通过从 Facebook 取得的 7 000 万用户个人信息数据建模，为竞选提供精准营销。两年后，美国学者戴维·卡罗尔（David Carroll）向剑桥分析公司提出数据请求，希望得到有关他的所有个人数据。戴维·卡罗尔的律师拉维·奈克（Ravi Naik）称，数据权力应该被视为个人的基本权力而得到尊重。2019 年，戴维·卡罗尔胜诉，剑桥分析公司的母公司 SCL 被罚款大约 27 000 美元。卡罗尔的分成大约 222 美元。

竟是复杂的过程,数据公司或平台也应拥有相应的权利。

确权之后应对资产提供价值尺度,即估值,赋予数据资产一定的市场价值和非市场价值。估值目前传统的方式仍是市场法、收益法和成本法,但在这三种基本方法之上也衍生了很多新的方法。根据《资产评估专家指引第 9 号——数据资产评估》,数据资产的基本特征通常包括非实体性、依托性、多样性、可加工性、价值易变性等,估值时需要考虑数据资产的这些特点。例如成本的计算,由于数据资产具有边际成本趋近零的特点,在计算成本时一般只需要考虑前期的数据获取、研发成本;又如,数据具有依托性特点,需要依托于某种介质进行存储和加工,因此需要考虑数据资产所依托的介质成本。因为文化数据资产增加了文化属性而变得更复杂,所以文化数据资产评估业务需要一些特别的考量,如具有文化特性的数据资产在未来预期收益方面更具弹性,那么以收益法估值将更符合文化企业利益。

文化数据资产治理需要稳定的数据交易市场和交易体系,包括场内交易和场外交易。2015 年以来,我国已经出现十几家由政府主导的大数据交易机构,如贵阳大数据交易所、武汉东湖大数据交易中心、北部湾大数据交易中心等。目前的一些大数据交易机构,在产品类别上已经包含了文化数据,如贵阳大数据交易所。这些机构已经具备了一定的数据治理经验,如果充分利用现有交易场所开展文化数据资产治理的相关工作,也是一个很好的的选择,但需要开设文化数据资产交易的专门通道,而不是等同于其他类型的大数据交易。

随着数字经济和数据要素的重要性日益凸显，更具数字技术特征的新型数据交易平台开始设立。2021年3月，北京国际大数据交易所成立。2021年6月，深圳市人民代表大会大通过了《深圳经济特区数据条例》，该条例明确由深圳市政府推动建立数据交易平台，引导市场主体通过数据交易平台进行数据交易。2021年12月，深圳数据交易有限公司注册成立。2021年11月，上海数据交易所正式揭牌，上海数据交易所创立"数商"制度，规定数据产品"不合规不挂牌，无场景不交易"，入场数据产品将拿到数据产品登记凭证和数据产品说明书，场内成交将得到数据交易凭证。这些数据交易所既有一定的公共服务性，也是数据交易市场化的良好平台，其建立之初就对技术应用非常重视，如北京国际大数据交易所的IDeX系统是依托隐私计算、区块链及智能合约、数据确权标识、测试沙盒等领域技术构建的新型数据交易系统。新的数据交易场所将提供更加高效、公平的交易服务，文化数据资产作为其中的一大类，将具有很好的市场前景。

各地的文化产权交易所从定位上属于文化生产要素交易平台，在文化数据要素市场建设方面具备一定的先天优势。但目前，文化产权交易所在转型过程中遇到了很多困境，未来的主营业务方向选择一直困扰着决策者。当前，已经有深圳文化产权交易所已经试点建设"全国文化大数据交易中心"，从长远看，各地文交所利用国有资本背景、已有文化资源优势以及一定的营业壁垒优势，在文化数据产权交易、文化数据资产交易领域开展探索，是很好的战略选择。

国家文化大数据体系

除了文化企业的数据资产管理，公共文化数据资产的治理是更高层面的问题，这一定程度上反映了政府治理的能力。

在国家大力推进网络强国建设和数字经济发展背景下，2019年科技部等六部门联合印发《关于促进文化和科技深度融合的指导意见》，文件提出，到2025年基本形成覆盖重点领域和关键环节的文化和科技融合创新体系，实现文化和科技深度融合。其重点任务包括"加强文化大数据体系建设"等八个方面，并提出"要贯彻国家大数据战略，加强顶层设计，加快国家文化大数据体系建设"。文件同时提出，面向社会开放文化大数据，鼓励公民、法人和其他组织依法开发利用，将中华文化元素和标识融入内容创作生产、创意设计以及国土空间规划、生态文明建设、制造强国建设、网络强国建设和数字中国建设，让文化遗产"活起来"。

2020年新冠肺炎疫情爆发后，我国加快了"国家文化大数据体系"的建设进程。2020年5月，中央文改领导小组办公室发布《关于做好国家文化大数据体系建设工作的通知》，提出中国文化遗产标本库建设、中华民族文化基因库建设、中华文化素材库建设、文化体验园建设、文化体验馆建设、国家文化专网建设、国家文化大数据云平台建设、数字化文化生产线建设等八大任务。2021年3月，《中华人民共和国国民经济和社会发展第十四个五年规划和2035年远景目标纲要》正式发布。

中央宣传部文化发展和改革办公室副主任高书生是这一建设工程的主要推动者之一，他曾多次撰文阐述了"国家文化大数据体系建设"的主要内容和基本路径。在 2017 年的一篇文章中，高书生将文化大数据分为两类：需求侧文化大数据和供给侧文化大数据。需求侧文化大数据是指在文化消费过程中所产生的数据。比如，读书看报所产生的阅读数据，据此可为读者的阅读行为画像；看电视听广播所产生的视听数据，据此可为观众（听众）的收视行为画像。供给侧文化大数据是从文化资源中"萃取"的数据或素材。从文化资源到文化大数据要经过数据采集、加工（清洗）等许多环节。后来，高书生又从"四端"（供给端、生产端、需求端、云端）解释了国家文化大数据的体系架构。

高书生总结了国家文化大数据体系下的文化数字化"路线图"[①]：形成国家文化专网——搭建"数据超市"——开展国家文化专网接入服务——地毯式扫数据——超大规模加工数据——多渠道分发文化数字内容——大水漫灌式促消费。

1. 形成国家文化专网

实施主体为各有线电视网络公司。主要任务为依托现有网络设施，形成闭环系统；依托我国主导的国际标准，在国家文化专网部署提供标识编码的注册登记和解析服务的技术系统（简称文

---

① 高书生. 文化数字化"路线图"[EB/OL]. 伏羲云公众号.（2021-09-18）[2022-07-15］. https://mp.weixin.qq.com/s/0EuSTgj86mM_32daKWoSDA.

化数据标识服务系统）；完善结算支付功能，探索同国家文化专网实时交易相匹配的方式手段。

2. 搭建"数据超市"

实施主体为各文化产权交易机构。主要任务为依托国家文化专网，搭建文化数据服务平台；改建或扩建交易系统，为文化资源数据和文化数字内容的确权、检索、匹配、交易和分发等提供专业化服务；为机构进入"数据超市"提供开户等专业化服务；集成同文化生产适配的各类应用工具和软件。

3. 开展国家文化专网接入服务

实施主体为各有线电视网络公司。主要任务为依托现有网络设施，贯通文化机构的数据中心；为不具备单独设立数据中心的机构，提供数据存储等专业化服务。

4. 地毯式扫数据

实施主体为各文化机构。主要任务为全面梳理历次全国性文化资源普查积累的数据、新闻单位自建的媒资库以及出版机构等自建的数据库；依托我国主导的国际标准，在各文化机构数据中心部署底层关联服务引擎和应用业务软件（简称底层关联集成系统）；根据联合国教科文组织文化统计框架，将文化资源数据和文化数字内容按照文化和自然遗产、表演和节庆、视觉艺术和手工艺、书籍和报刊、视听（音像）和交互媒体、设计和创意服务进行分类；依托专业化知识图谱，为文化资源数据和文化数字内容进行编目；对文化资源数据和文化数字内容的特征进行描述并标签化，形成关联数据；开放关联数据信息，并在"数据超市"

可视化呈现，授权文化产权交易机构进行实时检索、匹配和交易；在"数据超市"检索、购买文化资源数据。

5. 超大规模加工数据

实施主体为各文化机构、文化科技机构。主要任务为对文化资源数据进行专业化解构、关联，形成文化生产及再生产素材；对关联数据进行专业化重构，形成文化数字内容；按照场景化、沉浸式、交互式等需求对关联数据进行加工、呈现；按照文化数字化新要求，改造业务流程，实现数字化可持续发展。

6. 多渠道分发文化数字内容

实施主体为各有线电视网络公司。主要任务为通过国家文化专网和电视机"大屏"，将文化数字内容分发到千家万户；对接互联网消费平台，将文化数字内容分发给移动终端"小屏"和交互式网络电视机"大屏"；通过国家文化专网，将文化数字内容分发到文化馆（站）、学校、书店等公共文化设施以及商场、景区、车站、码头、城市广场等公共场所。

7. 大水漫灌式促消费

实施主体为各文化、教育机构，互联网公司，旅游公司等。主要任务为对接国家文化专网，推动文化消费线上线下一体化、在线在场相结合；将文化消费数据通过国家文化专网，实时反馈文化数据服务平台，引导文化数字内容的创作生产。

自从国家文化大数据体系建设启动以来，已经在多个方面取得了重大进展。广电网络是国家文化大数据体系建设的重要依托，

第 5 章 要素：数据及文化数据资产

其参与国家大数据体系建设的深度进一步加深，主要依托各地广电网络公司的 8 个国家文化大数据区域中心已经挂牌成立。从 2020 年 6 月起，中国广电与各方签署了《出资意向协议》，确定组建"全国一网"股份公司。2020 年 10 月 12 日，中国广电网络股份有限公司正式在北京成立。2021 年 10 月，国家文化大数据体系建设的 11 项相关标准正式发布，涵盖国家文化大数据标准体系、文化数据服务、文化体验设施、技术及装备、文化遗产数字化采集技术等多个环节。目前很多省市政府已经将参与国家文化大数据体系建设纳入到了当地文化发展规划、文化与科技融合发展规划以及"十四五"相关规划当中。

由于公共文化系统掌握的文化资源占全社会文化资源的比重较大，国家文化大数据体系建设的实施，将激活文化资源的价值利用，对促进我国文化经济发展有极大推动作用。但还需要关注一些问题如何切实得到解决，如如何避免数据孤岛，在统一的文化大数据平台下构建文化资源流通交易机制；如何在构建文化大数据应用生态体系过程中真正链接公共文化资源与产业领域，实现文化数据资源的资产化和经济价值；等等。

从长远看，国家文化大数据建设体系可能会成为全社会文化大数据体系的枢纽与核心。中国人民大学创意产业技术研究院副院长宋洋洋认为，随着《"十四五"数字经济发展规划》的发布实施，数字经济在我国的发展进入到纵深阶段，文化数据资源也逐渐成为最具时代特征的文化生产要素。当前，国家文化大数据体系亟需在三个维度进一步破题。

一是建立文化数据要素市场体制机制，充分依托我国现行大数据和数据资产治理条件，在确定边界、明确主体的情况下推动文化数据确权、定价、交易。

二是紧扣"东数西算"国家工程机遇，建立起文化数据区域协作格局。国家发改委等部门联合启动的"东数西算"工程，旨在消弭东西部数字基建的水平差异，给文化区域间平衡发展与差异协作带来了机遇：东部地区发挥靠近市场优势，发力面向消费者的文化高频数据、即时计算；西部地区发挥文化资源优势、能源成本优势，发力面向生产者的策略挖掘、离线计算等。

三是文化数据监管逻辑从结果导向向行为导向转变。互联网文化数据是监管的重点领域，未来互联网文化产业既需要规模化发展、充分发挥外部效应，更需要开放竞争，监管的重点从是否形成数据垄断结果向是否使用数据阻碍竞争行为转变。

5.3
以数据资产为中心的文化金融服务

文化数据资产对资产结构的重构

文化资产是能够进行价值计量的文化资源，是文化资源及其价值体系的核心，也是文化金融服务关注的核心，因为在文化经济活动涉及的资产类型中，文化资产是核心资产。在传统的文化经济时代，文化产业或文化行业的文化资产的形态主要包括三种：

一是以版权（著作权）为主的无形资产。在影视、传媒、演艺、游戏等内容型的企业中，其核心资产就是版权资产。

二是以非物质文化遗产（简称"非遗"）为主的传统文化资产。非物质文化遗产是指各种传统文化表现形式，以及与传统文化表现形式相关的实物和场所。非遗既要保护，也要传承，而通过产业经营是传承的最好方式之一。在经营中，非遗的产权涉及原始产权归属以及衍生的知识产权等一系列问题。

三是具有文化价值的实物资产等。历史文化建筑、文物、实物形态的艺术品等，这些文化资产的价值不是体现在实物的实用性中，而体现在是附着其上的文化价值中。但是，在这部分文化资产，有一些虽具有经济价值但不能参与市场交易和流通。

文化数据资产的出现正在重构文化产业的文化资产结构。在数字经济时代，数据与土地、劳动力、资本、技术、人力资源等一样成为了生产要素之一，数据开始有价值和价格。因此，对于产业来说，文化数据资产也将成为文化资产的重要形态。同时，数字技术通过对其他资产形态进行数字化，也形成了数据形态的资产，这对文化资产结构是更大的重构。

文化数据资产还会重构文化企业的资产结构，企业资产结构的变化会影响文化企业资产管理方式和模式。从这个角度进行的观察，除了产业层面的结构类型以外，还包括以下几个维度：

- 无形资产与有形资产。数据资产是一种特殊的无形资产，数据资产的增加会使文化企业无形资产的比重大幅度增加。需要注意的是，部分数据资产不能从企业独立分割，其商业价值与商誉类似。
- 流动资产与固定资产。作为一种生产资料，企业对购买的大多数资产具有长期使用权，可纳入固定资产投资范畴。企业自身产生的数据，由于具有长期可用性，也具有固定资产性质。这些资产是否以及如何纳入固定资产核算，财务和会计界目前还没有统一认识。
- 长期资产与短期资产。占用期限决定了资产是否属于长期资产。从数据资产与企业生产的相关性看，大多数数据资产应属于长期资产。
- 金融资产与非金融资产。数据资产具有投资价值，但不属于金融资产。

数据资产质押信贷与文化数据信托

企业的资产形态或结构的变化必然引起各类资本供给方的关注。数据资产自身具有的一些特征是金融机构和投资机构必须理解的。

- 数据看起来是无限量供给的，只会越积累越多，但是数据要成为有价值的资产不是依靠"自然生长"，而是需要经过系统性创造，还需要对系统性创造的能力进行评估。
- 数据资产与其他资产的消耗刚好相反，数据不会被消耗掉，其边际成本会越来越低，所以在数据资产估值时要注意前期成本。
- 很多数据资产有一定的时效性，尤其是消费端形成的消费数据，在静态情况下随着时间推移其价值有可能大幅降低。
- 数据资产还有一个重要特征就是确权难，数据在处于资源形态时便是如此。

以数据资产为基础设计金融服务产品是具有实验性的工作，2016年在我国出现了首笔数据资产抵押贷款，即贵阳银行为贵州东方世纪公司发放的金额为100万元的"数据贷"。2021年9月,杭州银行和上海银行分别为杭州市滨江区的两家企业提供了授信,也是数据资产质押贷款,金额分别为500万元、100万元。这两笔授信的特点是数据资产在区块链上,贷款企业将相关数据存至区块链存证平台。

  以数据资产为抵质押进行贷款的金融产品在未来将会成为非常重要的一种产品类型。与传统的资产抵质押不同,数据资产的确权和评估更加复杂,除了担保机构,还需要数据资产评估公司共同参与。因无形资产比重较高的缘故,文化企业实际上在资产抵质押方面一直都是捉襟见肘,文化数据资产出现后,这种情况会不会有改变?

  2021年初,《麻省理工科技评论》在杭州发布2021"十大突破性技术","数据信托"赫然在列。英美等发达国家很早就注意到了数据关系链条上的信托关系和相关责任,也注意到了开发数据信托产品开发有利于资产的有效利用。我国的一些信托公司也在探索数据信托产品开发,如中航信托股份有限公司。2016年,中航信托发行首单基于数据资产的信托产品,总规模为3 000万元。中航信托还参与了一个"数据资产信托合作计划",在这个领域一直保持领跑者的地位。2021年,在中国电子信息行业联合会主办的"数据要素市场培育高峰论坛"上,由清华x-lab数权经济实验室、国研智库创新科学园、北京互联网法院、北京市大数据中心、中国电子信息行业联合会、中航信托等发起单位共同组成的数据权益保护课题组发布了"数据资产信托合作计划"。

第5章 要素：数据及文化数据资产

中航信托研发与产品创新部高级研究员禄琼一直在跟踪研究文化信托业务，她在一篇《"国家文化大数据体系"框架下的文化金融范式探索 ——以文化信托为例》文章中对开展文化数据信托业务的内在逻辑一个基本描述，她认为，数据信托就是通过搭建数据信托产品回应客户的客观需求，利用信托财产制度的特殊性，将数据权属的所有权与使用权以及受益权相分离。文化数据信托业务的主要机理是（如图5-1）：有融资需求的文化企业作为委托人将自己所持有的某一个数据资产包即数据资产作为信托财产设立信托计划；受托人信托公司发行该信托产品，将信托受益权转让给投资者，委托方通过信托受益权转让获得现金收入；受托人将数据资产包委托给专业的数据服务商对特定数据资产进行运用和增值；向社会投资者进行信托利益分配。在这个过程中，既完成了资金的循环，同时也完成了数据资产信托财产的一个闭环。

图 5-1 文化数据信托业务的主要机理

银行和信托机构在面对文化企业的数据资产时相对谨慎，尤其是银行，更是要奉行安全性第一的原则，所以围绕数据资产进行文化金融服务创新需要一个艰难的过程。

不同的是，股权投资基金在向文化企业投放资金的时候，对具有数据资产优势的企业可能更加感兴趣，如果企业说他们的主要资产是大量的数据而且可以变现，那么他们的热情则会相对较高。他们会对企业的价值重新进行评估，以期发现投资机会。通常情况下新型资产投资不是巨大的机遇，就是巨大的陷阱，但是私募基金具有一定的冒险禀赋，会在安全性和收益性之间权衡。

在金融服务当中，我们可能要注意到一个趋势的变化，那就是在数字技术条件下资产的抵押功能将大大弱化。因为在数字技术平台下企业的信用评价将更为简便而准确，未来大多数的企业都无须资产抵押就可以取得贷款或贷款授信了。

文化金融基础设施新结构

从2017年开始，我和中国社会科学院金融研究所杨涛研究员开始共同主持编写社会科学文献出版社的《文化金融蓝皮书》，这个系列行业研究报告已经连续出版五年。我们每年都会提出一些比较新的政策性建议，其中2018年的报告提出了"文化金融基础设施"这个命题。

我们在2019年的报告进一步提出了推动文化金融基础设施两大支柱建设（文化产业信用管理体系和文化企业无形资产评估体

系）和推动文化金融专项统计与文化金融市场信息系统建设的政策建议，这些都是文化金融基础设施建设的重要内容。除此之外，文化金融基础设施还有文化生产要素市场机制、文化金融管理规范与行业标准、文化金融相关法律法规及监管体系。

在《中国文化金融发展报告（2020）》中，我们提出要"关注文化数据资产及文化数字资产管理体系建设"。报告提出，在文化金融基础设施方面，除了要持续推动构建文化金融"两大支柱"——文化产业信用管理体系和文化产业无形资产评估体系，持续推动文化金融专项统计及文化金融市场信息体系建设，还需要特别关注文化数据资产及文化数字资产管理体系建设。文化数据资产及文化数字资产是文化产业新经济形态转型中的最重要的特征，也是金融需要特别关注的资产形态变化[1]。

随后笔者在中国经济网上发表了题为《文化数据资产将成为未来最重要的文化资产之一》的文章，提出在文化数据资产与文化金融服务体系的关系中，很重要的一方面就是文化数据资产成为资产评估体系的重要对象，成为基础设施的重要要素。文化数据资产评估与管理体系能够成为文化金融基础设施的一个组成部分，是文化数据资产的基础性价值（如图5-2）。

---

[1] 金巍，杨涛.中国文化金融发展报告（2020）[M].北京：社会科学文献出版社，2020.

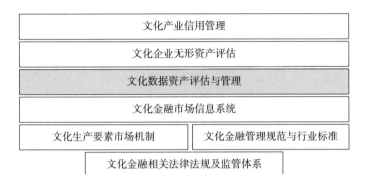

图 5-2　文化金融基础设施之中的文化数据资产评估与管理

　　文化数据资产评估与管理是文化金融管理的一个新课题，更是文化金融服务体系构建的新课题。金融视角下，数据资产管理一旦形成了全行业的规范性，就应该具有了金融体系中的基础设施属性，同理，如果文化数据资产评估与管理体系能够建立起来，那么将会重构文化金融基础设施。我们目前还无法更深层次认识这个变化的意义，但至少可以断定，它能为文化金融产品创新、机构运营和市场成长提供更坚实的基础保障。

　　数字技术与文化金融基础设施之间的关系，不只是增加了文化数据资产评估与管理体系这个新内容，事实上，其他基础设施也都会与数字经济与数字技术产生紧密的关系，如数字技术在文化产业信用管理和文化企业无形资产评估当中的应用。所以，数字技术将驱动文化金融基础设施实现全面变革。

第 6 章

治理与科技伦理：未来向何处去

由来尚且模糊

未来何谈清楚

愿人文永存

可以烛照通往数字世界的前路

技术是否能够打造一个更加美好的社会？我们能不能打造一个"向善"的数字世界？人们对新技术的担忧频频出现在媒体上，一些案例在媒体曝光，推动政府部门开始重视数字经济治理问题。

近年来，我国政府正在致力于如何保障数字经济走在健康发展的轨道上，包括在文化领域的治理。目前我国数字文化经济治理的重点领域，都有相应的措施出台，法治化治理进程也在推进。但是，除了当下问题的治理，还有很多趋势需要关注，包括如何认识技术与文化的关系，如何认识数字世界的娱乐消费问题等，这些分析都有助于我们认识数字文化经济的未来。

6.1 数字文化经济治理

政府主导与多元共治

数字经济治理是为了促进数字经济健康发展而采取的一系列管理措施及由此形成的运行体系。这些措施包括行政、法律和经济等方面的措施，措施既包括积极促进发展方面的公共政策等手段，也包括监管政策和相关法规。数字经济治理中的监管，主要针对利用数字技术和网络进行的有悖于健康发展的经济行为和市场行为。我国近年对数字经济方面的监管，基本以包容审慎的监管原则为主。

2021年，国家市场监管总局、中央网信办和工信部联合启动了数字经济治理的几大行动，涉及平台反垄断、数据治理、互联网互联互通等领域。一些互联网企业的数据安全、信息传播安全等问题成为政府治理的重点。有关部门针对互联网平台不正当竞争也进行了一系列的专项整治工作。如何真正保障数字经济的健康发展？人们寄托于以法治形式进行约束和矫正。国际上正在形成一种预期创新治理（Anticipatory Innovation Governance）的机制，强调的是在促进技术创新的同时加强技术应用和风险预见，提前设计应对技术风险的机制和规则。在信息经济和互联网经济时代，为了治理互联网经济中的问题，我国先后出台了一批法律法规文件，如《电信条例》《互联网信息管理办法》《电子签名法》《网络安全法》《电子商务法》。2021年6月10日，《中华人民共和国数据安全法》由第十三届全国人民代表大会常务委员会第二十九次会议通过，该法已于2021年9月1日起施行。因为有了信息经济和互联网经济前期的经验，立法部门以及各级政府部门在数字经济治理方面采取了快速的行动。

2021年1月，中共中央发布《法治中国建设规划（2020—2025年）》，明确提出：加强信息技术领域立法，及时跟进研究数字经济、互联网金融、人工智能、大数据、云计算等相关法律制度，抓紧补齐短板。数字文化经济有自身的特殊性，虽然目前开展的类似"饭圈"治理等政策监管是有效的，但仍需立法进行规制。随着数字经济治理方面的立法工作紧密推进，相信数字文化经济领域的专门立法也将提上日程。

经济治理是政府主导、各个社会主体平等参与、共同处理公共经济事务的过程，这些社会主体应包括政府、企业、社会组织、公民个人等。随着数字经济发展的深入，如何建立协同共治的数字经济治理机制成为重大课题。数字经济治理不单是政府的职责，还需要全社会的参与，尤其是企业和社会组织的公共参与。《"十四五"数字经济发展规划》使用了"多元共治"这一概念，提出建立完善政府、平台、企业、行业组织和社会公众多元参与、有效协同的数字经济治理新格局，形成治理合力，鼓励良性竞争，维护公平有效市场。

在多元共治的格局中，政府仍处于主导地位，在治理方面已经采取措施，相信会越来精细化和法治化，但其他主体参与的主动性还需要进一步激发，参与的可操作性也要进一步增强。政府部分应鼓励各类学会、协会等社会组织参与到数字经济多元共治当中来。2021年12月，中国计算机学会计算法学分会于深圳成立。这个机构宣称要致力于数字经济发展中涌现的各种法律科技问题和知识产权问题的解决，探索数据信托功能的不同机制设计，加强关于数据伦理、数据合规、算法公正、算法透明的国际对话，健全人工智能治理体系。在数字经济与法治经济的交汇处，需要更多的社会组织和法律机构关注时代发展趋势。

很多企业也在思考数字经济治理问题并努力参与其中。马化腾曾呼吁相关部门高度重视数字经济发展过程中出现的新矛盾和新问题，进一步推动政府、市场、社会、企业形成合力，探索创新监管与治理方式。根据中国信息通信研究院数据，截至2020年底，我国价值超10亿美元的数字平台企业达197家，总价值达到3.1万亿美元，占全球的24.8%，居全球第二位。大型平台企业需要在数字经济发展中承担更多的社会责任，这不是简单捐献善款的问题，需要企业真正认识到自身发展与社会进步之间的关系。

数字文化经济治理的几个重点领域

科学技术是双刃剑，在极大促进发展和进步的同时，也可能带来一些负面效应。人们首次意识到科学技术的双刃剑效应的严重性，可能是核技术的应用。数字技术的发展，比如大数据、人工智能、虚拟现实等，也正在切实影响着人们的生产生活，有些方面也已经产生了负面效应。人们已经意识到，只有进行适当的治理，数字经济才能向良性的方向发展。

所谓技术的双刃剑效应，有些是技术本身特征直接带来的，有些是利用技术的经济过程或市场行为造成的。目前数字技术引发的一些负面问题也体现在文化经济领域，如隐私权问题、"大数据杀熟"与"算法歧视"问题、数字垄断与不正当竞争问题、"深度伪造"和网络社交问题等。

首先是数字文化消费中的隐私权问题。数字技术的强大引发了大众对个人隐私权的忧虑。2020年6月，中国质量协会发布《中国数字经济服务质量满意度DES-CSI测评研究报告》，报告显示，61.3%的消费者认为数字经济服务的交易是安全的，但认为目前数字经济服务相关法律法规的健全程度及个人隐私安全保护方面还有很大的提升空间。工业和信息化部信息通信管理局2019年起定期发布"关于侵害用户权益行为的APP通报"，侵犯隐私权是重点内容，如2020年5月14日发布的《关于侵害用户权益行为的APP通报（2020年第一批）》称，根据对手机应用软件进行检查的结果，对发现存在问题的 16 款 App 进行督促整改，问题全部是"私自收集个人信息"或"私自共享给第三方"。

"大数据杀熟"和"算法歧视"是数字技术负面效应的典型体现。很多互联网平台已经精于大数据和算法，依据大数据的用户画像及消费习惯，对不同群体进行不同价格定价，已明显有失市场公平。2021 年 12 月，北京市发布《北京市平台经济领域反垄断合规指引》(2021 年版)，《指引》指出，具有市场支配地位的平台经济领域经营者，利用对个人偏好数据掌控的优势，通过推荐定向广告、营销网页等来固化交易相对人对差异定价的认知，向已经形成消费依赖的客户群体收取高价格，同时以低价格吸引潜在客户群体。通过对交易相对人进行用户画像，对同一商品进行精准的差异化标准、规则或算法定价，实施"大数据杀熟"。"大数据杀熟"具有明显的价格歧视和竞争损害特征，如果不能证明该歧视行为的合理性，具有较高的垄断行为风险。"大数据杀熟"主要出现在机票、酒店客房、网络约车等领域，其中文化旅游部分属于文化经济领域，已经引起主管部门的关注。如文化和旅游部印发的《在线旅游经营服务管理暂行规定》于 2020 年 10 月 1 日起正式实施，明确要求在线旅游经营者不得滥用大数据分析侵犯旅游者的合法权益。

利用技术和平台的优势地位进行"二选一"等不正当行为是数字经济治理的重点，也是数字文化经济治理的重点领域。2020 年 12 月，全国人大常委会的一份检查报告对新形势下的不正当竞争"负面典型"进行了关注，其中包括互联网平台利用优势地位强迫经营者在平台间"二选一"等行为，涉及领域包括购物、外卖、社交、酒店旅游、音乐等领域。

互联网与数字技术构建了新型消费平台，也形成了新型社交网络，这是数字文化时代的重要特征。但随之而来的不良网络社交行为和现象引起了监管层的关注。、2020年7月，国家网信办发布《关于开展2020"清朗"未成年人暑期网络环境专项整治的通知》决定即日起开展为期2个月的专项整治行动，重点整治诱导未成年人无底线追星、饭圈互撕等价值导向不良的信息和行为。2020年8月下旬，教育部等六部门印发《关于联合开展未成年人网络环境专项治理行动的通知》，在全国开展未成年人网络环境整治"饭圈""黑界""祖安文化"等涉及未成年人不良网络社交行为和现象。2021年6月15日起，中央网信办在全国范围内开展为期2个月的"清朗·'饭圈'乱象整治"专项行动。2021年8月，中央网信办发布《关于进一步加强"饭圈"乱象治理的通知》。

对外经济贸易大学吴承忠教授观察了数字经济背景下的文化治理问题，他认为数字文化产业治理面临的挑战将更趋严峻，主要表现包括："民主"决策与"科学"决策的冲突可能增加；垄断问题性质变异，监管更加困难；数据产业发展和个人隐私保护的矛盾日益突出；网络空间公私边界在重构中复杂化；数字文化产业伦理问题严峻；文化产业领域对外开放与文化安全的矛盾更加突出；等等。他建议要对关键文化领域的数字技术应用进行有效监管，在以积极有效的制度和政策促进文化产业数字化的同时，还要积极"利用数字技术监管数字技术应用"，有效监管数字文化领域技术应用出现的负面效应,同时要激发文化企业参与共同治理的主动性。

推动数字向善

2018年1月,腾讯研究院提出了"科技向善"(Tech for Social Good)命题并发起"科技向善"项目计划。2019年5月,马化腾在公开场合谈到"科技向善"与公司愿景的关系:"我们希望'科技向善'成为未来腾讯愿景与使命的一部分。我们相信,科技能够造福人类;人类应该善用科技,避免滥用,杜绝恶用;科技应该努力去解决自身发展带来的社会问题。"

谷歌提出了与科技向善主题相关的一个理念,即"有益于社会"(Be Socially Beneficial)。他们认为,"有益于社会"就是指"当我们考虑人工智能技术的潜在发展和使用时,我们会考虑到广泛的社会和经济因素,我们会在我们认为总体上可能的利益大大超过可预见的风险和缺点的情况下进行"。但是,什么是"总体上可能的利益"?如何保障"风险和缺点"可预见?如果仅仅停留在美好辞藻的堆砌上,技术将被巨头公司带向危险的方向。

聚焦在数字经济与数字技术应用方面的科技向善,就是要提倡"数字向善"。数字向善就是要建立数字技术条件下公平有序的经济秩序及和谐的社会。无论大型文化企业还是中小文化企业,在数字化过程或利用数字技术的过程中都有数字治理社会责任。数字文化经济治理事关人民精神消费和需要,所有文化企业都需要正视如何参与数字经济治理、如何推动"数字向善"。

数字向善涉及科技伦理这个命题。由于文化属性的原因,文化数字化过程中的科技伦理问题似乎更加重要。科技伦理是科技发展应遵守的基本准则,科技的发展,不能以损害人的基本权利为前提,不能以满足无休止的欲望为目的,也不能以破坏人类社会基本伦理体系为代价。

6.2
技术是否主导未来

技术是否决定文化命运

2019年7月,笔者在去往昆明的飞机上,在一个准备给"U40文化产业暑期工作营"[①]培训的课件上,匆匆做了一张关于数字科技在文化艺术领域应用进程与深度的草图(如图6-1)。在这张图上,阴影部分表示随着数字技术的应用,人不能控制的部分将越来越大。笔者想表达一种忧虑:虽然当下数字科技应用描绘的图景令人兴奋,但数字科技未必会带我们走向想象中的美好世界。

大数据、人工智能、区块链和云计算等科技在文化领域有广泛的应用,有积极的推动作用,但科技的影响仍是不确定的。之所以这样说,其中一个原因是因为技术的力量的确越来越强大,强大到似乎可以具有系统自主性,可以左右社会和文化的方向。

---

① 2019年U40文化产业暑期工作营由国家艺术基金资助,云南大学主办,中国社科院中国文化研究中心和腾讯社会研究中心联合主办。

人们对技术的认识，常常并不包含破坏性这一部分。笔者是一位技术保守派，在不确定技术的正、负两方面影响的情况下，趋向于保守观望。但笔者也无法反对人们在市场竞争中不断用技术变革求得生存空间，因为这事关很多人的身家性命，"在技术面前我们还都不能停下来，如果有一头红牛停下来了，就会被大家踩踏而死"①。

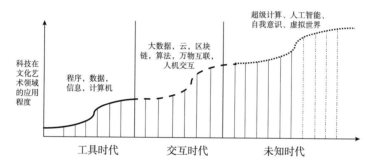

- - 随着数字科技的广泛应用，人的面积会逐渐缩小，人机系数和阴影面积越来越大。
- - 人的需求和欲望到底有多大的差别？经济学无法解释的领域。

图 6-1　数字科技在文化艺术领域应用进程与深度示意图

　　笔者非常认同技术本身就可能蕴含了重大的思想变革和社会理念的更新。我甚至也认为科技的逻辑和规律性更容易让思想、理念乃至问题充满智慧。但这不意味着笔者认同应该由技术来决定文化的走向。像笔者一样持审慎态度的学者不在少数。2021年11月，笔者受清华大学新闻与传播学院和文化创意发展研究院的

---

① 金巍. 中国文化金融50人论坛秘书长金巍：区块链等技术将会重构文化生产环境［N/OL］. 每经网.（2019-12-20）［2022-07-15］. http://www.nbd.com.cn/articles/2019-12-20/1394949.html

第6章 治理与科技伦理：未来向何处去

邀请，为新闻、艺术等专业的研究生做了一个讲座，讲座中笔者结合文化金融讲述了关于数字文化经济的一些基本观点，其中就技术的决定性表达了忧虑。在讲座的主持致辞中，清华大学文化创意发展研究院院长胡钰教授也表达了同样的看法，认为盲目的数字崇拜很容易导致文化的迷失。

技术决定论者对技术与文化的关系有一些观点。美国学者怀特认为文化系统的底层是技术系统，然后才是社会系统和观念系统。法国学者雅克·埃吕尔是技术自主论的研究者，他在《技术系统》一书中认为，技术的自主性指技术最终依赖技术自身，其作为一种"有机体"可以自身设定发展路线，趋于自我封闭和自我决定，技术本身就是目的[①]。技术自主是技术决定论的基本原则之一，正因为如此，在数字技术再次展示技术的决定性作用时，人们才会对文化命运的走向提出质疑。

当盘桓于数字文化技术供应商的展厅之间，笔者一方面感受到的是扑面而来的无所不能，另一方面感受到的就是未来文化走向的各种不确定。美国作家唐·德里罗（Don DeLillo）说，"这就是技术的意义所在：它一边创造对不朽的渴望，一边威胁着毁灭世界"。技术可能会系统化改造文化的表达方式和遗存方式，如果技术的能量跳出了原本属于社会和经济的层面，背后可能具有巨大的破坏性，只是我们还无法确知这种破坏性的机制和路径。

---

① 李三虎.技术决定还是社会决定：冲突和一致——走向一种马克思主义的技术社会理论[J].探求.2003（1）.

和笔者同在 U40 担任导师的李士林教授来自澳大利亚科廷大学,后来回国任职于腾讯集团社会研究中心,他对技术和文化的关系持相对乐观的态度,不认为数字技术会对文化起决定性作用。他认为数字技术发展肯定会改变我们的文化,包括生活方式、生存方式和组织方式,但这些改变都不会是根本性的。几千年来,人文学科关注的根本性问题没有变化,因为人之为人的核心问题没有变化,技术决定论肯定不会成为主流。但他也认为这需要有效的规制,而欧美国家对数字技术的规制经验值得借鉴。

数字世界的娱乐消费

尼尔·波兹曼(Neil Postman)于 1985 年出版《娱乐至死》(*Amusing ourselves to death*),解析了由文字印刷世界向电视影像世界的转变中人们文化消费的趋向,对一切以娱乐方式进行的肤浅的文化消费表达了担忧。很多人质疑,认为这是一种对大众文化的偏见,但不能否认,技术创造的新环境在丰富文化消费的同时正在摊薄文化的厚度。

在数字技术世界面前,电视影像世界是小巫见大巫了,即便是有互联网技术"加持"也将望尘莫及。互联网世界正在向数字世界迁徙,带来的不是互联网时代的简单方便的线上购物和收看视频,而是完全不同的文化娱乐消费场景,这可能将原本基于声像世界的"娱乐至死"问题极致化。

现代社会的每一代年轻人,都不同程度地渴望摆脱和超越一些

第6章 治理与科技伦理：未来向何处去

旧有的秩序，希望能够实现他们与众不同的个人理想，这些情绪不仅体现在他们的事业追求上，也体现在文化娱乐消费当中。从根本上看，这不是技术变革造成的，而是社会和文化因素造成的。

但技术为这种消费倾向提供了广阔的空间。互联网文娱之所以成为互联网经济的典型形态，正是由于互联网世界创造了新的消费空间，在这个空间里，消费是不受限和自由的。数字世界可能会提供更丰富的消费场景，让人们能够在追求个性化、独特性的过程中寻找到避风港和情感家园。这些原本在乐观主义者眼中都是积极的，向上的，是对过去的文化消费的革命。但凡事必有反面，这种趋势如果不被平衡，则又会陷入集体性的娱乐陷阱。

未来的数字世界，技术强大到似乎能够满足人们所有的欲望，包括无休无止的娱乐。元宇宙由此受到了极大的质疑。人们常引用刘慈欣在2001年的小说《时间移民》的一段话，表达对以虚拟世界为基本形态的"元宇宙"的态度："虽然可以在两个世界都有一份大脑拷贝，但是无形世界的生活如同毒品一样，一旦经历过那生活，谁也无法再回到有形世界，我们充满烦恼的世界对于他们如同地狱一般。"中国银行原副行长、海王集团首席经济学家王永利博士是金融科技专家，他提出，元宇宙所要创造的虚拟世界，主要解决的是人们非物质的精神需求，并不能解决人们真实的物质需求，人们在有生之年内不可能完全脱离现实世界进入虚拟世界，没有现实世界真实的物质支持，虚拟世界也必将是虚无的无法存在的。他提问道，人们要准确回答的问题是：元宇宙到底是美好未来还是虚幻迷途？如何才能做到趋利避害造福人类？

从大多数研发者的出发点看，元宇宙世界不仅仅是一种虚拟娱乐世界构想，很多专家也认为元宇宙应实现虚实相生。但是由于为文化娱乐消费提供虚拟世界的满足是更容易落实的场景，其不确定性也是令人担忧的，这对数字文化治理来说，不啻为一个巨大的挑战。

数字世界的"工业化"

数字化会带来个性化、人性化的新生产、新消费世界，人们已经开始享受数字化的成果。现在人们可以随意定制一个玩具，未来也可以随意定制一个以自己形象为主角的故事短片。"长尾经济"可能更加细分，不一样的是细分市场将更多遵循技术路线。

但数字化生产是不是也正在进行另一种工业化？会不会发生数字世界的"工业化革命"？工业社会的生产，最重要的特征是规模化、集约化、标准化和流程化，我们曾欢呼工业化的胜利，也曾为工业化的负面效应所累。工业化直接的负面效应带来了环境问题，以消耗巨大自然代价的工业文明。不仅如此，工业化还带来千人一面的社会和生活，社会阶层的固化和思想的僵化。

华为高级副总裁兼首席信息官陶景文在2021华为中国生态大会上发表了题为"加速数字化转型、共同繁荣数字生态"的演讲，他的一段话值得思考。他说："我觉得未来的时代，就是要用工业经济时代的规模化生产的能力，去实现体验经济时代快速响应用户需求的规模化定制。未来的经济时代，就是应需而变的快速定

第6章 治理与科技伦理：未来向何处去

制的一个时代。"似乎对于制造业来说，数字技术带来的是"第四次工业革命"，最重要的特征就是实现规模化定制，对生产的影响只不过是更高的效率和更好的体验。

如果"规模化定制"是通过更加标准化的数字工业经济的形式实现的，那么数字文化生产的价值是令人生疑的。数字工业经济，只是带来更强大的算力，在满足定制的基础上维持或降低成本，数字化生产可能是换了一种形式的工业生产。我们已经看到了很多以满足个性化需求为名的平台正在走向令人担忧的反面。表面上，我们在数字世界实现了个性化和定制化，展示了无形的、动态的、独特的文化产品，但世界上仍是标准化、流程化的产物。这是不是数字世界的"工业化"？

于是我们要老话重提。"文化工业的技术，通过祛除掉社会劳动和社会系统这两种逻辑之间区别，实现了标准化和大众生产"[①]。20世纪40年代，提出"文化工业"（或"文化产业"）概念的法兰克福学派霍克海默与阿多诺对工业化条件下的文化生产表达了忧虑，这种忧虑在数字时代依然存在。他们批判的大众文化被工业化和资本所裹挟的现象，在数字时代甚至可能更加严重。在强大的算法算力和供应链网络支撑下，个性化产品之间的区别可能根本不会改变数字工业化生产的性质。

有一种趋势可能导致数字世界"工业化"的加剧，这种趋势

---

① ［德］马克斯·霍克海默，西奥多·阿多诺. 启蒙辩证法——哲学断片［M］. 上海：上海人民出版社，2006.

就是数字垄断。我们已经看到,当前市场上每一种力量都在试图建立数字经济世界的新规则与新秩序。在文化生产领域,数字技术可能导致企业的两极分化,数字技术让强者更强,文化生产可能受控于一些数字文化垄断集团手中。当文化生产以满足人们精神需要之名实际上输出标准化的分门别类的产品,这些产品都是通过消费习惯诱导形成的标准化产品,那么数字世界将是可怖的。

数字化折叠与平行的世界

泰普斯科特在《数据时代的经济学》当中已经提出了"数字区隔"(digital divide)这个概念,现在很多人把这个叫做"数字鸿沟"。现在所谓的数字鸿沟,表面上是因为数字设备、技术使用能力的差异,实际上可能还有很多社会因素的影响。比如,在数字鸿沟这一边的人,一部分是不能,更有一部分是不愿。不是所有人都愿意接受数字化,这种情况现在有,未来依然有,甚至永远都存在。

在好莱坞科幻电影中,人们常常看到对未来世界的担忧,技术光环背后,是不是一条通往末日的道路?在数字科技面前,我们会不会面对两个世界的"折叠"?所有的事物都可以有一个数字化的存在,但不是所有的人有能力或有意愿以数字化方式生存。

一部分人生活在数字化世界,另一部分人生活在非数字化的世界,并试图去数字化,回到原始的形态。这个世界是另一个折叠的世界。数字鸿沟可能造就两个对抗或对立的世界,一部分人

第6章 治理与科技伦理：未来向何处去

由于数字世界的弊端而拒绝数字迁徙，于是在这个世界的边缘，他们创立不同于数字世界的自己的"王国"，有各自的"统治领域"和"主权"。

这个世界可能并不是我们现在的现实世界的模样，而是一个为对抗数字世界而存在的模样。这个话题似乎超出了文化经济的范畴，但我们站在文化经济的社会学视角上，这个话题并不突兀。

与数字化折叠世界相关的一个话题是，是否会有一个平行的世界形成？

我们假定所有人都愿意接受数字化迁徙，假定数字鸿沟是可以避免的，假定数字化迁徙会朝着理想的方向发展，那么现实世界就有极大概率形成一个镜像的数字世界。

数字化迁徙有很多还不确定能量的路径，比如以数字孪生技术为核心的系统工程[1]，似乎可以让现实中的事物都孪生于数字世界，这个技术现在主要应用于智能制造。不同于虚拟现实技术，数字孪生技术构建的是现实世界和数字世界的映射关系，也就是说，未来可能所有的事物都可以有对应的镜像的数字化存在。

有一个镜像的世界并不可怕，可怕的是这个镜像世界可能会因为人工智能的不断进步而具有不断进化的能力。那么这种"进化"是基于现实世界的本体进行自动进化？还是最终会真正实现技术自主独立进行？这些问题是我们在一些科幻电影里曾经看到

---

[1] 数字孪生思想先由密歇根大学教授迈克尔·格里夫斯（Michael Grieves）在2003年命名为"信息镜像模型"（Information Mirroring Model），而后演变为"数字孪生"这一术语。

的，但现在就这样如此近距离地呈现在了我们面前。这是一个真正意义的平行的世界，它来源于本体世界但独立于本体世界。我们将如何面对这个"平行"的世界？

狄更斯说："人们正在直登天堂，人们正在直下地狱。"

6.3 未来主人翁:"10后"与"D世代"

关于数字文化经济这个话题就要收尾了。但我们可能忽视了一点,那就是技术无论如何强大,决定人类向何处去的,终究应是人本身。

我们习惯用"XX后"或"XX一代"来指称存在明显代际特征的人群,经济学家和企业家也喜欢以这些代际划分来观察消费状况的变化。

泰普斯科特在《数字化成长:网络世代的崛起》中将1980—1999年的一代称为"网络世代"(Net Generation,简称为"N世代"),指这一代美国年轻人的特征。1980—1999年出生的中国人,也就是"80后"和"90后",大概还不能全部称为网络世代。

我国的"80后",曾经被上一辈的人借用美国的"垮掉的一代"来指称,但他们现在已经成为中国经济新生力量,无可替代。他们有上一辈的传统,也有新一代的朝气,他们比上一辈的压力更大,但创造力也更强。

我国的"90后",只有一半人够得上泰普斯科特所说的"N

世代"。但"90后"现在形成了一股力量,人们称之为"后浪",他们刚好在 20—30 岁,正以集团军方式涌入互联网和数字经济世界,并已经纷纷占据主要技术岗位,成为互联网经济的中坚力量。互联网行业的年轻化趋势有目共睹。

"95 后"和"00 后",又构成了现在行业研究中常用的一个概念群体:"Z 世代"(出生于 1995—2009 年)。"Z 世代"是与互联网同生的一代。1995 年,互联网世界的大事件是微软 Windows 95 的发布,那一年中国第一个商业网站——瀛海威时空——在北京中关村建立。此后,互联网用了短短不到十年就渗透到了人们的生产和生活当中。到 2010 年,互联网已经"统治"了世界。"Z 世代"有的已经在商业世界打拼,有的刚刚踏入中学学习生活。"Z 世代"形成了特有的文化现象,比如"二次元",一种特定的文化圈。

那么 2010 之后出生的一代,也就是"10 后",有什么不一样吗?

他们大概会继承上一代的数字特质,但有一点是上一代不具备的,那就是编程。这一代人的重要特征就是编程,他们在不会逻辑思维的时候就接触了以往成年人都无法轻易驾驭的这项技能。他们是数字世代,他们是数字世界的"原住民",会主导数字世界的未来。因为这个世代具有强烈的数字特征,我们暂且称他们为"D 世代"。

浙江卫视《智造将来》节目中,一个叫袁翊闳的 13 岁男孩做出了一个叫"小蓝"的人工智能机器人,而他这样的孩子应该只是在我们成人眼中显得很特别。他还是个"00后",大概"10后"的孩子们都不会将做个简单的机器人当回事了。一个小学生编程并制造一个智能机器人,可能和80后扎一个纸风筝一样简单。他们不仅像上一代人一样享受互联网世界的便利,同时也会集体性创造新的数字世界。是的,他们会集体创造而不是由少数的人或企业来创造。

人人皆会编程,事事皆可编程。如同像上几代人学习英语、学习打字一样,编程成为一种未来主人翁们的基本技能。新世纪是编程世纪,政府的推动将加速编程世纪的到来。国务院《新一代人工智能发展规划》指出,要在中小学阶段设置人工智能相关课程、逐步推广编程教育。编程和计算机思维正在成为中学的必修科,浙江省更是率先试行把编程纳入了高考。2018年高考,浙江将往年高考的"6选3",改为"6+1选3",而这里所指的"+1"就是信息技术(含编程)。

数字世界成长起来的一代,正在形成新的生态和文化,正在为新的数字经济时代储备着强大的力量。我们并不清楚这一代人会如何利用数字技术,他们在数字经济发展中会形成何种结构,会在数字世界中如何诠释文化。我们只知道的是,这一代人会在2035年之后逐步占据社会经济和文化领域的各个关键节点,向世界宣示他们的新主张。

附　录

1995年以来我国数字文化经济相关大事记[①]

1995

1. 1995年1月,《神州学人》杂志经中国教育和科研计算机网（CERNET）进入国际互联网,成为中国第一份中文电子杂志。
2. 1995年8月8日,水木清华BBS站点成立,是大陆高校网络社群文化的开始。
3. 1995年9月30日,瀛海威时空网正式运营。

1996

4. 1996年1月,中国公用计算机互联网（CHINANET）全国骨干网建成并正式开通,全国范围的公用计算机互联网络开始提供

---

① 大事记所列事件为我国发生的与数字文化经济直接相关或间相关有重大影响的事件。部分内容参考自中国互联网络信息中心（CNNIC）编辑的《中国互联网发展大事记》。

服务。

5. 1996年2月1日，国务院发布《中华人民共和国计算机信息网络国际联网管理暂行规定》。

6. 1996年11月15日，北京首都体育馆旁边开设了中国第一家网络咖啡屋——实华开网络咖啡屋。

1997

7. 1997年1月1日，《人民日报》网络版正式上线，这是中国开通的第一家中央重点新闻网站，后更名为人民网。

8. 1997年4月18日至21日，全国信息化工作会议在深圳市召开。

9. 1997年11月，中国互联网络信息中心（CNNIC）发布第一份《中国互联网络发展状况统计报告》：截至1997年10月31日，中国共有上网计算机29.9万台，上网用户数62万。

1998

10. 1998年3月，中华人民共和国信息产业部成立。

11. 1998年8月，文化部设立文化产业司，这是政府部门首次设立文化产业专门管理机构。

12. 1998年，搜狐、腾讯、新浪先后创立。

1999

13. 1999年2月,腾讯正式推出第一个即时通信软件OICQ,即后来的腾讯QQ。
14. 1999年3月1日,天涯社区成立。7月,西陆文学BBS正式上线运营。8月,"榕树下"全球中文原创作品网正式运作。
15. 1999年5月9日,人民网开通"强烈抗议北约暴行BBS论坛",同年6月19日更名为"强国论坛"。
16. 1999年7月12日,中华网(china.com)在纳斯达克首发上市,这是在美国纳斯达克上市的第一支中国概念网络公司股。

2000

17. 2000年1月,百度创立。
18. 2000年3月,中央宣传部、中央外宣办下发《国际互联网新闻宣传事业发展纲要(2000—2002年)》,主流新闻媒体开始进入互联网媒体领域。
19. 2000年5月17日,中国移动互联网(CMNET)投入运行。同日,中国移动正式推出"全球通WAP(无线应用协议)"服务。
20. 2000年10月,中国共产党第十五届五中全会审议的《中共中央关于制定国民经济和社会发展第十个五年计划的建议》中第一次写入了"文化产业"概念。

21. 2000年11月6日，国务院新闻办公室、信息产业部发布《互联网站从事登载新闻业务管理暂行规定》
22. 2000年12月，中国移动推出移动梦网服务。
23. 2000年，搜狐、新浪、网易三大门户成功在纳斯达克上市。

2001

24. 2001年1月1日，北京华文推出网络游戏《石器时代》。4月，网易收购网络游戏研发团队 tianxia。7月，盛大代理韩国网络游戏《传奇》，开启大陆网络游戏战国纷争的火热时代。
25. 2001年4月3日，信息产业部、公安部、文化部、国家工商行政管理总局联合发布《互联网上网服务营业场所管理办法》，随后部署开展网吧专项清理整顿工作。
26. 2001年6月，首届中国网络媒体论坛在青岛举办。
27. 2001年10与22日，百度正式发布搜索引擎产品。
28. 2001年10月27日，"信息网络传播权"正式列入第九届全国人民代表大会常务委员会第二十四次会议审议通过的修订后的《中华人民共和国著作权法》。

2002

29. 2002年4月，文化部、财政部联合下发《关于实施全国文化信息资源共享工程的通知》。

30. 2002年5月,起点中文网(www.qidian.com)创立。
31. 2002年8月1日,《互联网出版管理暂行规定》正式实施。
32. 2002年8月,专门博客网站博客中国(BlogChina)开通。
33. 2002年9月,国务院办公厅发布《振兴软件产业行动纲要(2002—2005年)》,提出要培育和发展文化、娱乐软件市场,用健康向上的娱乐软件占领文化阵地。
34. 2002年11月8日至14日,中国共产党第十六次全国代表大会在北京举行。十六大报告提出"积极发展文化事业和文化产业",并提出要"完善文化产业政策,支持文化产业发展,增强我国文化产业的整体实力和竞争力。"
35. 2002年11月16日,一篇网络评论文章《深圳,你被谁抛弃》在人民网"强国论坛"、新华网"发展论坛"发表,引起社会各界的强烈反响,上百万网民参与讨论,标志着网络已经成为民众发表意愿和主张的重要渠道。
36. 2002年,慕容雪村在天涯论坛发表的《成都,今夜请将我遗忘》阅读量超过20万次。

2003

37. 2003年,腾讯游戏成立,推出"QQ游戏"。
38. 2003年,阿里巴巴成立淘宝网,进军C2C市场。
39. 2003年5月10日,文化部发布《互联网文化管理暂行规定》,自2003年7月1日起施行。

40. 2003年6月27—28日，全国文化体制改革试点工作会议在北京召开，会议按照党的十六大关于深化文化体制改革的要求，研究部署文化体制改革试点工作。我国文化体制改革试点工作正式启动。

41. 2003年8月，李宏晨在北京市朝阳区人民法院对网络游戏《红月》的运营商北京北极冰科技发展有限公司提起诉讼。这是中国首例游戏玩家因虚拟装备丢失向游戏公司提起诉讼请求的案件，引出了网络中虚拟财产的法律界定问题。

42. 2003年，主攻多点续传下载的迅雷软件和兼容各种格式的播放器暴风影音播放器横空出世。

2004

43. 2004年5月13日，盛大网络在纳斯达克上市。

44. 2004年8月28日，全国人大常委会通过《中华人民共和国电子签名法》。

45. 2004年，网络歌曲开始流行，代表作包括《老鼠爱大米》《两只蝴蝶》等。

46. 2004年底，中国第一个播客网站——土豆网——诞生。

2005

47. 2005年3月6日，以书评、影评、乐评为主的社交网站豆瓣网正式上线。

48. 2005年4月,广电总局发放首张IPTV业务经营牌照,批准上海电视台开办以电视机、手持设备为接收终端的视听节目传播业务。

49. 2005年,新浪、搜狐、腾讯等门户网站开设博客,博客开始在中国兴起。

50. 2005年,我国的宽带接入用户规模达到3 735万户,首次超越拨号用户规模,标志着宽带成为用户接入互联网的主要接入方式。

2006

51. 2006年《国家"十一五"时期文化建设规划》发布,提出要"积极发展网络文化产业,鼓励扶持民族原创的、健康向上的网络文化产品的创作和研发,拓展民族网络文化发展空间"。

52. 2006年1月,中共中央、国务院印发《关于深化文化体制改革意见》。

53. 2006年3月14日,《中华人民共和国国民经济和社会发展第十一个五年规划纲要》提出"鼓励教育、文化、出版、广播影视等领域的数字内容产业发展,丰富中文数字内容资源,发展动漫产业"。

54. 2006年5月,信息产业部发布《信息产业科技发展"十一五"规划和2020年中长期发展规划纲要》,将"数字内容与应用开发技术"作为网络和通信技术的重点技术之一。

55. 2006年7月1日，经国务院第135次常务会议通过的《信息网络传播权保护条例》开始施行。

2007

56. 2007年1月23日，中共中央政治局就世界网络技术发展和中国网络文化建设与管理问题进行集体学习。

57. 2007年12月，《国民经济和社会发展信息化"十一五"规划》发布。

58. 2007年12月18日，国际奥委会与中国中央电视台签署"2008年北京奥运会中国地区互联网和移动平台传播权"协议，首次将互联网、手机等新媒体作为独立转播平台列入奥运会的转播体系。

59. 2007年12月29日，国家广电总局、信息产业部正式发布《互联网视听节目服务管理规定》，自此国家对互联网等信息网络视听节目服务实行许可证制度。

2008

60. 2008年，社交网络服务（SNS）成为热门互联网应用之一。

61. 2008年7月，中国互联网络信息中心（CNNIC）发布《第22次中国互联网络发展状况统计报告》，截至2008年6月30日，我国网民总人数达到 2.53 亿人，跃居世界第一。

62. 2008 年 12 月 22 日，新浪网宣布收购分众传媒旗下的户外数字广告业务，收购价为 13 亿美元。

2009

63. 2009 年 6 月 26 日，哔哩哔哩正式成立。
64. 2009 年，阿里云计算有限公司正式成立，阿里云创立。
65. 2009 年，新浪网、搜狐网、网易网、人民网等门户网站纷纷开启或测试微博功能，微博成为热点互联网应用之一。
66. 2009 年 6 月 26 日，文化部、商务部联合下发《关于网络游戏虚拟货币交易管理工作》的通知。规定同一企业不能同时经营虚拟货币的发行与交易，并且虚拟货币不得用于购买实物。
67. 2009 年 9 月，《文化产业振兴规划》发布，提出"数字化、网络化技术广泛运用，文化企业装备水平和科技含量显著提高"。
68. 2009 年 11 月，中国移动云计算平台"Big Cloud"计划启动。
69. 2009 年 12 月初，广播电影电视总局在清理整顿违法、违规视听节目网站的过程中，关闭包括 BT 中国联盟（BTChina）在内的 530 多家 BT（BitTorrent）网站。

2010

70. 2010 年，科大讯飞发布以智能语音和人机交互为核心的人工智能开放平台——讯飞开放平台，为开发者提供一站式人工智能解决方案。

71. 2010年，北京数码视讯科技股份有限公司在深交所挂牌上市。

72. 2010年3月，国家广播电影电视总局向中国网络电视台（CNTV）、上海文广新闻传媒集团以及杭州华数传媒网络有限公司发放首批"互联网电视牌照"，即"以电视机为接收终端的视听节目集成运营服务"的《信息网络传播视听节目许可证》。

73. 2010年4月，中央宣传部、中国人民银行、财政部、文化部、广电总局、新闻出版总署、银监会、证监会和保监会联合发布《关于金融支持文化产业振兴和发展繁荣的指导意见》，要求扩大对动漫游戏、数字产品、电子出版物、网络出版、数字出版等出版产品与服务、高清电视、付费广播电视、移动多媒体广播电视等综合消费信贷投放。

74. 2010年6月3日，文化部公布《网络游戏管理暂行办法》，这是我国第一部针对网络游戏进行管理的部门规章。

75. 2010年10月9日，国家新闻出版总署出台《新闻出版总署关于发展电子书产业的意见》。

76. 2010年10月，国家发展和改革委员会、工业和信息化部联合发布《关于做好云计算服务创新发展试点示范工作的通知》，在北京、上海、深圳、杭州、无锡等五个城市先行开展云计算创新发展试点示范工作。

2011

77. 2011年1月21日，微信上线。
78. 2011年，百度、腾讯、新浪、阿里巴巴等中国互联网大企业纷纷宣布实施"开放平台战略"。
79. 2011年5月，国家互联网信息办公室正式设立。
80. 中国开发者社区CSDN（Chinese Software Developer Network）600万用户的数据库信息被黑客公开，引发公众对网络和信息安全的高度关注。

2012

81. 2012年3月27日，国家发展改革委等七部门研究制定了《关于下一代互联网"十二五"发展建设的意见》。
82. 2012年11月21日，以网络直播为特色的社交媒体企业欢聚集团（YY）在美国纳斯达克上市。
83. 2012年8月，优酷、土豆两大视频网站合并。
84. 2012年8月由科技部、中宣部、财政部、文化部、广电总局、新闻出版总署六部委联合发布《国家文化科技创新工程纲要》。
85. 2012年8月18日，微信公众平台开通，自媒体行业发展进入新阶段。
86. 2012年9月12日，文化部印发《文化部"十二五"文化科技发展规划》。

87. 2012年9月18日，科技部公布《中国云科技发展"十二五"专项规划》。

2013

88. 2013年1月4日，国家广播电影电视总局下发《广电总局关于促进主流媒体发展网络广播电视台的意见》，要求经过三至五年的努力，确立网络广播电视台在新媒体传播格局中的主流地位。

89. 2013年1月，文化部发布《全国文化信息资源共享工程"十二五"规划纲要》。

90. 2013年5月7日，百度宣布以3.7亿美元现金收购PPS视频业务，并将其与旗下爱奇艺合并。

91. 2013年8月14日，国务院印发《关于促进信息消费扩大内需的若干意见》。

92. 2013年11月，国家统计局与阿里、百度等11家企业签署了战略合作框架协议，推动大数据在政府统计中的应用。

2014

93. 2014年2月，国务院发布《国务院关于推进文化创意和设计服务与相关产业融合发展的若干意见》，要求"加快数字内容产业发展"。

94. 2014年3月,"大数据"写入中央政府工作报告。
95. 2014年9月20日,阿里巴巴在美国纽约证券交易所挂牌上市,市值破2300亿美元。
96. 2014年11月19日至21日,首届世界互联网大会在乌镇举办。
97. 2014年,中华人民共和国国家质量监督检验检疫总局、中国国家标准化管理委员会联合发布了联合发布了《信息安全云计算服务安全指南》《信息安全技术云计算服务安全能力要求》。

2015

98. 2015年1月30日,国务院发布《国务院关于促进云计算创新发展培育信息产业新业态的意见》(国发〔2015〕5号)。
99. 2015年7月1日,国务院发布《国务院关于积极推进"互联网+"行动的指导意见》。
100. 2015年8月31日,国务院印发《促进大数据发展行动纲要》。
101. 2015年10月29日,中国共产党第十八届中央委员会第五次全体会议公报首次提出"国家大数据战略"。
102. 2015年11月26日,腾讯天美工作室推出竞技手游《王者荣耀》。

2016

103. 2016年9月4日至5日，2016中国杭州G20峰会在中国杭州召开，会议通过了《G20数字经济发展与合作倡议》。
104. 2016年9月30日，国内第一部运用动作捕捉技术拍摄的真人CG电影《爵迹》上映。
105. 2016年11月15日，联想创投宣布战略投资张艺谋创办的以VR娱乐生态为核心定位的当红齐天集团及SoReal品牌。
106. 2016年11月29日，国务院印发《"十三五"国家战略性新兴产业发展规划》中，数字创意产业被纳入国家战略性新兴产业。

2017

107. 2017年1月25日，国家发展改革委发布《战略性新兴产业重点产品和服务指导目录（2016版）》，其中数字创意产业包含三大部分，即数字文化创意、设计服务、数字创意与相关产业融合应用服务。
108. 2017年3月，"数字经济"被首次写入中央政府工作报告。
109. 2017年4月11日，原文化部发布《关于推动数字文化产业创新发展的指导意见》；2017年4月，原文化部发布《文化部"十三五"时期文化科技创新规划》。

110. 2017年4月，工业和信息化部印发《云计算发展三年行动计划（2017—2019年）》。
111. 2017年，人工智能系统AlphaGo Master对决棋手柯洁，最终连胜三盘。
112. 2017年，哔哩哔哩正式推出虚拟偶像全息演唱会品牌BML VR。
113. 2017年11月8日，阅文集团在香港挂牌上市，发行价为招股价上限55港元。
114. 2017年11月26日，中共中央办公厅 国务院办公厅印发《推进互联网协议第六版（IPv6）规模部署行动计划》。
115. 2017年11月29日，中国文化馆年会开幕，国家公共文化云在开幕式上正式启动。

2018

116. 2018年4月22日，在腾讯新文创生态大会上腾讯提出"新文创"战略。
117. 2018年11月26日，国家统计局公布《战略性新兴产业分类（2018）》，数字创意产业位列其一。在这个统计分类中，数字创意产业包括四大部分：数字创意技术设备制造、数字文化创意活动、设计服务、数字创意与融合服务。
118. 2018年12月16日，首届中国文化计算大会在北京举办。
119. 2018年12月19日至21日，中央经济工作会议在北京举行，会议提出要"加快 5G 商用步伐，加强人工智能、工业互联网、物联网等新型基础设施建设"，首次提出"新基建"重大问题。

120. 2018 年 12 月 21 日，工业和信息化部印发《关于加快推进虚拟现实产业发展的指导意见》。

2019

121. 2019 年 8 月，科技部等六部门联合印发《关于促进文化和科技深度融合的指导意见》，提出"加强文化大数据体系建设"。
122. 2019 年 8 月 8 日，国务院办公厅发布《关于促进平台经济规范健康发展的指导意见》。
123. 2019 年 9 月，优酷上线互动内容平台，同时宣布针对互动内容提供 10 亿元的创作基金，以鼓励优秀的内容创作。
124. 2019 年 10 月 20 日，国家数字经济创新发展试验区启动会发布《国家数字经济创新发展试验区实施方案》。
125. 2019 年 10 月 24 日，中共中央政治局就区块链技术发展现状和趋势进行第十八次集体学习。
126. 2019 年 11 月，美国政府宣布将对抖音海外版——TikTok——三年前收购美国音乐类短视频展开国家安全审查。一个多月后，美国海军、陆军相继发布 TikTok 禁令。
127. 2019 年 11 月 28 日，国际电信联盟正式批准"数字化艺术品显示系统的应用场景、框架和元数据"技术成为国际标准，这是我国继主导制定手机动漫标准后,在数字文化产业领域的又一重要突破。

128. 2019 年 12 月 23 日,阿里云举办智慧文旅峰会,发布阿里云在全域旅游的解决方案以及生态合作伙伴计划。

2020

129. 2020 年初,新冠肺炎疫情爆发,文化和旅游产业受到重大冲击,但同时文化消费数字化进程明显加快。
130. 2020 年,欢喜传媒将春节档影片《囧妈》以 6.3 亿元打包价卖给字节跳动。《囧妈》线上上映后,带来了 4.92 亿港币的收入及 2033 万港币的净利润。
131. 2020 年 4 月 9 日,中共中央、国务院发布《关于构建更加完善的要素市场化配置体制机制的意见》。
132. 2020 年 5 月,中央文化体制改革和发展工作领导小组办公室印发《关于做好国家文化大数据体系建设工作的通知》。
133. 2020 年 7 月 15 日,国家发改委等 13 个部门公布《关于支持新业态新模式健康发展、激活消费市场带动扩大就业的意见》,提出支持 15 种新业态新模式发展。
134. 2020 年 9 月,文化和旅游部印发《在线旅游经营服务管理暂行规定》。
135. 2020 年 11 月,文化和旅游部发布《关于推动数字文化产业高质量发展的意见》。

2021

136. 2021年3月1日起,《浙江省数字经济促进条例》正式施行。这是全国首部实施的以促进数字经济发展为主题的地方性法规。

137. 2021年4月文化和旅游部印发的《"十四五"文化和旅游科技创新规划》等。

138. 2021年5月8日,国新办举行2021年"清朗"系列专项行动发布会。6月15日,中央网信办宣布在全国范围内开展"清朗·'饭圈'乱象整治"专项行动。2021年8月,中央网信办发布《关于进一步加强"饭圈"乱象治理的通知》。

139. 2021年6月10日,《中华人民共和国数据安全法》由第十三届全国人民代表大会常务委员会第二十九次会议通过,自2021年9月1日起施行。

140. 2021年6月29日,深圳市第七届人民代表大会常务委员会第二次会议通过了《深圳经济特区数据条例》,该条例自2022年1月1日起实施。

141. 2021年8月,"文化艺术增强现实呈现技术需求及应用框架"标准由国际电信联盟正式发布成为国际标准,成为继手机(移动终端)动漫国际标准和数字艺术显示国际标准之后,我国文化领域的又一项国际标准。

142. 2021年8月,腾讯公司旗下的数字藏品平台"幻核"上线。

143. 2021年10月18日,中共中央政治局就推动我国数字经济健康发展进行第三十四次集体学习。
144. 2021年10月27、28日,国家文化大数据体系建设的首批11项相关标准正式发布,涵盖国家文化大数据标准体系、文化数据服务、文化体验设施、技术及装备、文化遗产数字化采集技术等多个环节。
145. 2021年10月28日,"数字梅兰芳"大师复现项目启动仪式在北京梅兰芳大剧院举行。
146. 2021年11月,工信部发布《"十四五"大数据产业发展规划》。

2022

147. 2022年1月,国务院印发《"十四五"数字经济发展规划》。
148. 2022年1月,国家发展改革委等部门联合发布《关于推动平台经济规范健康持续发展的若干意见》。
149. 2022年1月,习近平在《求是》杂志发表文章,题为《不断做强做优做大我国数字经济》。
150. 2022年2月,处置非法集资部际联席会议办公室发布《关于防范以"元宇宙"名义进行非法集资的风险提示》。
151. 2022年2月,第24届冬季奥运会在北京举办,开闭幕式充分利用数字技术,五面裸眼3D冰立方、数字水墨冰瀑、42 000块LED模块全球最大地屏、基于人工智能技术的演出实时特效系统等精彩纷呈，呈现了一届无与伦比的冬奥会。
152. 2022年4月13日，中国互联网金融协会、中国银行业协会、中国证券业协会发布《关于防范NFT相关金融风险的倡议》。
153. 2022年5月，中共中央办公厅、国务院办公厅印发《关于推进实施国家文化数字化战略的意见》。

参考文献

[1] [德]马克斯·霍克海默,[德]西奥多·阿多诺.启蒙辩证法——哲学断片[M].上海:上海人民出版社,2006.

[2] [美]尼葛洛庞帝.数字化生存[M].胡泳,范海燕,译.海口:海南出版社,1996.

[3] [美]唐·泰普斯科特.数据时代的经济学[M].北京:机械工业出版社,2016.

[4] [美]唐·泰普斯科特.数字化成长:网络世代的崛起[M].陈晓开,袁世佩,等,译.大连:东北财经大学出版社,1999.

[5] 厉以宁.文化经济学[M].北京:商务印书馆,2018.

[6] 魏杰.文化经济学[M].北京:企业管理出版社,2020.

[7] [澳]戴维·思罗斯比.经济学与文化[M].王志标,张峥嵘,译.北京:中国人民大学出版社,2011.

[8] [英]露丝·陶斯.文化经济学[M].周正兵,译.大连:东北财经大学出版社,2016.

[9] 韩秀云.中国新经济[M].北京:中信出版社,2020.

［10］白重恩，等.疫情后中国经济新发展格局[M].北京：中译出版社，2021.

［11］[加]阿维·古德法布，[美]谢恩·M.格林斯坦，[美]凯瑟琳·E.塔克.数字经济的经济学分析[M].赵志耘，等，译.大连：东北财经大学出版社，2021.

［12］[美]凯文·梅尼.权衡[M].曾贤明，译.北京：中信出版社，2010.

［13］[美]凯文·凯利.失控[M].东西文库译.北京：新星出版社，2010.

［14］[英]克里斯·弗里曼，[英]弗朗西斯科·卢桑.光阴似箭：从工业革命到信息革命[M].沈宏亮，主译.北京：中国人民大学出版社，2007.

［15］[美]凯文·凯利.新经济 新规则[M].刘仲涛，康欣叶，侯煜，译.北京：电子工业出版社，2014.6.

［16］[美]克里斯·安德森.免费[M].蒋旭峰，等，译.北京：中信出版社，2012.

［17］[美]杰里米·里夫金.零边际成本社会[M].赛迪研究院专家组，译.北京：中信出版社，2015.

［18］[美]克里斯·安德森.长尾理论[M].北京：中信出版社，2015.

［19］[英]文森特·米勒.数字文化精粹[M].宴青，江凌，姚志文，译.北京：清华大学出版社，2017.

［20］[英]阿里尔·扎拉奇,[美]莫里斯E.斯图克.算法的陷阱[M].

余潇, 译. 北京: 中信出版社, 2018.

[21] 刘国华, 吴博. 共享经济 2.0 [M]. 北京: 企业管理出版社, 2015.

[22] 陈威如, 余卓轩. 平台战略——正在席卷全球的商业模式革命 [M]. 北京: 中信出版社, 2013.

[23] 于立. 互联网经济学与竞争政策 [M]. 北京: 商务印书馆, 2020.

[24] 马化腾. 数字经济——中国创新增长新动能 [M]. 北京: 中信出版集团, 2017.

[25] 朱晓明. 走向数字经济 [M]. 上海: 上海交通大学出版社, 2018.

[26] 周子衡. 账户: 新经济与新金融之路 [M]. 北京: 社会科学文献出版社, 2017.

[27] 徐翔. 数字经济时代: 大数据与人工智能驱动新经济发展 [M]. 北京: 人民出版社, 2021.

[28] 李静. 数字经济理论 [M]. 合肥: 合肥工业大学出版社, 2020.

[29] 赵立斌, 张莉莉. 数字经济概论 [M]. 北京: 科学出版社, 2020.

[30] 中国科学院科技战略咨询研究院课题组. 数字科技: 第四次工业革命的创新引擎 [M]. 北京: 机械工业出版社, 2021.

[31] [英] 维克托·迈尔·舍恩伯格. 大数据时代 [M]. 盛杨燕, 周涛, 译. 杭州: 浙江人民出版社, 2013.

[32] 涂子沛. 大数据 [M]. 桂林: 广西师范大学出版社, 2013.

[33] 车品觉. 数据的本质 [M]. 北京: 北京联合出版公司, 2017.

[34]王汉生.数据资产论[M].北京：中国人民大学出版社，2019.

[35]杨涛.数据要素：领导干部公开课[M].北京：人民日报出版社，2020.

[36]叶雅珍，朱扬勇.数据资产[M].北京：人民邮电出版社，2021.

[37]沈建光，金天，龚谨.产业数字化[M].北京：中信出版集团，2021.

[38]金巍.文化金融：通往文化世界的资本力量[M].北京：中译出版社，2021.

[39]金巍，杨涛.文化金融学[M].北京：北京师范大学出版社，2021.

[40]李思屈.中国数字娱乐产业发展战略研究[M].北京：社会科学文献出版社，2007.12.

[41]宋奇慧.中国数字文化产业研究[M].北京：北京邮电大学出版社，2013.

[42]龙莉，蔡尚伟，严昭柱.中国互联网文化产业政策研究[M].成都：四川大学出版社，2016.

[43]张之益.文化产业创新与视觉生产力[M].北京：光明日报出版社，2016.

[44]范周.数字经济下的文化创意革命[M].北京：商务印书馆，2019.

[45]金元浦.数字与创意的融会：文化产业的前沿突进与高质量发展[M].北京：中国工人出版社，2020.

[46]张铮.数字文化产业：体系与效应[M].北京：新华出版社，

2021.

[47] 金永成，许桂芬.数字内容产业的创新与发展 [M].上海：学林出版社，2021.

[48] 张铮，胡钰.文创发展与文化科技融合：2020 清华文创论文集 [M].北京：新华出版社，2021.

[49] 子弥实验室，2140.元宇宙：图说元宇宙 [M].北京：北京大学出版社，2022.

[50] 梁碧波.文化经济学：两种不同的演进路径 [J].学术交流，2010（6）.

[51] 常征.中国数字内容产业生命周期模型建立与阶段识别 [J].北京邮电大学学报（社会科学版），2012（1）.

[52] 杨新铭.数字经济：传统经济深度转型的经济学逻辑 [J].深圳大学学报（人文社科版），2017，34（4）.

[53] 李勇坚.数字经济平台垄断问题：表现与对策 [J].企业经济，2020（7）.

[54] 李雨霏，刘海燕，闫树.面向价值实现的数据资产管理体系构建 [J].大数据，2020，6（3）.

[55] 高书生.体系再造：新时代文化建设的新命题 [J].经济与管理，2020，34（1）.

[56] 张立，吴素平，周丹.国内外数字内容产业概念追踪与辨析 [J].出版发行研究，2021（4）.

[57] 张树武.顺应数字经济发展规律 构建数字文化经济生态 [J].群众.2021（24）.

［58］魏鹏举.数字经济与中国文化产业高质量发展的辨析［J］.福建论坛（人文社会科学版），2021（11）.

［59］宋洋洋.文化数字化新阶段的价值导向与重点任务［J］.群众·决策资讯，2021（24）.

［60］秦天雄.对场景化界定数据产权的思考［J］.上海法学研究集刊，2021，6.

［61］江小涓.用数字技术克服"鲍莫尔病"［N］.北京日报，2021-10-26.

［62］习近平.不断做强做优做大我国数字经济［J］.求是，2022（2）.

［63］上海市数字内容产业促进中心.2008—2009上海数字内容产业白皮书［R］，2009.

［64］国家互联网信息办公室，北京市互联网信息办公室.中国互联网20年：网络大事记篇［M］.北京：电子工业出版社，2014.

［65］陈少峰，王鸿，王建平.中国互联网文化产业报告2015［M］.北京：华文出版社，2015.

［66］杨涛，金巍.中国文化金融发展报告（2017）［M］.北京：社会科学文献出版社，2017.

［67］陈端.中国数字创意产业发展报告（2019）［M］.北京：社会科学文献出版社，2019.

［68］李凤亮.文化科技创新发展报告（2020）［M］.北京：社会科学文献出版社，2020.

［69］杨涛，金巍.中国文化金融发展报告（2020）［M］.北京：社

会科学文献出版社，2020.

［70］杨涛，金巍.中国文化金融发展报告（2021）[M].北京：社会科学文献出版社，2021.

［71］国务院发展研究中心东方文化与城市发展研究所，中国社会科学院中国文化研究中心，腾讯社会研究中心.数字文化产业发展趋势研究报告 [R]，2019.

［72］国家互联网信息办公室.数字中国发展报告（2020年）[R/OL].（2021-07-03）[2022-07-15] http://www.gov.cn/xinwen/2021-07/03/content_56 22668.htm.

［73］腾讯研究院.变量：2021数字科技前沿应用趋势 [R]，2021.

［74］腾讯研究院，融合：2022十大数字科技前沿应用趋势 [R]，2022.

［75］国际数据公司（IDC）.中国大数据平台市场研究报告（2020）[R]，2021.

［76］中国网络视听节目服务协会.2021中国网络视听发展研究报告 [R]，2021.

［77］中国互联网协会.中国互联网发展报告（2021）[R]，2021.

［78］普华永道.5G对全球经济的影响：中国报告 [R]，2021.

［79］中国联合网络通信有限公司研究院.中国联通6G白皮书（V1.0）[R]，2021.

［80］中国信息通信研究院.人工智能基础设施发展态势报告（2021年）[R]，2022.